本书受上海政法学院高原学科项目资助出版

IP 知识产权专题研究书系

GONGYEPIN SHEJI ZAI ZHISHI CHANQUAN
TIXIZHONG DE DULIXING YANJIU

工业品设计在知识产权体系中的独立性研究

朱楠 著

知识产权出版社
全国百佳图书出版单位
—北京—

图书在版编目（CIP）数据

工业品设计在知识产权体系中的独立性研究 / 朱楠著 . —北京：知识产权出版社，2020.10

ISBN 978-7-5130-7196-3

Ⅰ . ①工… Ⅱ . ①朱… Ⅲ . ①工业产品—设计—知识产权保护—研究 Ⅳ . ①D923.49

中国版本图书馆 CIP 数据核字（2020）第 180737 号

责任编辑：刘　睿　邓　莹　　　　　　责任校对：潘凤越
文字编辑：李　硕　　　　　　　　　　责任印制：刘译文

工业品设计在知识产权体系中的独立性研究
朱　楠　著

出版发行：知识产权出版社 有限责任公司	网　　址：http://www.ipph.cn
社　　址：北京市海淀区气象路 50 号院	邮　　编：100081
责编电话：010-82000860 转 8346	责编邮箱：dengying@cnipr.com
发行电话：010-82000860 转 8101/8102	发行传真：010-82000893/82005070/82000270
印　　刷：三河市国英印务有限公司	经　　销：各大网上书店、新华书店及相关专业书店
开　　本：720mm×1000mm　1/16	印　　张：15.5
版　　次：2020 年 10 月第 1 版	印　　次：2020 年 10 月第 1 次印刷
字　　数：240 千字	定　　价：66.00 元
ISBN 978-7-5130-7196-3	

出版权专有　侵权必究
如有印装质量问题，本社负责调换。

目 录

导　言 ………………………………………………………………（1）
第一章　工业品设计法律保护的体系危机 ……………………（12）
　第一节　知识产权权利体系之阙如 ……………………………（12）
　第二节　保护范围的不当扩张——以著作权保护工业品设计 …（19）
　第三节　专利模式导致的创新不足 ……………………………（25）
　小　结 ……………………………………………………………（34）
第二章　工业品设计法律保护的域外经验 ……………………（35）
　第一节　英国工业品设计保护的变迁及评价 …………………（35）
　第二节　欧盟的设计保护协调之路 ……………………………（58）
　第三节　工业品设计美国保护模式之演进和批判 ……………（73）
　小　结 ……………………………………………………………（92）
第三章　工业品设计权利客体之独立性 ………………………（94）
　第一节　工业品设计权和著作权的界分 ………………………（95）
　第二节　工业品设计与《专利法》保护的独立性 ……………（111）
　第三节　工业品设计的商业标识保护 …………………………（127）
　小　结 ……………………………………………………………（134）
第四章　外观设计国际协调对独立保护的影响 ………………（136）
　第一节　《海牙协定》概况 ……………………………………（136）
　第二节　加入《海牙协定》对我国《专利法》的影响 ………（140）
　第三节　创作字体外观设计保护的国际趋势 …………………（144）
　小　结 ……………………………………………………………（168）

1

第五章　工业品设计独立保护之模式与规制……………（169）
 第一节　工业品设计独立保护的认知体系……………（169）
 第二节　工业品设计独立保护的体系价值……………（183）
 第三节　工业品设计独立保护的制度构想……………（187）
结　论………………………………………………………（219）
参考文献……………………………………………………（220）
后　记………………………………………………………（241）

导　　言

一、问题的提出

(一) 现实依据

产品外观既有美化产品的作用，也是文化表达的一种方式，但我国在产品创意的开发上发展乏力，属于追随者，而非引领者，"世界工厂"成为他国对我国普遍印象。作为产品的主要生产制造地，我国仅处在国际产业链的低端，生产出的工业品品质再好也无法在国际贸易的激烈竞争中获得话语权。提升创意、重视设计就成为产业升级和转变发展模式的必需。因此，贴牌生产、来样加工必然成为产业发展的过往，谋求工业品上的设计元素、去除产业发展中的同质化都需要设计领域的创新，自然也会寻求设计法律的进一步完善保护。

此外，因为技术的不断发展，工业品在生产制造环节上的成本随之降低，常见的日用品和工业用品彼此间的技术水平已经不存在太大的差异，反之工业品的包装设计逐渐成为市场竞争的主力，工业品需要通过外观设计提升其附加值，获得市场竞争优势。这些现实需求均关乎设计的创新，如何雕琢其保护制度便成为思考的焦点。

(二) 法理依据

在知识产权体系中作为一种智力创造成果，工业品设计一直以来就是一个混血儿，它兼有作品的审美特性和工业品的实用特点，因此在保护方式上存在多种模式：专利保护、实用艺术作品著作权保护、商标或商业外观保护以及独立权利保护,甚至不乏学者提出"工业版权"。❶专利保护激励创新,是因为新的发明具有促进人类社会发展的价值,专利法表彰这样的价值,因此在法律体系的构建上以新颖性、创造性和实用性为基础,禁止仿制。作品满足多元审美的需求,丰富了人类世界的精神文明,充实了文明成果,著作权法表彰这样的价值,因此在体系构建上提出独创性,禁止抄袭和复制;商标具备区别商品和服务来源的功能,由此形成良好的市场秩序,商标法表彰这样的价值,因此在体系构建上提出显著性,防止出现混淆而损害竞争。那么作为混血儿的工业品设计应如何镶嵌进知识产权保护的体系,就成为本书关注的问题。

基于体系化的考量,在知识产权的体系内部,智力创造成果的保护模式主要分为版权模式和专利模式,大体对应作品和技术。然而设计不是技术,设计也不是单纯为美学而产生,这就需要从理论上明确设计究竟是什么以及设计保护的是什么?这些问题既离不开事实层面的剖析,也需要对相关的利益进行取舍。工业品设计在事实层面的认识和价值层面的界定关系着知识产权内部的体系化和类型化,因而具有理论研究的价值。

二、研究价值及意义

(一)现有研究的未尽之处

国内的研究大体见于以下五个方面。

1. 模式研究类

外观设计是以专利模式还是其他模式保护,很早就引起了学者的注意。郑成思早在20世纪90年代就提出工业品设计应归入"工业版权"范畴。李明德在《美国知识产权法》中指出外观设计介于技术发明和作品之间,且更多地具有作品的特性,然而这种特性又必须附着于产品之上,比较恰当的保护方式应当是以专门法的方式。何炼红在其《工业版权研究》中详尽分析了工业版权保护理论基础,立足于激励创新和鼓励知识传播,

---

❶ 何炼红.工业版权研究[M].北京:中国法制出版社,2007.

提出了对兼具表达性和功能性的智力创造成果建立工业版权具有历史的应然性和现实的实然性，并进一步指出工业版权不能仅仅适用产权规则，还应当引入责任规则以降低交易成本。作者对从垄断到共享的版权模式从法经济学的角度上进行了剖析，但并没有进一步分析该种模式在工业版权领域的具体适用。

作为模式选择的研究成果，应振芳在《外观设计研究》一书中从赋权方式上提出外观设计的保护模式和概念界定，并指出多重保护存在的意义关联危机和保护成本的上升。彭学龙和赵小东在《外观设计保护与立法模式比较及对我国的启示》一文中介绍了各国外观设计保护模式选择，指出专门模式有利于我国外观设计的国际保护，当属我国立法机关的理性选择。赵小东在其文《外观设计保护专门立法模式再论》中认为，外观设计法律保护模式必须而且应该符合法律关系基本理论的要求，即根据外观设计这一法律客体的自然属性所决定的法律关系来确定外观设计保护的法律制度。在对待多重保护上，赵小东提出从经济学角度来看，多重保护扩张了外观设计权利人"寻租"的空间，将知识的"溢出"效应即正外部性内在化，造成了事实上的过度激励，反而妨碍了知识产权制度激励功能的正常发挥，导致与外观设计保护相关的各方利益失衡。王美芳在其文《外观设计保护单独立法之我见》中赞成单独立法，其中提到频繁修改《外观设计法》的韩国不但在其单独的立法中建立了多种外观设计特色的申请制度，还灵活地选用实质审查和无审查两种制度，满足了自身发展的需要，提高了其工业设计领域的国际竞争力。

学者对模式选择的关注更多地集中于法理分析和经济分析，但对产业竞争的关注则显得不足，王太平在其文《工业品外观设计的法律保护模式》中已经注意到产业利益在其中的诉求，文章分析了英国的状况，提出"对工业化扩张和批量生产方法在大多数制造领域的可能应用的逐渐深化的认识使得工业品外观设计保护逐步努力扩张到其他领域……直到形成统一的1841年《工业品外观设计法》"。在法理分析上，学者更多是从自然法哲学上寻求自然权利或以工具主义的实用性为论证出发点，但是这两种理论仅能解决为什么要保护工业品设计的问题，解决不了保护模式和制度设计的问题。

值得注意的是，崔国斌在其文《知识产权确权模式选择理论》中提出了"区别特征"理论，"区别特征"理论传递出来的核心思想是，专利和版权模式分别适合于保护典型技术和典型作品，工业品外观设计属于非典型客体。决定这些非典型客体的确权模式的关键因素是其区别特征的数量。区别特征多的非典型技术方案的确权模式偏向版权模式，区别特征少的非典型作品偏向专利模式。文章认为中国的立法者利用统一的准专利模式保护工业外观设计，而没有根据区别特征理论的指引，区别对待不同的外观设计。其优点是在形式上保持外观设计保护法的统一性；缺点是必然导致部分区别特征较多的外观设计难以获得有效保护。这一认识是从知识产权内部体系的角度来确定不同的保护模式，是对知识产权内部体系化的有益探索。

2. 不同权利保护解析及对比类

工业品设计法律保护存在权利重叠保护之争，有的学者根据知识产权"选择原理"反对知识产权的重叠保护。

何炼红在《知识产权的重叠保护问题》及其专著《工业版权研究》中剖析了知识产权重叠保护的现象和弊病，分析的立足点主要是利益平衡理论和激励理论，认为重叠保护有损激励。谭华霖在《究本与溯源：知识产权权利冲突原因考》中主要分析了知识产权权利冲突的历史、体系和现实原因，主张应正视知识产权不合理的扩张，但是各类知识产权之所以能够扩张恰恰在于其还缺乏清晰的权利范围界定，而如何界定各知识产权权利范围仍是个能够继续挖掘的问题。

熊文聪在《知识产权权利冲突：命题的反思与检讨》中直接指出"知识产权权利冲突"是一个伪命题，原因就是对知识产权客体的错误解读，司法也就因此回避权利正当性的问题。笔者极为赞同这一观点，但是在如何解读各种知识产权客体上，该文章仍然囿于对象事实的解读方法。

张玉敏和凌宗亮在《三维标志多重保护的体系化解读》中虽然认为同一对象能够承载多重利益，但主要分析的是商业标识利益和创造利益的"双重保护"，并未触及"创造利益"上之不同的区分，而这一点其实是可以进一步进行剖析的。

张伟君在《实用艺术作品著作权法保护与外观设计专利法保护的协调》中认为，对同一客体进行实用艺术作品著作权和外观设计专利权的重叠保护，再加上实用艺术作品著作权与外观设计专利权保护期限存在的差异，将对我国外观设计专利制度的有效实施带来冲击。尤其是2012年《著作权法》（征求意见稿）将"实用艺术作品"明确列入保护范围，会进一步弱化外观设计制度的存在意义。

承认知识产权多重保护的有：袁博在《失效外观设计进入公有领域的权利限制》中提出，同一载体上可能同时存在外观设计专利权、著作权、商标权或其他权利。当外观设计专利权终止时，并不必然导致其他权利同时失去效力。然而载体呈现出的复合性并不当然等同于权利保护的复合性，多个权利复合保护只能在现象上成立，但难以从法理上回答原因何在。

3. 外观设计具体制度分析、适用类

对于目前专利法制度下外观设计保护存在的具体问题，学者也多有争论。

对于授权条件，张爱国在《我国外观设计保护创造性要求之检讨与重设》中指出"创造性不应当作为外观设计的保护要求。创造性这一条件并非立法的理性选择，其与外观设计的本质属性相冲突，而且认定创造性的判断方法可操作性差，极易产生以偏概全的判断失误"。张晓都在《专利法外观设计定义中"富有美感"含义的修正及具体适用的建议》中认为：富有美感的规定其实隐含的是外观设计非功能性的要求，因此授权和侵权的判定应将功能唯一决定的设计特征考虑进去。

对于外观设计专利侵权的判定主体应限定为"一般消费者"还是"普通设计人员"的争论颇多，如张晓都的《外观设计专利的侵权判断主体与授权条件判断主体》、胡雪莹的《新〈专利法〉下外观设计侵权判定体系的架构——兼论"混淆理论"的扬弃》、程永顺的《外观设计授权审查标准及方式的质疑》中都提出应以专业人员而非一般消费者作为设计相同或近似的判断主体，应摒弃混淆标准。而钱亦俊在《论外观设计专利性判断主体——一般消费者的能力》中则肯定"一般消费者"的判断主体地位是法律拟定的主体。胡充寒在《外观设计侵权判断"一般消费者"标准的反思与修正》中认为应对"一般消费者"的标准加以修正，应立足于产品的"消费者"即外观设计产品的实际受众来明确主体的概念。李秀娟在《外观设计相近似之比较研究——欧洲共同体与美国外观设计案例比较》中围绕"一般消费者"及整体比较时的"设计空间"认定等事实问题作出中外对比分析，提出可以借鉴欧盟的既有经验。

上述争论和外观设计保护与具体制度相关，但是具体制度中反映的恰恰是体系中存在的不适。如在"混淆标准"的争论上，胡雪莹提出"混淆理论"使"外观设计专利的保护与专利法保护创新的理念渐行渐远，使得外观设计专利侵权的判定越来越与发明或实用新型专利侵权判定的体系格格不入"。然而将外观设计置于《专利法》之中本来就存在体系定位的问题，外观设计并非技术方案，当然不能用《专利法》的理念建立外观设计的具体制度。因此证成本书主题，是回避不了从体系上来研究外观设计制度的。

4. 知识产权体系化方面的研究成果

工业品设计之独立性关涉到其在知识产权中的地位和权利类型化的问题，现有研究成果主要为本书提供了分析工具和方法论工具。其中比较有代表性的成果和其中的观点有：

谢怀栻的《论民事权利体系》，该文对民事权利的分类标准作了剖析，基于各民事权利的内容，即对被保护的利益进行分类，其中知识产权是和财产权并列的一项权利。以被保护的利益之不同作为权利分类的标准是本书写作的理论出发点，本书将这一观点应用在了知识产权权利类型化之中。

吴汉东在《知识产权理论的体系化与中国化问题研究》中指出，应"以科学扬弃的态度吸收西方先进的制度文明成果，发掘中国传统文化中的优秀因素，构建有中国特色的知识产权理论体系"，这个体系应是一个不断发展、开放的动态体系。这一观点激励本书从另一个角度解读和选择知识产权类型化的方法论。

孙山在《法律思维基本特征新论——以知识产权法诸问题为例证》一文中提出法律要形成体系，具备稳定性和可预期性，"我国知识产权制度的体系还没有能够真正形成，盲目的照搬可以有效处理争议，然而这种制度本身却没有生育能力"，生成不出合理的体系。这一观点对本书的写作具有启发性，在历史和域外制度分析部分，笔者十分注重国外制度之间的联动作用。

李琛在《论知识产权法的体系化》一书中指出法律规范的体系化"可以约束法律活动中的恣意妄为，使法不至于沦为赤裸裸的利益争斗的结果，最大限度地保障其具有说服力"，工业品设计这一对象正是因为无法合理地镶嵌进知识产权的体系之中才产生出诸多的保护模式问题，才更值得从这一角度去探寻最合乎理论和实践的知识产权权利体系。

芮松艳的博士论文《外观设计法体系化研究》从体系化的角度深入探讨了外观设计保护法，其法律价值取向应当使设计投入的总社会成本与其所带来的社会总收益实现最优配置。同时该论文对如何建构外观设计的法律规则进行了非常具体的分析。按照论文的分析和观点，外观设计单独立法是必然的趋势，笔者同意这一趋向，但是外观设计自身立法的体系化或者独立化仍然缺少理论前提，即仅当外观设计权利是一项独立的知识产权的时候，独立加以体系化立法才成为一个当然的结果。因此，前述针对工业品外观设计进行模式研究的学术成果实际上都缺少了这一理论前提。

5. 关于权利客体和权利对象

本书拟从权利所保护的利益角度出发，论述工业品设计权之独立性，这方面研究的主要成果是在权利客体和权利对象上形成的观点，如刘德良在《民法学上权利客体与权利对象的区分及其意义》中提出权利客体和权利对象应当进行区分，从体系上而言这有利于我国民法典的构建，从具体的制度而言，个人信息得以入法。虽然本书阐述这一问题旨在解决个人信息的法律保护问题，但是其区分的基础可以适用于同为无形财产的工业品设计权。方新军在《权利客体的概念及层次》中对权利客体这一概念作了立体的解读，同时从中文翻译的角度指出了客体和对象之争的本源，其中"利益的具体化就是权利客体的具体分类"这一观点同样构成了本书赞同

"区别说"的基础。针对知识产权，何敏在《知识产权客体新论》中指出"知识产权客体的特殊性深刻反映了知识产权法律关系本质性的基本方面，并集中体现了知识产权制度的基本规律"。因此，本书既然要证成工业品设计之独立，就必须对其权利客体作探究，关于工业品设计权利客体的论证正是上述研究成果的延展。

总的来说，国内学者对工业品设计保护的理论关注度不高，现有研究多关注模式选择的对比和具体制度的建设，实践意义都很强。但是，鲜见有对模式本身进行法理剖析的论著。

国外的研究主要分为以下两个方面。

1. 美国专利模式的争论

工业品设计的美国保护模式主要是设计专利权，斯蒂芬·拉达斯（Stephen Ladas）指出以授予设计专利权的形式加以保护实属历史的偶然。杰森·蒙特（Jason J. Du Mont）和马克·贾妮斯（Mark D. Janis）虽不完全赞同，但也认为美国在早期选择保护工业品设计的立法过程中，多见产业推动，但少见模式选择的理论论证。从1836年准版权模式的提案到1841年以后专利模式保护的提案，其中提案的国会议员、专利局长、其间的私人关系以及专利申请的收入考量最终使得工业品设计进入了《美国专利法》的框架内。然而进入立法框架的设计专利存在诸多问题，根据黄海峰《知识产权的话语与现实——版权、专利与商标史论》一书的介绍，设计专利的正当性确立是源于法院的合理化努力。联邦最高法院在19世纪后即通过诸项判决对设计专利的基础、目标和侵权判定进行初步探讨，同时在商人阶层的游说下，国会于1902年修订《设计专利法》，以概括的方式界定其对象，并在保护条件上用"装饰性"取代"有用性"。然而，争论一直都存在，大卫·戈登堡（David Goldenberg）指出很多新产品无法获得设计专利的保护，正是历史性的原因导致了美国的工业品设计保护落后于欧洲。

美国的外观设计专利还遭遇了"身份危机"，有学者提出以版权方式保护设计，或以反不正当竞争法来加以保护，更有甚者认为外观设计专利成为证明商业外观具有显著性的依据之一。外观设计专利制度几乎被知识产权体系内的其他"姐妹"挤占了其法律地位。美国设计专利有关问题的主要研究者杰罗姆·瑞克曼（J. H. Reichman）曾对美国的设计专利制度、版权"分离理论"作了详细的历史梳理，时间跨度从《伯尔尼公约》的缔结直至20世纪90年代的美国。其主要观点是支持外观设计从《美国专利法》独立出来，在制度模式上甚至可以更为大胆一些，吸收商业秘密保护的模式——约定模式保护工业品设计。

2. 欧盟的双重保护模式

与美国模式有区别的是欧盟和英国的设计权模式以及欧洲各国的双重保护模式。英国模式在立法进程中受到产业利益的极大影响，根据谢尔曼（Sherman）和本特利（Bentley），从最初1787年的《白棉布印花工法》到1842年的《装饰性外观设计法》和1843年的《实用性外观设计法》，立法推动者白棉布印花工群体参与登记制度是否应当被确立的讨论中，各职业团体进行辩论以明晰美学和功能性的各自边界，并试图区分专利制度和外观设计制度。直到1989年之前，英国对设计的保护间接地采用版权模式。时至今日，受欧盟的影响，英国采用的是注册设计和非注册设计并存的保护模式。这种方式也影响了美国，在美国服装产业的推动下，从2006年开始，不断出现以版权模式保护设计的提案。

本书受语言所限，国外文献主要是英文资料，反映的主要是英国、美国工业品设计法律保护制度。英美法系虽然在知识产权制度上采成文法，但是本身并不如大陆法系具有强烈的体系化和概念化趋向，因此有关的国外文献大都表现为模式的国际对比和具体制度的研究。除杰罗姆·瑞克曼外，少见学者从知识产权体系的角度研究工业品设计的保护。

（二）学术价值

知识产权已然成为民事权利体系中的独立一脉，作为创造物上产生的多项权利的统称，知识产权至今缺少体系化的范式表达。❶ 列举权利成为认知知识产权的基本视角，然而对所列举的权利到底是基于何种标准予以划分和区隔的，只见表象区分，未见深刻的理论探究。本书仅从工业品设

---

❶ 李琛. 对智力成果权范式的一种历史分析［J］. 知识产权，2004（2）：10-14.

计这一知识产权的权利对象入手，探究其与作品、技术，或曰设计权与版权、专利权之间的关系和区隔，试图解答上述疑问。

知识产权权利的体系化和类型化虽以对权利对象的事实认识作为出发点，但权利对象的事实认识是知识产权领域的一个难题。这是由于智力创造成果这一对象具有无体性，无法通过直接感知获得其"形体"的边界。而"无体"的权利对象经语言界定，产生不同的解释是必然的，以至于知识产权的权利对象间彼此会产生交叠，这本身就成为知识产权体系化和类型化过程中的难题。因此，工业品设计的认识和界定与作品和专利技术均有关系，这是知识产权体系化无法绕开的问题。

从历史来看，工业品设计这个权利对象从产生开始就和版权制度及专利权制度均有关联，英美两国在工业品设计的设权模式上都有过摇摆和争论，而结果不同；法德等国的工业品设计保护从未被纳入过专利法体系，独立设权成为其主要选择。这些立法实践实际上表明：工业品设计保护模式的多样，反映了其在知识产权体系内部尚未找到合适的位置。

由此可见，对这一主题的研究有利于在理论上深入探讨如何更为科学地对知识产权进行体系化和类型化。

（三）实践意义

被誉为美国工业设计之父的雷蒙德·洛维曾说过："当商品在相同的价格和功能下竞争时，设计就是唯一的筹码。"❶ 然而我国创意产业发展乏力，"世界工厂"的标签在国际上已经成为广泛印象，"中国制造"更日益和"山寨货"成为等同用语。这样的现实令学者疑问，到底是制度原因还是传统文化原因、是社会发展原因抑或经济原因导致如是。

本书即从"山寨货"最为突出的工业品设计问题入手探究可能的答案。我国在工业品设计的制度保护层面采用的主要是专利模式，此外还交织着版权、实用艺术品乃至商标保护等因素，现有的制度在工业品设计的保护条件、保护期限和侵权认定等方面均不足以反映我国相关产业的利益诉求，制度的无力打击了产业对创造的追求，转而"山寨"其实是一种符

---

❶ 周寿英. 设计是竞争筹码 [N]. 中国计算机报，2011：40.

合很多企业获利目标的现实选择。

　　这样的产业发展模式与我国追求知识产权强国的目标并不相称,知识产权强国的基本特征包括:知识产权成为转变经济发展方式的引领力量,成为提升自主创新能力的核心力量,成为优化国际贸易结构的重要工具。❶从这三个方面来说,我国工业品设计的知识产权规则距离这些要求还有相当的进步空间。可见,提升创意、重视设计成为产业升级和转变发展模式的必需。为此,工业品设计保护制度需要进行反思和变革。

---

　　❶　国家知识产权局.《知识产权强国基本特征与实现路径研究》报告. 2015 年 [EB/OL]. [2016 - 08 - 02]. http: //www. sipo. gov. cn/ztzl/qtzt/zscqqgjs/yjcg/201512/t20151223_ 1220737. html.

第一章 工业品设计法律保护的体系危机

在知识产权的权利体系中，工业品设计的法律保护较版权作品和专利技术出现略晚，可甫一出现在法律层面上，就面临着是采类专利保护还是类版权保护的问题。这一问题至今也仍在争论，明晰工业品设计在知识产权中地位如何，需要先从知识产权的权利体系入手分析。

第一节 知识产权权利体系之阙如

一、体系的意义

体系是指"若干事物或某些意识相互联系而构成的一个整体"。❶ 体系作为一个整体，对外而言表明了整体上的一贯性及统一性；对内而言，其中若干事物则体现了联系上的逻辑性和差异性。追寻和探究体系也就是体系化，非经体系化，不能科学地思考和处理问题❷，也无法对所研究的对象达成统一的认识。对于知识产权而言，目前已形成的共识主要是知识产权相对于其他民事权利已然获得独立地位，自成体系，和物权、债权、人身权等都处在民事权利体系中。知识产权之所以获得独立的民事权

---

❶ 中国社会科学院语言研究所. 现代汉语词典（修订本）[M]. 北京：商务印书馆，1996：1241.

❷ 黄茂荣. 法学方法与现代民法 [M]. 5版. 北京：法律出版社，2011：525.

利地位，主要是因其客体要素区别于其他民事权利❶，在知识产权权利研究上，论证知识产权自身是独立权利的研究较多，但是对其内部体系或者说知识产权权利类型化的研究则较少。一个原因是历史的惯性和国际公约的影响，令人想当然地认为文学产权和工业产权是知识产权中的两大类别；另一个原因是知识产权权利体系具有一定的开放性，新的智力对象往往随着社会和技术的发展层出不穷，以创造性智力成果为对象的知识产权家族会不断出现新的成员。内部体系，即知识产权权利内部的意义脉络关系，在知识产权"内部体系"的具体构建过程中，知识产权的类型化具有基础性作用。"规范类型为取向于一定之规范目的取舍规范对象之特征后，由剩下来之数个基本特征或特点交织而成的集合。"❷ 但类型不是事物事实特征的简单集合，而是必须以"意义"作为核心。因为，类型是一种价值导向的思考程序。❸

对知识产权权利体系加以探究是有特别意义的，即能够让人产生合理的预期，能够得出确定的结论。❹ 既有类型可以为新类型提供立法、司法参照系。在立法层面民事权利体系如果不完善，会使得司法实践面临困顿和裁判难题。❺ 目前立法对工业品设计保护的条件和侵权认定虽然均有规定，但在司法实践中却出现了侵权判定标准上的摇摆，如以专家标准还是一般消费者标准；保护条件上的不定，如以创造性标准还是独创性标准，以及对多重保护取舍的不一。

---

❶ 知识产权客体要素的特性有很多学者进行过论证，如郑成思等的"信息论"：郑成思，朱谢群. 信息与知识产权 [J]. 西南科技大学学报（哲学社会科学版），2006，23（1）：1-14；刘春田"形式论"：刘春田. 知识财产权解析 [J]. 中国社会科学，2003（4）：109-121；吴汉东"非物质财产论"：吴汉东. 财产的非物质化革命与革命的非物质财产法 [J]. 中国社会科学，2003（4）：122-133；何敏"质构论"：何敏. 知识产权客体新论 [J]. 中国法学，2014（6）：123-139；李琛"符号说"：李琛. 论知识产权法的体系化 [M]. 北京：北京大学出版社，2005.

❷ 黄茂荣. 法学方法与现代民法 [M]. 5 版. 北京：法律出版社，2011：589.

❸ 拉伦茨. 法学方法论 [M]. 陈爱娥，译. 北京：商务印书馆，2003：101.

❹ 孙山. 法律思维基本特征新论——以知识产权法诸问题为例证 [J]. 知识产权，2013（3）：29.

❺ 何炼红，邓文武. 商品化权之反思与重解 [J]. 知识产权，2014（8）：5.

对权利体系进行研究的意义不仅表现在体系是对既有理论和概念的梳理、继承和总结，还表现在新权利对象出现时，成型的体系应该能够将其涵摄进来，同时这也是对体系的检验。然而，现有的知识产权权利体系没能解释工业品设计到底处在哪一专有权范畴之下。从各国立法实践来看，有的国家将其纳入专利法，作为专利权加以保护；有的国家进行独立保护，因而成为和著作权、专利权并列的又一类型的知识产权；有以专利权加以保护的，也有以版权进行保护的。这样的现状实际上正反映了工业品设计这一对象在知识产权权利体系中其实尚未被定性，这显然是既有权利体系的不足。

最后，科学的权利体系是知识产权规则体系得以形成并有效适用的基础。权利体系明晰了，才能形成稳定的、具有适用预见性的法律规范体系。而法律规范的体系化"可以约束法律活动中的恣意妄为，使法不至于沦为赤裸裸的利益争斗的结果，最大限度地保障其具有说服力"。❶

二、民事权利体系中的知识产权

谢怀栻认为："民事权利（传统的'私权'）的种类很多，各种权利的性质千差万别，我们必须把各种不同性质的权利加以整理分类，使之成为一个比较系统完整的体系。在这个体系里，不同的权利各得其所，各种权利的特点都能显示出来。这是建立民事权利体系的实益所在。"❷ 知识产权是独立的民事权利，源于其特有的客体要素，虽然在统一表述知识产权客体要素上仍有学说纷争❸，但目前可以获得基本认同的范式是"智力创造成果"。智力创造成果有着和其他民事权利客体不同的特点，这一客体

---

❶ 李琛. 论知识产权法的体系化 [M]. 北京：北京大学出版社，2005：23.
❷ 谢怀栻. 论民事权利体系 [J]. 法学研究，1996（2）：67.
❸ 知识产权客体要素的特性有很多学者进行过论证，如郑成思等的"信息论"：郑成思，朱谢群. 信息与知识产权 [J]. 西南科技大学学报（哲学社会科学版），2006，23（1）：1-14；刘春田"形式论"：刘春田. 知识财产权解析 [J]. 中国社会科学，2003（4）：109-121；吴汉东"非物质财产论"：吴汉东. 财产的非物质化革命与革命的非物质财产法 [J]. 中国社会科学，2003（4）：122-133；何敏"质构论"：何敏. 知识产权客体新论 [J]. 中国法学，2014（6）：123-139；李琛"符号说"：李琛. 论知识产权法的体系化 [M]. 北京：北京大学出版社，2005.

要素决定了知识产权权利必须拥有自身科学的系统和类型，其中知识产权如何界定，知识产权的客体到底为何物是既关乎知识产权法和民法体系关系的重要理论基础，也是知识产权自身体系形成和内部界分的基本出发点。

存在决定思维的方法❶，知识产权诸多现象的存在诱使人去思考其间的关系，传统的知识产权对象通常以列举的方式进行呈现，如著作权、专利权、商标权等，这样的列举方式很明显也是在以客体要素作为体系化、类型化的标准，本书在此也并不脱离传统，仍是以客体要素来进行类型化。依照客体要素搭建的知识产权权利体系是建立在客体要素各自区别于彼此的特征之上的。这些特征既反映了客体要素自身的客观存在性，也反映了其上受保护的特定利益。但事实是，各项知识产权制度并未在立法文件中实现体系化，也远没有解决自身的类型化问题。

三、知识产权现有权利体系及其不足

（一）文学产权和工业产权的体系划分

知识产权领域中的各权利在早期均是独立发展，这反映了前现代知识产权法律规范的一个特点：依照具体对象进行立法。❷ 比如英国早期除了以《安妮女王法》保护作者和书商利益外，还颁布过《雕工法》保护雕塑，颁布过《白棉布印花工法》保护早期的外观设计。这些法律随着社会发展和制度发展，最终经法律的不断抽象被版权大类吸纳。在这个不断抽象的过程中，知识产权的分类逐渐清晰，实用与非实用产生了分野，知识产权权利自身体系化和类型化的尝试之一就是将知识产权划分为文学产权和工业产权，这种划分有着深刻的历史原因。早在1791年，《法国专利法》的起草人德布孚拉曾经提出"工业产权"的概念，各国随后相继接受，逐渐形成以专利、商标、商号、产地标记以及反不正当竞争为内容的

---

❶ 黄茂荣. 法学方法与现代民法 [M]. 5版. 北京：法律出版社，2011：524.
❷ 谢尔曼，本特利. 现代知识产权法的演进：英国的历程（1760—1911）[M]. 金海军，译. 北京：北京大学出版社，2012.

工业产权，并在此基础上形成了《保护工业产权巴黎公约》（以下简称《巴黎公约》）。工业产权之外的、和工业产权客体有着共同的非物质性特征的著作权成为知识产权中的另一类型，《保护文学艺术作品伯尔尼公约》（以下简称《伯尔尼公约》）也在模仿《巴黎公约》基本原则和构造的基础上被缔结。至此，知识产权内部的两个类型基本形成。知识产权体系中的这两个基本类型对于多数人而言从未受到质疑，甚至被当作理所当然的制度安排。但是，对这一划分的追寻正是"含有解读知识产权法诸多基本制度安排的密码"。❶ 这一体系化尝试的合理性在于将知识产权的客体以能否工业化以满足生产需求为标准进行的划分，文学产权的成果满足的是主体的精神审美需求，工业产权的成果则主要用于生产制造，由此形成"技术/艺术二分法"（或曰"实用/非实用二分法"）。有学者从两者权利边界界定成本差异方面对其分类进行了理论剖析，认为发明的技术效果可验证、可重复、比较稳定，能够用文字等加以描述，因此授权的成本可以预见和控制。作品则带有个体的主观性和任意性，创作行为相对发明行为较容易和常见，因此难以对社会个体的创作进行系统和完整的审查，授权的成本会因审查而无法预见和控制，这就形成了两者在权利产生方式上的分野，也因此属于不同的权利类别。❷

上述历史的成因和理论的探寻都有其形成基础，然而这样的类型化标准在今天来看已经有所落后。版权产业已经成为很多国家新的经济增长点，版权已经不单纯是种娱乐的需求，而是和专利、商标一样作为市场竞争的工具。版权中囊括了不少具有技术属性的客体，如计算机程序、集成电路布图设计❸，这两个客体是当今很多国家高科技产业的核心。在"技术与艺术二分"的边界上，越来越多"兼而有之"的客体的出现使得两者已经无法泾渭分明。

著作权和工业产权的另一个重要区别即著作权中有人格权内容，可以

---

❶ 崔国斌. 知识产权确权模式选择理论［J］. 中外法学，2014（2）：130-152.
❷ Clarisa Long. Information Costs in Patent and Copyright［J］. Virginia Law Review, Vol. 90, No. 2,（2004）.
❸ 集成电路布图设计采取的是类版权的保护方式。

说著作人格权中满是历史，尤其是大陆法系国家的历史印记。今日著作人格权的普及化是著作权法全球化、体系化的一种表现，是英美法系对伯尔尼联盟的妥协。然而妥协并非意味着理论上的合理和科学，诸多学者已经对著作人格权的存在提出质疑，❶这一点成为文学产权和工业产权体系化努力的后遗症之一。

这一体系化尝试的另一失败之处则集中体现在工业品设计上。因为对工业品设计在认识上存在不足，也因为各国存在立法的差异，工业品设计既出现在《巴黎公约》中，其"分身"实用艺术作品也出现在《伯尔尼公约》中，工业品设计到底是艺术作品还是工业产品，或者两者都是，至少在国际公约中并未给出明确的答案，这是又一个妥协的结果。妥协虽然可以协调国家立法之间的差异，也可以暂时解决一些实际的问题，但是妥协无法终止理论的探寻，在知识产权体系中需要对工业品外观设计进行合理定位。

（二）创作物和商业标识的划分

知识产权自身体系化和类型化的另一尝试则是将知识产权划分为创作物和商业标识，相应地在规范领域中体现为"创作法"和"标识法"。❷此一类型化的基础是信息的不同属性：纯粹为人创造出的信息是创作物，由创作法调整；而为人采用、用以区分市场的信息是商业标识，由标识法调整。但是创作物中如何再类型化并未有进一步区分，而是仍然援用知识产权国际公约的既定内容：作品、技术和创意（外观设计）。

另外，我国台湾地区有学者以法律之"规范目的"为标准对知识产权进行了划分。这种划分方法将知识产权区分为三大类：一是与保护"文化

---

❶ 参见以下论文：李琛. 质疑知识产权之"人格财产一体性"［J］. 中国社会科学，2004（2）：68-78，205.

任俊琳，王晓玲. 后现代主义对著作权法的冲击及理论新读［J］. 知识产权，2014（1）：44-49.

曹博. 著作人格权的兴起与衰落［J］. 西南政法大学学报，2013（2）：96-103.

❷ 田村善之. 日本知识产权法［M］. 4版. 周超，李雨峰，李希同，译. 北京：知识产权出版社，2011：9.

创作"有关的权利,包括著作权及邻接权、工业品外观设计等;二是与保护"技术创新"有关的权利,包括发明、实用新型等;三是与保障"正当交易秩序"有关的权利,包括商标、服务标示、商号名称、产地标记、反不正当竞争等。❶ 这一划分标准体现的正是努力从事实要素中超脱出来,以价值为导向的类型化思考方式。

上述体系化尝试在其历史背景下具有合理性,但是随着新技术和新产业的出现,既往的类型化方式不断遇到挑战。如针对计算机程序、集成电路布图设计等在很多国家均出现单独立法的倾向,这实际上又回到了所谓的"前现代知识产权法"❷ 时期,反映了我们在面对新技术和新时代时,产生了和早期知识产权立法者相同的困惑。其中,如计算机程序,按照《伯尔尼公约》,计算机程序属于"文学作品",应作为文学产权保护。但事实上,计算机程序的商业价值显然在其程序的实用功能。又如,集成电路布图设计,这一对象受保护的条件被确定为"独创性",并且仅保护设计本身,不保护思想、处理过程、操作方法或者数学概念,❸ 可以说是在以版权的形式保护集成电路布图设计。然而集成电路布图设计的价值实际上仍然在其特定的电子功能。我国《集成电路布图设计条例》虽然也赋予了其类似专利的"商业实施权",然而保护条件的低要求使得这项高效力权利在多国存有争议。这也恰是学者指出的"这些年的立法似乎过分地强调一时一事的需求,而忽略了知识产权法内在的逻辑联系和产业发展的长远需求"。❹ 可以说这两者单独立法的状态都反映了一种前现代知识产权制度的特点;同时也反映了相关产业利益方的游说,这两大产业均是当今信息产业不可或缺的组成部分;更反映了知识产权自身体系化的不足,即如今界定和界分知识产权的基本理论,没能对上述新技术做出合理的解释和

---

❶ 谢铭洋. 智慧财产权之基础理论 [M]. 台北:翰芦图书出版有限公司, 2001:16.
❷ 谢尔曼,本特利. 现代知识产权法的演进:英国的历程(1760—1911)[M]. 金海军,译. 北京:北京大学出版社,2012.
❸ 参见:《中华人民共和国集成电路布图设计保护条例》第4条、第5条。
❹ 郭禾. 中国集成电路布图设计权保护评述 [J]. 知识产权,2005(1):12.

立法规划。

当然，除了上述新技术和新产业以外，工业品外观设计一直以来都是摇摆于文学产权和工业产权之间的"混合物"，学界对其艺术性和功能性之结合而产生的复合性并无异议，但这种结合带来的困惑和争论就是：到底用版权来保护工业品设计还是用专利来进行保护？同样认识到其复合的属性，很多国家对其单独予以保护，保护规范要么体现为修改后的版权规则，要么体现为修改后的专利规则。这无可厚非，在知识产权的历史演变中，各权利保护规范彼此借鉴并不罕见。但是，对于工业品设计而言，其法律规则的形成绝不是版权规则和专利规则的简单结合，而是必须从其特性、必要性和实践角度加以考量。可以说，体系化和类型化的不足正反映了在界分知识产权类型时，学界还没有找到具有说服力的方法论。

第二节　保护范围的不当扩张——以著作权保护工业品设计

一、著作权保护扩张至工业品设计的表现

著作权自诞生以来随着传播技术的发展、利益诉求的变化呈现出不断扩张的趋势，著作权的扩张其实反映了所有知识产权的一个品性：相较有形财产权，知识产权权利边界无法进行清晰界定，这使得权利扩张成为可能。对工业品设计而言，其上带有的艺术表达属性本身就暗合版权作品的要求，因此用著作权来保护工业品设计的诉求在历史中和当下都有出现。著作权保护工业品设计还有着诸多的好处：如自动保护的便利，漫长保护期的尽享，权项的丰富。这些好处使得著作权模式成为"优选"。

著作权保护扩张至工业品设计的主要有以下表现。

（一）通过对图形作品的保护禁止依图制造产品

新西兰高等法院托马斯（Thomas）大法官曾经在一起涉及工业设计图版权纠纷案的判决书中感叹："版权法已经失控了。"在那些与版权法立法

目的无关的领域，也经常存在版权保护的诉求和版权法的适用。❶ 该案原告正是为其门用五金件，包括枢轴和合页寻求版权保护，而显然，上述对象属于工业产品，重在技术功能，和版权所保护的作品相去甚远。

国内亦有通过著作权为产品制造活动寻求救济的案例，如迪比特诉摩托罗拉案。❷ 迪比特公司为摩托罗拉公司负责手机机壳、印刷线路板布局以及机械设计等工作，摩托罗拉公司在自行生产的"MOTOROLA"C289手机上使用了迪比特公司为T189手机印刷线路板的布图设计，即制造生产了印刷线路板。迪比特公司认为摩托罗拉公司的制造行为侵害了其内部设计、印刷线路板布图设计以及机械设计等图形作品的著作权。图形作品固然是著作权法的保护对象，但被告的行为并非复制了图形作品，而属于工业生产行为，不应被纳入《著作权法》的范畴。

再如，在西安秦唐尚品文化发展有限责任公司诉白某某著作权纠纷案中，❸ 原告主张被告依照其设计的"兵马俑笔"制造、销售相同的"兵马俑笔"侵犯了其著作权。法院认定设计手稿属于著作权法中的图纸作品。而被告行为系工业化的实施行为，不符合《著作权法》意义上的复制行为。故作为工业产品的兵马俑笔不属于我国《著作权法》意义上作品的范围，进而也不属于我国《著作权法》保护的客体。换言之，"兵马俑笔"属于一种具有实用功能的工业产品，对其引发的纠纷应适用其他有关法律的规定进行调整。主审法官进一步指出：图纸作品转化为产品时，一般视为生产工业产品的行为。该行为只是利用了图形著作所表现出来的概念或

---

❶ 转引自王迁．论著作权法保护工业设计图的界限——以英国《版权法》的变迁为视角［J］．知识产权，2013（1）：21. 原文为：The law relating to copyright has got quite out of hand. Claims for copyright protection are all too often raised and applied in circumstances which do not serve the objectives of copyright law. Franklin Machinery Ltd. v Albany Farm Center Ltd. , 23 I. P. R. 649（1991）．

❷ 上海迪比特实业有限公司诉摩托罗拉（中国）电子有限公司、上海百联集团股份有限公司著作权纠纷案，上海市第二中级人民法院民事判决书（2002）沪二中民五（知）初字第132号。

❸ 西安秦唐尚品文化发展有限责任公司诉白某某著作权纠纷案，陕西省西安市中级人民法院民事判决书（2008）西民四初字第28号。

构思，而非表达。

从上述实践可知，权利人试图以图形作品著作权阻止他人依照图形的设计思想、数据等制造工业品的行为均未获得支持，这实际上是司法比较准确地把握了著作权和工业品外观设计专利权界限的表现。

（二）已过保护期/失效的外观设计寻求著作权保护

下文的三起纠纷均是失效设计寻求著作权保护的实例，但是司法实践对其能否用著作权范畴继续保护意见不一。

案例一：常州淘米装饰材料有限公司诉北京特普丽装饰装帧材料有限公司著作权权属、侵权纠纷案。❶

该案争议对象为壁纸产品，原告为其申请了外观设计专利，纠纷发生时该外观设计专利已过保护期，被告未经许可生产销售了和原告壁纸图案相同的壁纸，原告起诉认为虽然其专利权已终止，但壁纸属于美术作品，应当受到《著作权法》保护，被告构成侵权行为。被告则认为专利权已经终止，公众即有理由相信该外观设计进入公有领域，是公共财富，不构成侵权。法院对原告的主张予以肯定，认为其构成美术作品。法院提出法律不禁止权利人在同一客体上享有多种民事权利，每种民事权利及其相应义务由相应法律分别调整。该案的外观设计不论是否处在保护期中，被告未经许可都侵害了原告的著作权。如果因为该图案已被授予外观设计专利权而对著作权不予保护，则意味着两种民事权利相互排斥、不能并存，会阻碍智力成果的传播。

案例二：谢某某诉叶某某、海宁市明扬食品有限公司著作权侵权纠纷案。❷

涉案食品包装袋（老谢榨菜）获得外观设计专利授权，后因未缴年费而终止。原告谢某某获让了涉案包装袋的著作财产权，原告认为被告生产

---

❶ 常州淘米装饰材料有限公司诉北京特普丽装饰装帧材料有限公司著作权权属、侵权纠纷案，一审：常州中院（2014）常知民初字第85号民事判决书，二审：江苏高院（2015）苏知民终字第37号民事判决书。

❷ 谢某某诉叶某某、海宁市明扬食品有限公司著作权侵权纠纷案，浙江省嘉兴市人民法院民事判决书（2013）浙嘉知终字第5号。

的榨菜包装上使用的图案与其享有著作权的上述外观设计中的图案相似，且未经其许可使用，因此构成著作权侵权。被告认为原告享有著作权的图案作品依附于原先的外观设计，该外观设计已失效，进入公有领域，原告不应再对该图案享有著作权，请求驳回原告诉请。一审法院认为，"该项外观设计权利的授予，意味着原告所享有著作权的该包装图案在食品包装袋上的使用获得垄断权利，同时该权利所涉的图案须向公众公示。授予该图案作品的外观设计专利权，其保护范围是与其附着的产品紧密相连的，只局限于与外观设计专利产品在相同或相近类别的产品上使用相同或相似的图案。同时，在该保护范围以外，涉案图案作品仍然可以依据著作权受到保护，两者并不冲突，且正是由于其保护范围的不同而同时存在。而本案专利已经失效，已失去了垄断性，即涉案图案在食品包装袋上的使用已进入了公有领域，在该外观设计并未受其他法律保护的情况下，其他任何人都可以自由利用。"二审法院维持原判。

案例三：深圳市王三茂食品油脂有限公司诉深圳市福田区永隆商行著作权侵权纠纷案。❶

原告对涉案的包装标贴申请了外观设计专利权，使用在食品上。后因未缴年费而致专利失效。被告在涉案专利失效后仍然生产销售和原告标贴包装类似的香麻油产品，为此，原告提起著作权侵权之诉。本案一审认为三茂公司外观专利权已进入公有领域，因此被告不应被追究侵权责任。本案二审法院维持原判，驳回上诉，并认定，"三茂公司自愿将涉案标贴申请并获得外观设计专利权，从版权的保护进入工业产权的保护。该外观设计专利因未缴纳年费，已经失效，进入了公有领域，已经成为社会公众均可以使用的公共财富，因此，三茂公司的外观设计专利权不再受法律保护，不能禁止他人在相同或类似的产品上使用相同或近似的外观设计。永隆商行使用与该失效的外观设计专利相近似的包装标贴，使用方式与三茂公司失效的外观设计专利标贴使用方式相同，都是香麻油产品包装标贴，

---

❶ 深圳市王三茂食品油脂有限公司与深圳市福田区永隆商行著作权侵权纠纷案，广东省高级人民法院（2005）粤高法民三终字第236号民事判决书。

这属于对已经进入公有领域的公众财富的使用，没有侵犯三茂公司的专利权，同时，这种工业性使用也未侵犯三茂公司的著作权。"

上述三个判决虽然在涉案对象上有所区别，但在案情上有着极大的相似之处，而且判决结果并不相同。案例一显然认为失效的外观设计图案仍然受著作权保护，原权利人可以凭借著作权阻止他人在原专利产品上使用相同或近似的设计。案例二和案例三虽然论证略有区别，但结论比较一致，认为失效的外观设计即进入公有领域，原权利人不能凭借著作权阻止他人在原专利产品上使用相同或相似的设计。造成司法判决相左的原因在于对知识产权的客体和对象的认识模糊。包括最高人民法院在"晨光笔"案中也有客体、对象混用而成的说理，"多数情况下，如果一种外观设计专利因保护期届满或者其他原因导致专利权终止，该外观设计就进入了公有领域，任何人都可以自由利用。但是，在知识产权领域内，一种客体可能同时属于多种知识产权的保护对象，其中一种权利的终止并不当然导致其他权利同时也失去效力。"本书赞成案例二和案例三的判决结论，该判决比较准确地界分了外观设计专利权和著作权的客体范围：两者并不一致，也没有重叠或交叉。一种客体上的权利失效，当然并不导致其他权利同时失去效力，但原因是各知识产权的客体本就各不相同，他种权利无法延及至原客体继续进行保护。外观设计专利权失效，就使得设计和特定产品结合产生的市场竞争优势不再处于专有权的范围，至于设计上存在的著作权也只能阻止除却该特定产品以外的复制或制造行为。案例一的判决结论令人不禁要问：如果外观设计不论是否处在保护期中，被告未经许可都侵害了原告的著作权，那么外观设计制度的意义何在？企业又为何要获得外观设计专利的授权？以著作权来保护某种设计在任一有形载体上的复制或制造，岂不更为方便？

（三）未注册设计寻求版权保护

工业品设计未经专利注册，持有人在他人抄袭或仿冒时主张著作权保护，从而产生了著作权中的实用艺术作品问题。

前述西安秦唐尚品文化发展有限责任公司诉白某某著作权纠纷案中，

原告就曾主张其设计的"兵马俑笔"属于实用艺术作品，应受到著作权保护。❶ 无独有偶，乐高积木的先后两个纠纷也均反映了实质的工业产品主张版权保护的事实。❷ 上述实践均向版权法提出了同一个问题，即著作权能否保护工业品？这个问题在世界各国形成了不同的解决方案。如美国和意大利版权立法和司法实践中需要适用"分离理论"（Separability），作品能否和产品的实用功能相分离；法国的"统一艺术理论"（Unity of Art），只要具备美学艺术性，无论其载体如何；德国的则折中，工业品上的设计表达必须在符合独创性时才能获得版权保护，否则只有在注册的前提下，获得设计权保护；以及英国的"单一保护模式"，工业制成品在50件以上的只能获得特别保护，而非传统的版权保护。

在国际知识产权协调的过程中各国各执己见，最终在《伯尔尼公约》中逐渐出现实用艺术作品保护的内容，同时在《巴黎公约》中也存在对工业品外观设计保护。可以说国际协调的结果并非结论，而只是妥协，问题仍没有得到解决。

二、著作权保护工业品设计的弊端

将著作权保护延及工业品设计带来的弊病之一是模糊了两种专有权的界限，从而弱化了外观设计权利的地位，甚至如果司法实践采取较低的独创性标准，外观设计专利权就会被边缘化。例如，有判决就将服装设计制

---

❶ 西安秦唐尚品文化发展有限责任公司诉白某某著作权纠纷案，西安市中级人民法院（2008）西民四初字第 28 号民事判决书。

❷ 英特莱格公司诉可高（天津）玩具有限公司等侵犯实用艺术作品著作权案，北京市第一中级人民法院（1999）一中知初字第 132 号，北京市高级人民法院（2002）高民终字第 279 号。2013 年 11 月 29 日最高人民法院对乐高公司诉广东小白龙动漫玩具实业有限公司、北京华远西单购物中心有限公司著作权权属、侵权纠纷案作出系列裁定，认定"对于那些既有欣赏价值又有实用价值的客体而言，其是否可以作为美术作品保护取决于作者在美学方面付出的智力劳动所体现的独特个性和创造力，那些不属于美学领域的智力劳动则与独创性无关"。参见最高人民法院（2013）民申字第 1358 号民事裁定书等。

作过程中必经的打板样板认定为作品,❶ 实际上是采用了较低独创性标准的。而独创性标准本身并未经著作权法加以客观化,需要通过司法实践进行个案的分析和界定,这更增加了市场中设计表达权利的不稳定性。

弊病之二是公众无法确知在何时以及何种情况下才可以对他人的智力创造成果进行合法的模仿。外观设计专利因为授权的公示、公告,使得公众明确了解其权利的范围和保护期限,甚至公众也可以通过无效宣告程序挑战授权设计的有效性。但是用版权保护设计则是表达未经公示的、权利的范围以及权利的有效性,只能待实际纠纷发生时通过司法确定,这无形中增加了公众的模仿成本和风险。

如果说,用著作权保护工业品设计是专有权的不当扩张的话,那么用专利权保护是否是最合适的模式？实际上,专利模式保护外观设计也会发生体系不适、水土不服。

第三节　专利模式导致的创新不足

一、我国《专利法》保护外观设计的历史由来

工业品设计在我国最初便是以专利权的模式加以保护的。1932年9月,国民政府颁布了《奖励工业技术暂行条例》,并于1939年进行了修改,增加了"关于物品之形状,色彩或其结合而创作适于美感之新式样者"❷ 对其授予专利权的内容。"新式样"即如今的外观设计,《奖励工业技术暂行条例》给予其5年的保护。1944年颁布的《专利法》是中国历史上第一部比较完整的、正式的现代专利法,内容包括发明专利、新型专

---

❶ 上海发勋帝贺商贸有限公司诉广州万想贸易有限公司著作权权属、侵权纠纷,广州市南沙区人民法院（2013）穗南法知民初字第423号民事判决书。但是,在类似纠纷中,也有法院认定制作服装的样板不是作品,见上海市卢湾区人民法院（2010）卢民三（知）初字第118号民事判决书。

❷ 张鹏. 外观设计单独立法论［J］. 知识产权,2018（6）：46.

利、新式样专利和附则等四章。其立法理由中说，"发明为革新技术之动力，而专利又为奖励发明之工具。我国向来未专订专利法规，勉力依据者，惟有十七年公布之《奖励工业品暂行条例》及二十一年公布之《奖励工业技术暂行条例》。本部二十七年成立以后，仍依前条例赓续办理，施以原条例专利范围仅限于首先发明，实不足以广激劝，爰于二十八年四月重加修订，将创作之新型及新式样亦一并予以专利。惟原条例终系临时性质，为积极奖励发明创作，以适应工业发展之需要起见，亟应制定正式专利法"。❶ 在早期立法的认识中，"新式样"可以起到和发明专利等一致的激励作用，又因"发明、新型及新式样，性质虽然有差异，但是呈请、审查的手续大致相同，因此，拟订1944年专利法时，还是将三者合订为一法。分成了（一）发明，（二）新型，（三）新式样三篇"。❷ "三合一"的立法形式影响至今。

在中华人民共和国第一部《专利法》的立法过程中，对于是否将外观设计纳入其中是有过争论的，这些争论之所以产生是因为专利于20世纪七八十年代的中国而言是个新事物，当时的立法对其抱着观望和考察的态度，也担心突然在《专利法》中加入发明、实用新型和外观设计显得操之过急，恐后续的审查、开发、侵权界定以及来自外国的竞争等无从应对，因此仅就发明进行规定。

外观设计最终进入《中华人民共和国专利法》得益于当时轻工部以及中国专利局上海分局的大力推动。中国专利局上海分局进行了专门的调查研究，在关于法律保护外观设计必要性的调查中提出了对外观设计应予以法律保护的四点理由，该四点理由也可以看作立法者对外观设计制度本质的最初思考，本书将其概括如下：

（1）轻、手、纺等工业品为吸引消费者需要较多地考量产品的设计要素，因此未来一定是设计占领市场，而外观设计一旦被模仿，没有新颖

---

❶ 徐海燕.1944年《中华民国专利法》的立法思路［J］.知识产权，2010（5）：26.

❷ 徐海燕.1944年《中华民国专利法》的立法思路［J］.知识产权，2010（5）：27.

性，也就失去优势。

（2）外观设计和发明创造一样需要艰苦的脑力劳动、尽心构思与反复实践，并非轻而易举。因此，发明创造与外观设计都应有法律保护。

（3）国外有外观设计保护制度，我国也应该有，否则在国际竞争中会吃亏。

（4）国内地方之间、工厂之间的商标侵权纠纷已经很紧张，在造型、图案、色彩方面的假冒也很多，为了鼓励和保护单位与设计人员创新的积极性，维护名牌产品的信誉，改变吃"大锅饭"的局面，对外观设计应有法律保护。❶

上海地区的纺织业从业人员均对外观设计入法表示支持。这个调查报告对外观设计进入《专利法》起到了积极作用。然而立法中对外观设计的争论均未涉及为何必须要用"专利"的形式保护外观设计这一本质问题。倘若对其原因概而言之，用专利保护外观设计的原因之一是当时我国正在知识产权立法的建设过程中，适逢《专利法》立法工作的开展，而外观设计又呈现出产业应用的特点，审查授权程序也可以采用和发明一致的方式，因此被纳入《专利法》进行讨论。原因之二则是当时处于知识产权制度建设的初期，专利制度尚是从无到有，何谈设立一部单独的外观设计保护法。

可见，在《专利法》的立法演进中，外观设计被纳入《专利法》均是从其工业性、审查形式和社会需求的角度进行的探讨，从未在法理和体系上明晰其与发明创造或技术方案到底是何关系。《专利法》的这种立法基调倒不如称其为"工业产权法"。我国目前正在进行《专利法》的第四次修改，从已经公布的修改草案来看，外观设计制度有着较大的变化。《专利法》第四次修改的修改草案涉及外观设计的主要变化包括：局部外观设计被纳入；增加了外观设计的本国优先权；延长了外观设计的保护期；增强了专利评价报告的作用。借修改的契机，有必要在体系上明确外观设计

---

❶ 赵元果. 中国专利法的孕育与诞生［M］. 北京：知识产权出版社，2003：280-281.

和技术类专利之间的关系。

二、《专利法》保护工业品设计之惑

(一)关于"工业品设计是专利"的误读

将外观设计纳入《专利法》的唯一契合之处体现在制度功能上,对技术方案和外观设计的专有权保护都是以激励创新为目的的,《专利法》第1条强调"鼓励发明创造,推动发明创造的应用,提高创新能力,促进科学技术进步和经济社会发展",但是"激励"这一立法宗旨,实际上适合于所有创造类的知识产权。

作为专利权的对象,技术方案因技术功能创造价值,《专利法》的制度均系围绕这一点而建立。发明创造的授权条件是新颖性、创造性和实用性,这是为了确保授权技术方案值得用垄断换取社会福利;授权的主观标准是"相关领域的普通技术人员",同是为了确保技术最为先进;申请文件以权利要求书为核心,对每一技术特征主张权利,由此侵权认定也以技术特征为基础进行一一对比。技术方案专利的特点是,将技术特征作为组成权利要求的基本要素,并利用这些技术特征的组合来限定该专利的保护范围。由于技术专利多采用开放式的权利要求,因此权利要求中的技术特征越多,其保护的范围越小。在侵权诉讼中,也相应采取"全面覆盖原则"作为侵权判定的基本原则。

但是,工业品设计不是技术方案,没有技术功效,只有结合产品才产生消费吸引力,因而产生竞争优势。这是工业品设计的创新价值所在,其制度亦应围绕此来建立。《专利法》中规定的外观设计,使得在实践中的外观设计的申请和侵权诉讼中,专利代理师、律师很容易根据技术专利的思维模式去考虑外观设计的保护范围,陷入"显示在图片或照片中的设计特征越少,外观设计的保护范围越大"的误区。增加或减少产品外观设计所寻求保护的设计特征,将会引起其保护范围的实质性"变化",而不是"缩小"或"扩大"。甚至于设计特征本身不变,仅在尺寸上存在变化,也已经足以使得整体外观发生强烈的变化。这些均不能以技术方案类专利的思维来套用。可见，在我国目前《专利法》中，外观设计显然自成体系，这并非意味着外观设计是个特殊的专利，反而表明外观设计并非专利。

（二）侵权判定方法不确定

《专利法》和《专利法实施细则》对如何判定外观设计专利侵权未作详尽规定，《专利法》仅在第 59 条规定其"保护范围以表示在图片或者照片中的该产品的外观设计为准，简要说明可以用于解释图片或者照片所表示的该产品的外观设计"。而简要说明"应当写明外观设计产品的名称、用途，外观设计的设计要点，并指定一幅最能表明设计要点的图片或者照片"。要求保护色彩的也需要在简要说明中写明，简要说明"不得使用商业性宣传用语，也不能用来说明产品的性能"。立法并未给出如何对比、近似程度等具体规则。相关司法解释和司法实践则正处在经验积累的过程中，对于司法来说，其解释和实践缺乏明确的边界，因此法院应当如何把握《专利法》对外观设计保护的目标和宗旨、如何正确释义至关重要。在早年富士宝诉家乐仕专利侵权案❶，该案一审法院的判决理由是，被告生产、销售电热开水瓶与原告专利产品对比，其接水盘、净化器出水开关、瓶盖、瓶体的正面形状、瓶体装饰图上和储水瓶前部"头盔"弧面两侧的对称部位有所不同，但这都属于局部的、次要部位的差异，且给人的视觉差别并不显著。对两个产品的重要部位进行对比和整体观察，二者的外观设计容易使普通消费者在视觉上产生混淆，应该被认定为相近似。二审法院认为原审判决认定事实清楚，适用法律正确，审判程序合法，判处恰当，应予维持，但在理由部分则提出："被告在后申请的外观设计专利，已经完全覆盖了富士宝公司专利的保护范围。"尽管二审维持原判，但说理的差异表现出司法实践对于到底如何判定外观设计侵权并未形成一致的做法，而该案的二审法院说理明显是受到了发明、实用新型专利侵权判定方法的影响。

---

❶ 中华人民共和国最高人民法院. 富士宝家用电器有限公司诉家乐仕电器有限公司专利侵权及侵犯商业秘密纠纷案［J］. 中华人民共和国最高人民法院公报，1999（2）.

从目前的实践来说，外观设计专利侵权的判定步骤大致如下：首先确定外观设计专利的设计特征；其次将其和被控侵权产品的设计特征加以对比，若被控侵权的产品设计与之在视觉效果上达到整体相同或相似即构成侵权。但是这一过程中设计特征如何划定、是否需要考量专利产品的"新颖点"，以及"新颖点"的比较判断和整体视觉效果的比较判断之间是何种关系，司法并未对上述问题做出统一，公众也会产生不同的理解。这实际上恰是因为我们对工业品外观设计在理论上认识不足而导致。

其中"整体相同或相似"（消费者标准）和"新颖点测试标准"两者的选择和适用关系是个焦点问题。前者是类商标侵权的判定方法，后者则是类发明、实用新型侵权的判定方法。发明或实用新型专利的侵权判定，要求涉嫌侵权物覆盖或等同权利要求的所有要件，方构成侵权。外观设计的保护范围以表示在图片或照片中的该产品的外观设计为准，那么是否要求涉嫌侵权物与外观设计中的图片或照片严格一致呢？最高人民法院在君豪家具诉佳艺家具侵害外观设计专利权纠纷申请再审案中对这一问题进行了明确：被诉侵权设计与涉案专利设计虽然在装饰图案上存在差异，但二者均为花卉图案，图案的题材相同，在柜体的装饰布局上也基本相同，因此被诉侵权设计以牡丹花图案替换涉案专利设计的百合花图案的做法，实质是采用了涉案专利设计的设计方案，这种简单替换所导致的差异对整体视觉效果的影响是局部的、细微的，以一般消费者的知识水平和认知能力来判断，该差异不足以将被诉侵权设计和涉案专利设计区分开来，故不属于实质性差异，对于判断被诉侵权设计与涉案专利设计在整体视觉效果上构成近似无实质性影响。❶ 在该案中，法院的判定思路是：虽然将被控侵权产品和专利产品相比较，两者存在装饰图案上的差别，但这一差别因为并非是专利产品设计的"新颖点"，因此不会对产品整体视觉效果产生影响，被告因而构成侵权。

2016年的高仪股份公司与浙江健龙卫浴有限公司侵害外观设计专利权

---

❶ 君豪家具诉佳艺家具侵害外观设计专利权纠纷申请再审案，最高人民法院民事裁定书（2011）民申字第1406号。

纠纷再审案中（以下简称"手持淋浴喷头案"）❶，最高人民法院在前述案例的基础上进一步明确了该思路，最高人民法院指出："由于设计特征的存在，一般消费者容易将授权外观设计区别于现有设计，因此，其对外观设计产品的整体视觉效果具有显著影响，如果被诉侵权设计未包含授权外观设计区别于现有设计的全部设计特征，一般可以推定被诉侵权设计与授权外观设计不近似。"在该案中，涉案的淋浴喷头产品经对比，法院发现"由于被诉侵权产品外观设计未包含涉案授权外观设计的全部设计特征，以及被诉侵权产品外观设计与涉案授权外观设计在手柄、喷头与手柄连接处的设计等区别设计特征，使得两者在整体视觉效果上呈现明显差异，两者既不相同也不近似，被诉侵权产品外观设计未落入涉案外观设计专利权的保护范围"。与以往外观设计专利侵权判定单纯强调整体视觉效果的相同或相似不同，该案提出了全部设计特征在评判侵权时应加以考量，其本质就是"新颖点测试标准"，即必须先确定专利设计和现有设计的区别，即"新颖点"，将"新颖点"与被控侵权的产品进行对比，被告设计没有包含全部"新颖点"，便不构成侵权；对于非"新颖点"的其他设计特征，也需考量其对整体视觉效果的影响，有差异则不侵权，反之则会构成侵权。

综合上述最高人民法院的判决，外观设计侵权判定方法仍然存在需要加以探讨的问题，包括：（1）在专利侵权判定中是否需要首先判定"新颖点"？（2）被控侵权的产品是否应当包含全部的"新颖点"，即专利设计的全部技术特征？（3）"新颖点测试标准"与整体视觉效果之间是何种关系？（4）如何避免局部"新颖点"对比可能产生的局限性？（5）如果"新颖点"是专利设计区别于现有设计的设计特征，这就意味着其他设计特征是不能和现有设计相区别的，那么，在"手持淋浴喷头案"中为何还要对其加以对比？这些问题需要立法回答外观设计法律制度是对设计特征

---

❶ 浙江健龙卫浴有限公司、高仪股份公司与浙江健龙卫浴有限公司、高仪股份公司侵害外观设计专利权纠纷申请再审案，最高人民法院民事判决书（2015）民提字第23号。

本身的保护，还是对产品整体外观的保护。仅保护特征实际上是技术专利的思路，按照最高人民法院（以下简称"最高院"）在"手持淋浴喷头案"中的论述，没有包含专利设计的全部设计特征通常就不构成侵权，那么如果包含了涉案专利的全部设计特征在侵权判定上又当如何，是否必然会导致产品设计之间的相似？最高院在该案中似在仿造发明、实用新型专利侵权判定方法为外观设计侵权建立"全面覆盖原则"。但是否应将全部设计特征作为侵权判定中产生权重的一个要素，仍然依赖于我们对外观设计权利性质的认识。

（三）侵权判定时间点不合理

专利侵权对比是侵权判定的关键，在确定了专利保护范围后，被控侵权的对象需要与之进行技术特征的对比，最高院 2016 年在《最高人民法院关于审理侵犯专利权纠纷案件应用法律若干问题的解释（二）》（以下简称《侵犯专利权纠纷案件解释二》）第 8 条中规定："与说明书及附图记载的实现前款所称功能或者效果不可缺少的技术特征相比，被诉侵权技术方案的相应技术特征是以基本相同的手段，实现相同的功能，达到相同的效果，且本领域普通技术人员在被诉侵权行为发生时无需经过创造性劳动就能够联想到的，人民法院应当认定该相应技术特征与功能性特征相同或者等同。"❶ 这一规则明确了技术类专利侵权对比的时间点是以"侵权行为发生时"为准，之所以有此规定，是因为发明和实用新型专利作为技术是上升式、进步式发展的，因此时间点确定为"侵权行为发生时"就是考虑到不断进步的技术会随着自身发展澄清其是否需要创造性劳动实现等同替换的问题，因此会起到扩展专利保护范围的作用，有利于对专利权人的保护。

外观设计专利的侵权对比时间点也被确定为"侵权行为发生时"，《侵犯专利权纠纷案件解释二》第 14 条规定："人民法院在认定一般消费者对于外观设计所具有的知识水平和认知能力时，一般应当考虑被诉侵权行为

---

❶ 中华人民共和国最高人民法院. 最高人民法院关于审理侵犯专利纠纷案件应用法律若干问题的解释（二）[J]. 中华人民共和国最高人民法院公报，2016（4）：17.

发生时授权外观设计所属相同或者相近种类产品的设计空间。设计空间较大的，人民法院可以认定一般消费者通常不容易注意到不同设计之间的较小区别；设计空间较小的，人民法院可以认定一般消费者通常更容易注意到不同设计之间的较小区别。"❶ 这样规定显然可以在《专利法》的范围内取得与侵权对比时间点规则上的一致。但是，外观设计追求的不是进步，而是更为多样化，随着时间的推移，相关领域产品上的设计只会越来越拥挤，设计自由度会越来越小。如智能手机和平板电脑，目前的产品开发趋势是屏幕尽可能大，物理键盘和其他构件也逐渐消失，iPhone 手机从 7 系列开始就没有了独立的耳机插孔，而是与充电插口共而用之。在这样的设计趋势下，能够进行的产品外观设计空间逐渐集中于圆角的形态和角度，包括是大弧形、直角、小圆角还是圆角和矩形嵌套，❷ 或者是在扁平化的侧面对仅有按键进行布局。设计空间的收窄，很可能使得侵权发生时产品所属领域的设计越来越密集，以此时，即"侵权行为发生时"来决定一般消费对设计的认知状态，无疑会导致外观设计专利的保护范围过窄。可见，专利侵权判定时间点规则看似在技术类专利和设计类专利上取得了一致，但是效果大相径庭。

由此可见，外观设计在属性上和在侵权比对的方法上均体现出与技术类专利不同的内在诉求，实际上，这些差异均围绕同一个问题，即法律授予一项专有权到底要激励什么？当然，《专利法》的第 1 条即做出回答："为了……促进科学技术进步……制定本法"。技术类专利当然具有促进科学技术进步的效用，但是，外观设计被赋予专有权后真能促进"设计进步"吗？

（四）《专利法》激励外观设计创新之乏力

我国《专利法》在立法之初，对是否在其中规定外观设计曾存在争

---

❶ 中华人民共和国最高人民法院．最高人民法院关于审理侵犯专利纠纷案件应用法律若干问题的解释（二）[J]．中华人民共和国最高人民法院公报，2016（4）：17．

❷ 吴溯，孟宇，谢怡雯，陈晓．设计之战——移动终端工业设计的知识产权博弈[M]．北京：知识产权出版社，2014：29-31．

议，可以说最终《专利法》纳入外观设计是得益于轻纺行业的推动，早期外观设计的大量申请确实也在纺织业领域居多。2008年《专利法》在修改时，对外观设计专利的授权排除了"对平面印刷品的图案、色彩或者二者的结合作出的主要起标识作用的设计"，但是《专利审查指南（2010）》第一部分第三章第6.2第（3）项则明确规定"壁纸、纺织品不属于本条款规定的对象"，显见对纺织业的倾向性保护。按照激励宗旨，为设计赋予专有权是有利于更新颖的产品外观出现于市场的，然而今天我们却看到，我国纺织业和纺织品的创新成果并不尽如人意，尤其在国际竞争中，无论是服装、家纺还是家居装饰品等，我国均处在下风。更现实的是国内众多大中小型企业一是仍处在定牌加工阶段，并无自己的设计和品牌；二是对模仿外来纺织品设计的动力远大于自主创新，"跟风""山寨"更是层出不穷。

小　　结

　　工业品设计虽然在现行的《专利法》中获得一席之地，但是无论在理论上还是实践上都遇到了绕不过去的问题。在知识产权的体系内部，其从属于《专利法》，因此需要按照专利保护的思路、宗旨甚至原则进行保护。但是，专利模式却并未如愿对产品式样的翻新产生激励作用，实践中仍是原创设计少，抄袭模仿多，"激励"远未实现。不但如此，外观设计专利权本身的质量堪忧，存在着相当数量的实质侵权（侵犯他人在先权利）设计、雷同设计和惯常设计。而在《专利法》之外保护工业品设计，又牵涉到版权延及工业品保护的正当性问题，甚至可以说将著作权延伸至工业品设计保护某种程度上架空了外观设计专利权。这些问题又在根本上关涉我们应该如何对知识产权进行体系化和类型化，然而相关的方法论却仍然沿袭着19世纪末形成的版权和工业产权的两大基本类型。在处理新的智力成果现象时，我们又回到了所谓的"前现代"的知识产权规则时代，仍在进行具体化的立法。因此以工业品设计这个并不新鲜的智力成果为对象，探求对上述问题的解决也就成为本书的主旨。

第二章　工业品设计法律保护的域外经验

相比我国短暂的知识产权制度发展史，西方国家在知识产权制度确立上有着长期的历史经验，而任何制度都是基于一定的历史背景兴起的，这是制度诞生的基本逻辑起点，制度史上的"缺席"影响了我们对知识产权制度进一步的理解，在进行制度移植时可能流于表面。为避免对工业品设计法律保护制度的误读，从历史和域外寻求这一制度的崛起原因和经过是个"补课"的必要手段。

第一节　英国工业品设计保护的变迁及评价

一、工业时代的来临和"工""艺"结合物的首次出现

作为工业革命的发源地，英国是最早为工业品设计提供法律保护的国家。这其中有着深刻的经济原因、产业原因和社会原因。从18世纪60年代起，资本主义的经济生产中出现了以机器生产代替手工生产的萌芽，这一过程随着当时多种机器的发明而出现，开始对制造业产生深远影响。

（一）棉纺织业成为英国财政主导

早在16~17世纪，毛纺织业就已经成为英国最重视的行业。毛纺织业从14世纪初传入英国，养羊和呢绒工业是当时英国的民族传统产业，也是国家财政收入主要依赖的两个方面。毛纺织业凭借着英国盛产羊毛的优势，取得了举足轻重的地位和至高的特权。英国的棉纺织业则是仿照毛纺

织业的模式发展起来的。英国本土并不出产棉花，但英国的棉花或棉布依旧来源充足，一方面，较早期的东印度公司从印度大量进口了充满异域特色的棉布布料，如1684年就有25万匹棉布被运往英国；❶另一方面，北美种植园的扩张为英国棉纺织产业提供了充足的原料，英国的棉织品成为和北美的主要贸易手段。此外，爱尔兰也是当时英国进口棉花的一大来源国。如1782年爱尔兰曾向英国出口过9000磅棉纱。棉布质地轻柔，成本较低，和其他纺织品原料尤其是毛料相比，棉布可以制成精美、保暖的成衣和被褥。棉布制品的逐渐普及较大地冲击了英国既有的毛纺织业。1721年，英国曾在毛纺织业的鼓动下颁布《印花布法》以禁止棉花贸易，宣布禁止穿着来自印度的印花棉布制成的衣服。该法希望通过打击新兴产业来继续维持毛纺织业的主导地位，但新的商品已带来巨大的消费市场，随之带来的是巨大的利益，而利益永远会刺激商人投产。1755年，棉花的生产和贸易被宣布为合法，棉纺织业开启了其在英国的经济发展中风光无两的历史进程。

（二）纺织技术革新促进产业发展

这一时期机器发明对纺织业也产生了不容小觑的影响。约翰·凯伊在1733年发明了飞梭，这一新发明能加快织机速度并释放织布工的一只手，纱线的产出量大为提高，一个工人可以编织出相当于之前16个工人的产量，同年，飞梭被应用在"开毛和整理羊毛的新机器"上，该机器获得了专利授权。1761年英国"工艺协会"发表文告，宣布专利发明可以赢得奖励。在利益的刺激下，各类和纺织相关的发明如雨后春笋般破土而出。据统计，1771~1780年英国授予发明专利297项，1781~1790年增至512项，之后10年总数更是高达655项。其中，以棉纺织业最为突出，涉及专利发明数量最多。这一时期最为著名的发明有：1764年哈格里夫斯发明的"珍妮"纺纱机，装备了8个纱锭，效率是原有纺纱机的8倍，这项发明于1770年获得了专利授权；1768年阿克莱制成了水力纺纱机；1779年

---

❶ The Medieval Calico Craze. https：//www.livehistoryindio.com/forgotten-treasures/2017/06/15/the-medival-calico-craze.

克隆普顿发明了综合纺纱机；1785 年卡特莱特在木匠和锻铁匠的帮助下，发明了动力织布机，将织布效率提高了近 40 倍。❶ 机器设备的革新促使商人将机器广泛应用于纺织棉布和印花，棉布产量大幅度提升，从经济学意义上来说，这就是成本的降低，同时伴之以棉布市场需求的增加，棉纺织工业得以迅速发展。在英国重商主义提供的政策空间下，棉纺织业逐步取代了毛纺织业的财政地位，《棉花帝国》一书曾提到，到 1780 年，整个欧洲，尤其是英国，已经成为世界棉花网络的中心。到 1831 年，棉纺织业在英国经济中的比重占到 22.4%，同期毛纺织业缩减至 14.1%，而尚未崛起的钢铁和煤炭等重工业合在一起也不过 13.7%。❷

（三）新风尚的流行催生大众消费市场

棉纺织业的迅速发展既反映了社会对棉布制品的需求，又通过不断扩大的生产规模进一步巩固了自身的财政经济地位。它创造了大量的纺织工厂，其间有成千上万的纺织工人工作于此；它更催生了新的投资方向的出现：因为棉纺织品成为当时的时尚。

18 世纪初，英国上流社会对印花棉布青眼有加，上至王后下到普通商人，都以用印花布和白洋布做窗帘、垫子、卧具等为典雅美观和时尚。1719 年，有一个作者这样描述英国人的服饰："所有卑微的人，包括女仆都穿上了棉布服饰，因为这类服饰价格低廉、质地轻薄、色彩明快，不论是大街上玩耍的穷人家的小孩还是寄宿学校富有家庭的小孩都穿着棉布和亚麻布服饰。"❸

社会主流对棉纺织品的追求促进了棉纺织业从业者的竞争，布匹和布料不再以本色呈现，而是逐渐出现各式印花和各种织法，这进一步引导了社会追逐时尚的潮流（见图 2-1，图 2-2）。M. C. 布尔（M. C. Buer）在 1926 年出版的《工业革命早期的健康、财产和人口》一书中，将价格因素和棉布本身的优势

---

❶ 夏东. 棉纺织业成为英国工业革命起点原因探究［J］. 合作经济与科技，2013（2）：14-15.

❷ 斯文·贝克特. 棉花帝国［M］. 徐轶杰，杨燕，译. 北京：民主与建设出版社，2019：33-79.

❸ 王洪斌. 18 世纪英国服饰消费与社会变迁［J］. 世界历史，2016（6）：15-29.

图 2-1　1775~1780 年的英格兰服饰印花，来自曼彻斯特城市美术馆（Manchester City Galleries）

图 2-2　1790~1795 年的英格兰印花布，来自维多利亚和阿尔伯特博物馆（Victoria & Albert Museum）

结合起来，对棉布服饰在 18 世纪的流行进行解说。他认为，"起初棉纺织业是一个奢侈产业，仅仅迎合富有的人，但由于使用机器生产，价格下降，很快达到大众化生产阶段，棉布成为廉价商品，而且棉布比厚实的羊毛纺织品穿起来更加舒适，易于清洗耐洗，适合穿着和家用，更加有益于健康"。❶

当代的时尚具有多元化，几乎包罗了能见到的所有生活消费品，但 18 世纪英国的时尚指的就是印花棉布，谁生产的印花棉布新颖和精美，谁就是市场的宠儿，就能从棉织品市场中获得更多的利益，自上而下对棉布尤其是印花棉布的推崇，使得印花棉布的市场逐渐成形，追求新式的印花成为棉纺织业的一大动力，新的市场引导着棉纺织业的商人不断扩大投资以获得利润。

（四）贸易和技术共同塑造法律

在经济、产业和社会需求的驱动下，棉纺织业从业者开始考虑用法律手段保护棉布印花以获得对市场利润的垄断。《白棉布印花工法》（Calico

---

❶　王洪斌. 18 世纪英国服饰消费与社会变迁 [J]. 世界历史，2016（6）：15-29.

Printer's Act）在这样的背景下出现了。《白棉布印花工法》于 1787 年颁布，❶ 其核心内容是：授予首个在棉布等制品上印制"新颖且原创"的印花以两个月的独占保护，以防止他人未经许可使用该棉布印花。该种保护被认为是以临时保护措施的形式为"亚麻布、棉布、白棉布和平纹细布的印花设计"提供类似于版权的保护手段。

该法主要是在英国北部产业从业人的推动下颁布的。❷ 在知识产权的所有对象中，白棉布印花是历史上首个工业技术和艺术相结合的产物，白棉布印花的产生既是创作，也是生产制造，带有新颖图案的布匹裹挟了智力投资和金钱投资去追逐棉纺织业利润，"品味、化学工艺和机器制造成为白棉布印花的三个支撑"。❸ 该法的出台过程充分展现了产业对这一"工""艺"结合物上利益分配的强烈主张。在产业从业人看来，对印花的复制和模仿打击了其生产动力。法案的支持者之一威廉姆·基尔伯恩（William Kilburn），就曾提及因被模仿而损失了 1000 英镑的投资。威廉姆·基尔伯恩是印花布印刷商，自己还从事美术设计，而他的设计经常被卖给位于兰开夏郡的皮尔公司，后者会复制设计并生产出廉价的面料，这种面料几天后就会出现在商店中。威廉姆·基尔伯恩因一直遭受这样的损失而极力主张立法保护棉布印花。

主张保护印花工垄断利益的同时，同样存在反对的声音。反对者指出印花棉布的消费市场既包括高端的市场，也包括低端的市场，前者以满足上流社会如伦敦地区的时尚追求为目的；后者仅需要满足乡间普通消费者穿衣戴帽等基本生活的需求。如法案通过，后者的市场将会受到致命打击，赖以为生的交易

---

❶ 该法的全称为：An Act for the Encouragement of the Arts of designing and printing Linens, Cottons, Callicoes, and Muslins, by vesting the Properties thereof, in the Designers, Printers and Proprietors, for a limited time, 1787.

❷ R. Deazley (2008) "'Commentary on the Calico Printers' Act 1787", in Primary Sources on Copyright (1450-1900), eds L. Bently & M. Kretschmer. ［2015-06-22］. http://www.copyrighthistory.org/cam/commentary/uk_ 1787/uk_ 1787_ com_ 10720071314 17.html.

❸ E. Baines. History of the Cotton Manufacture in Great Britain (London: Fisher & Co., 1835), reprinted in S. Chapman, ed. The Cotton Industry: Its Growth and Impact, 1600-1935, Bristol: Thoemmes Press, 1999, 254.

也会崩溃。反对的声音在法案中也得到了体现,即法案仅有1年的有效期,而法案所提供的两个月保护期限较之已有的版权法和《雕工法》则是短之又短。值得注意的是,法案对白棉布印花的专有权保护范围仅限于其整体的设计,因此其他同业竞争者是可以进行局部模仿的。❶

从历史的角度来看,《白棉布印花工法》是英国在工业革命初期对如何保护这一独特对象进行的一次法律探索,在这个探索过程中,"工""艺"结合物上的利益分配和产业诉求就已经开始交锋碰撞。立法的过程中关于工业品设计保护的基础性问题开始被提及、被考虑:设计保护和版权保护的区别何在?同业竞争者如何确认设计是"新颖而原创的"?保护期设置为多久合适?专有权保护对产业模仿的影响?这些问题在后世的研究和立法探索中有的找到了答案,有的则持续成为纠结的焦点。《白棉布印花工法》的效力在1789年得到延长,1794年英国又将棉布印花的保护期限扩展至3个月,法律条文也获得永久效力。❷

该法实施后英国的棉纺织业得到进一步发展,成为当时英国的支柱产业,也是出口利税的主要来源,棉纺织厂的数量和从业者也不断增加。有评论认为,《白棉布印花工法》的出台就是为了保护这种满足大众消费市场的行业,进而使国民经济从中获益,因此立法过程中听取产业从业者的声音至为重要。这使得其与版权保护后来将关注点逐渐移转到作者团体上是不同的,❸ 因为工业品设计从登上历史的舞台起,就和大众消费及产业

---

❶ R. Deazley (2008) "'Commentary on the Calico Printers' Act 1787", in Primary Sources on Copyright (1450-1900), eds L. Bently & M. Kretschmer. [2015-06-22]. http://www.copyrighthistory.org/cam/commentary/uk_1787/uk_1787_com_1072007131417.html.

❷ 谢尔曼·本特利. 现代知识产权法的演进:英国的历程(1760-1911)[M]. 金海军,译. 北京:北京大学出版社,2012:74.

❸ 英国在《安妮女王法》颁布之前,版权主要保护的是出版商、书商的利益,这和外观设计保护的历史逻辑起点大体一致,即应产业需求而产生法律。但为获得保护上的正当性以维持书籍出版垄断利益的持续,同时考虑到公共利益,英国在颁布《安妮女王法》之后,经历了 Miller v. Taylor (1769) 4 Burr. 2303, 98 ER 201 和 Donaldson v. Becket (1774) 4 Burr. 2408, 98 Eng. Rep. 257 两案的诉讼大辩论,版权保护的关注点不再是书商利益,而是作者团体的利益。

生产联系在一起,其权利并非仅仅是对创造本身提供保护,❶ 也就是说设计首先是商品的设计,以满足市场消费为目的,是纺织业催生了时尚设计,而非原创表达催生出消费市场。

二、以版权方式保护设计的时期

(一) 早期的设计法

随着工业革命在英国的深入,纺织品材料逐渐多样化,除棉布外,对毛织品、亚麻布、丝织品也都开始采用印染织等工艺,这自然催生出采用新颖设计的需求。新设计的不断出现令保护力度的呼吁加大,为此,英国于 1839 年 6 月 4 日颁布了《外观设计著作权法》(Copyright of Design Act),其中保护对象扩展至动物原料织品,如羊毛、丝、毛等。在地域上将保护范围扩展至爱尔兰,以禁止之前在爱尔兰地区出现的图案仿制活动。法案规定设计因公开而自动保护,同时提供 3 个月的保护期限。同年 6 月 14 日,英国颁布《外观设计登记法》(Design Registration Act),该法主要是为设计创立了注册制度,并将保护对象扩展至所有制造品,包括之前无法获得版权保护的玻璃制品、金属制品、陶制品和壁纸等。依据《外观设计登记法》,获得保护的设计必须在公开使用前进行注册,当时负责注册的政府部门是贸易委员会下新设的设计注册办公室,后来被并入专利局。制造品的形状、结构只要是"新颖而原创的",就可以申请注册。申请注册的设计需要提交设计的"陈述"(representation)(见图 2-3),"陈述"可以是设计的绘画、绘图、照片或样品。注册后的产品上应当由权利人公开姓名、注册号和注册日期。基于设计所应用的产品不同,法案提供 12 个月至 3 年不等的保护期。

注册制度的功能之一是提供满足原创性的证据,这解决了 1787 年

---

❶ R. Deazley (2008) "Commentary on the Calico Printers" Act 1787, in Primary Sources on Copyright (1450-1900), eds L. Bently & M. Kretschmer. [2015-06-22]. http://www.copyrighthistory.org/cam/commentary/uk_1787/uk_1787_com_1072007131417.html.

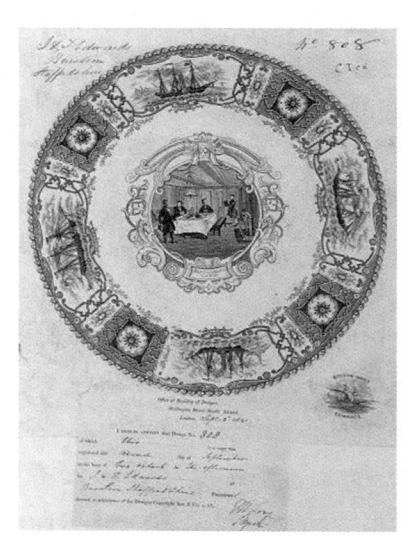

图 2-3 注册于 1841 年的盘子设计及其注册证书❶

《白棉布印花工法》立法过程中提出的问题；功能之二是为进一步的创新提供集中的信息，这为产业的规范性发展提供了必要信息源；功能之三是设计文件的标准化和规范化，这些均奠定了现代工业品设计注册制度的基础，❷成为现代外观设计保护制度不可或缺的一个部分。

但是，1839 年的这两部法律寿命短暂，在 1842 年和 1843 年被另两部法律所取代。其主要原因在于随着纺织业制造技术的发展，法律提供的保护期已经不足以保护原创设计使用者的市场先行利益。另外，英国对岸的法国在 1806 年对工业品设计颁布了独立的法律加以保护，这一做法极大影响了其他国家，英国也随之开展了设计法的改革。

改革以两部法律的出台呈现，这两部法律分别是 1842 年的《装饰性外观设计法》（Ornamental Design Act）和 1843 年的《实用性外观设计法》

---

❶ https：//www.nationalarchives.gov.uk/help-with-your-research/research-guides/registered-designs-1839-1991/#5-designs-registered-between-1839-and-1842，最后访问时间：2020 年 1 月 18 日。

❷ Johanna Gibson. The Logic of Innovation [M]. Ashgate Publishing Ltd., 2014：122.

(Utility Design Act)。《装饰性外观设计法》给予设计权利人以独占新颖原创设计的权利，这一权利在法案中被称为"版权"，但其独占的品性则更接近于专利。❶ 按照法案的要求，设计必须使用于产品之上，必须起到装饰的作用，可以是形状、结构或图案。法案对设计作了分类，分别提供 9 个月至 3 年的保护期。❷《实用性外观设计法》则对功能性的设计提供保护，该法案试图扩大可以受版权法保护的外观设计的范围，超出 1842 年法案所涵盖的严格装饰性外观设计，其实质是为发明人提供了又一种可选择的保护途径，即实用新型或小专利。至此，在英国这一时期的知识产权框架内，对创造物的保护已经比较全面，保护不但没有留白，反而有着重叠的可能。如果以艺术和实用作为两个端点的话，则作品、装饰性设计、实用性设计和发明渐次依序分布其间，而彼此的边界却并不明确。在法律上，作品保护和装饰性设计保护之间的重叠和纠葛也因此开始令人迷惑。1850 年的《设计版权法》(Copyright of Design Act)就是一例，法案将设计版权延伸至受《雕工法》保护的雕塑、模型、模具或其复制件，所有注册的设计均能获得为期 1 年的临时性保护。同时，工业品设计不但和版权保护发生关联，和专利制度也相关。1852 年的《专利法》修正案创设了英国专利局，而根据 1875 年《版权和设计法》，设计注册事务被移至专利局管辖。

这一时期的立法显现出了一定的混乱交叠，例如在 1842 年颁布《装饰性外观设计法》后，许多功能性设计都是在装饰元素的幌子下获得有效注册，而《实用性外观设计法》虽然实质上是对实用新型提供保护，却是在版权体系下向实用新型提供保护，这模糊了版权和专利的界限。尽管在法律体系上存在上述问题，但法律不断出台的过程本身就说明彼时如何保护产品外观设计正处在一个变化完善的过程中，从认识论的角度来说，这一阶段似乎不可逾越。

---

❶ J. C. Lahore. Art and Function in the Law of Copyright and Design [J]. Adelaide Law Review，1971：187.

❷ 谢尔曼·本特利. 现代知识产权法的演进：英国的历程（1760—1911）[M]. 金海军，译. 北京：北京大学出版社，2012：74-75.

(二) 艺术认知和设计法律的变化

　　法律层面的变化既是由经济和社会变革引起的，又加深了社会的变化。从1850年开始，装饰性设计的保护范围开始延伸和拓展，只要在实用品上使用了装饰艺术，铸铁图案、纺织品印花等都可依法受到保护，这种保护态势符合工业革命后英国机器制造业发展的需求，设计因为能够获得专有权的保护而开始附载于众多产品上，受到了大众的追捧，满足了大众市场对工业品的追求，极大地促进了消费。1851年世界上第一次国际工业博览会在英国伦敦海德公园举行，此即当代世界博览会的前身。由于博览会是在"水晶宫"展览馆举行的，故称为"水晶宫"国际工业博览会。博览会上的展品较全面地展示了当时欧洲和美国工业发展的成果；但同时也暴露了工业品设计中的各种问题，从反面刺激了设计的改革。❶ 对于1851年伦敦"水晶宫"国际工业博览会最有深远影响的批评，来自约翰·拉斯金❷（John Ruskin）及其追随者。拉斯金等人推崇的是中世纪的社会和艺术，他们反对博览会中展品体现出的毫无节制的过度设计，机械化批量生产导致产品的粗制滥造，因而拉斯金等人极力指责机器工业及其产品。他们的思想基本上是基于对手工艺文化的怀旧感和对机器的否定。❸

　　在同一时期，传统手工艺开始复兴，出现了威廉姆·莫里斯（William Morris）❹、约翰·拉斯金和查尔斯·阿施比（C. R. Ashbee）❺主导的"工艺美术运动"。"工艺美术运动"呼唤纯粹艺术的回归，强调物料承载着设计，而设计应凸显物料的材质。这场运动的实质是纯粹艺术和实用产品的一场对决，两者的冲突随着大众生产的发展在20世纪初期的扩大而进一步加剧。对于前者，物料仅是艺术的载体，产品价值完全由艺术设计加以

---

❶ 王潇． "水晶宫"对现代设计的意义与启示 [J]． 艺海，2013（11）：100-102．

❷ 约翰·拉斯金（1819-1900），英国作家、艺术家、艺术评论家。

❸ 岳俊杰． 设计批评标准历史性的演进分析 [J]． 决策探索月刊，2007（2B）：78-80．

❹ 威廉姆·莫里斯（1834-1896），英国艺术家、作家，擅长玻璃艺术。

❺ 查尔斯·阿施比（1863-1942），英国建筑师、设计师。

体现。而对于后者，设计则完全依附于产品，是为产品的实用性服务的。"工艺美术运动"是当时对工业化的巨大反思，并为之后的设计运动奠定了基础。在法律框架内，保护两者的立法出发点也因此存在偏差。对纯粹艺术的保护目的是进一步激励艺术创作。而对实用品的保护则以保护投资、促进经济发展为目的。如何将两者结合起来成为一直困扰英国设计法律的一个问题。出于对艺术的追求和对工业生产的否定，"工艺美术运动"在法律上的一大成果就是实用艺术也可以获得版权保护。

1890 年源自法国的"新艺术运动"则又一次改变了人们对艺术和社会生活的认知。其时艺术家的艺术灵感来自然元素的形式和结构，这促使原本的奢侈品，如精美印花布、家具等逐渐走向大众，脱离奢华。在"新艺术运动"的影响下，玻璃制品、首饰设计、建筑、海报等都与自然元素相结合，它继承了英国"工艺美术运动"的思想，一反当时矫揉造作的设计风气，即便彼时不断浮现和风行产品的工业化风格，其仍然倡导自然主义风格，既为设计带来新鲜气息，又复兴了设计的优良传统。"新艺术运动"发生在交叉时期。一方面，象征旧的手工艺时代已然接近尾声；另一方面，现代化的时代即将出现。当时的社会正在经历从农业文明到工业文明的过渡，一如大众的惶恐和期许，设计带有同样的焦虑和展望。法国的埃菲尔铁塔即当时"新艺术运动"的产物之一。

如果说之前艺术家和工艺美术家是对立的关系，那么在第二次工业革命期间，两者之间的关系则微妙起来。现代工业设计最大的推动力是 18 世纪工业革命所带来的批量生产与批量消费。18 世纪英国开始的商业化是工业设计发展的起点。在无数的消费品中，新颖的设计成了一种主要的市场促销方式。为刺激消费，需要不断地花样翻新，推出新的时尚。设计创造成为大众生产的一部分，工业品设计将技术转化为令大众感到愉悦的消费品。工业品设计成为带有使命的艺术，其使命就是市场成功。正是这样的变化使得设计保护的立法需要平衡促进设计创造和产业竞争之间的关系。1907 年德国的设计组织"德意志制造联盟"（Deutscher Werkbund）成立，其宗旨就是通过艺术、工业和手工艺的结合，提高德国设计水平，设计出优良产品。在肯定机械化生产的前提下，把批量生产和产品标准化作为设计的基本要求。经过第二次工业革命的洗礼，制造商和艺术家紧密地结合起来，产品的外观越来越受重视，消费导向的生产成为竞争市场的核心。

艺术领域的观念变革不但使得工业品设计形式更为多样，对法律规则的成型同样起到了推动作用。1883年英国的《专利、商标和设计法》采用了统一的注册模式，专利、商标和设计的注册均由专利局办理。其第50条第1款给设计提供以版权保护，从注册之日开始保护5年。设计版权的权利旨在赋予某注册类别上工业品使用设计的专有权。他人以公开、销售或许诺销售为目的，在相应产品上欺骗性或明显模仿会构成侵权。其时，设计版权和纯粹艺术版权在保护的期限和力度上均存在差别。

三、版权——特别工业版权的"权利转换"期

（一）"权利转换"规则的出现

1907～1946年，英国设计的保护一方面通过《专利和设计法》来实现，这与1883年《专利、商标和设计法》的规定类似，受保护的设计包括图案、形状或结构的应用或装饰，无论是手工、机械或化学的印刷、刺绣、编织、缝纫、制模铸造、雕刻还是蚀刻，只要应用于产品均得保护。法案为注册设计提供5年的保护期，允许续展，直至15年。

另一方面，设计也可以获得版权法的保护，1911年《版权法》是首部为所有原创艺术作品提供同一版权保护的法案，对工业艺术和纯粹艺术不再区别对待，因此也不再强调艺术载体的形式，这也正是艺术理念变迁的结果。

为区别于1907年《专利和设计法》对设计的保护，该法第22条规定，如果一项成果能够按照1907年《专利和设计法》注册为设计，则不能作为艺术作品受保护，但非以工业生产为目的而制有多件的形状或图案为例外。1920年《注册设计规则》第89条进一步规定：1911年《版权法》第22条中"制有多件的形状或图案的设计"指生产50件以上的情形。即50件以下的产品设计获得1911年《版权法》保护，50件以上工业品的设计则只能通过注册获得1907年《专利和设计法》的保护。生产数

量成为避免法律适用重叠的关键要素。50 件的数量标准一直为 1995 年和 2006 年的《注册设计规则》❶所沿用。上述三部法律的相关规则一起构成了英国的"权利转换"规则——版权转换为特别工业版权。

这一转换过程如何实现？King Features Syndicate Inc. and Betts v.O & M Kleemann Ltd. 案❷中，原被告的争议就围绕这一议题展开。原告是大力水手漫画形象的版权人，大力水手的漫画素描图最早刊登于报纸，后来原告许可他人生产制造了大力水手的玩具，玩具并未在英国按照注册要求进行设计注册。被告则按照大力水手的形象生产了塑料玩具、石膏玩具和胸针。原告认为被告未经其许可侵犯了其版权。但被告抗辩认为原告之前曾经许可过其他公司制造这一形象的玩偶等制品，属于工业生产制造，根据 1911 年《版权法》第 22 条，原告已经丧失了版权，因为玩偶形象的设计可以按照 1907 年《专利和设计法》获得注册而被告未予注册。

在一审中，法官西蒙斯（Simons）认为原告应获得其基于版权的救济和禁令，要求被告承担侵权责任，被告提起上诉。二审法官存在意见分歧，法官克劳森（Lord Clauson）和斯科特（Scott）认为被告侵权成立。首先，关于什么是受到保护的"设计"，法官认为 1911 年《版权法》第 22 条的规则确实适用于那些可以被注册为"设计"的艺术作品，而"设计"指的是产品的设计，即应包含某种产品模型或模式，在该案中，原告主张保护的作品是大力水手的素描图纸，素面图最早被发表在报纸上，虽然任何图纸都可以通过某种工业手段以原始状态复制，但同样明显的是，任何图纸都无法以原始状态成为某种产品的设计，要想成为可注册的设计，必须形成产品模型或模式。模型和原始的艺术作品已经是两回事了，从作品到模型的过程当然需要作品版权人的许可，未经许可的为版权侵权行为。同时同一版权作品可能产生不同的可注册的模型，只要模型和模型之间存在实质差异。无论如何能被注册获得特别版权的只能是产品的模型，而非原始的艺术作品。

---

❶ 2006 年的《注册设计规则》是英国现行的设计规则。
❷ King Features Syndicate Inc. and Betts v. O & M Kleemann Ltd.，（1941）AC 417.

其次，关于原告在许可他人生产大力水手玩具时是否丧失了版权，法官认为，1911 年《版权法》第 22 条中找不到任何明示或暗示的规则：一旦艺术作品被注册取得特别版权后，艺术作品自身的版权就消失了。实际上该条也不能解释为剥夺了无法被作为"设计"注册的艺术作品的版权。原告不因将权利许可给他人就丧失了其艺术作品的著作权，而许可生产的目标之一就是使得艺术作品可以产生能够取得注册的产品设计，基于上述理由，被告恰是在从艺术作品到产品设计这一过程中未取得许可，因而应承担侵权责任。

在该案中持反对意见的法官是卢克斯摩尔（Lord Luxmoore），他认为，如果原告自行根据漫画形象的素描图以工业生产的方式生产大力水手的玩具，则原告将失去禁止他人在物质载体上复制这一形象的权利，但只要根据注册规则进行了注册，则能获得为期 15 年的特别工业版权保护；抑或原告许可他人将漫画素描图批量生产为玩具产品，则原告自己基于素描的版权消失，但被许可人获得 15 年的特别工业版权保护。该案中无论原告还是原告的被许可人均未对涉案的漫画设计进行注册，因此，原告丧失了将漫画素描图结合物质材料生产为玩具产品的权利。由于赞成侵权的法官为多数法官，该案最终认定被告应当承担侵权责任。

通过这一案例，权利转换规则可以被理解为特别工业版权针对的对象是特定的，即产品模型或产品设计，一般是三维形式，区别于对物质载体没有要求的艺术作品。该产品模型无法获得著作权保护，但可以获得为期 15 年的特别工业版权保护，即发生了"转换"。同一艺术作品可能产生出多类产品设计，在这一过程中，艺术作品的版权人并不丧失版权。可见，权利转换的基本逻辑在于为转换后的产品设计提供特别工业版权保护，用以解决工业生产中创新成果保护的问题，并不影响本已经存在的艺术作品版权。该案另一价值体现在法院实际上区分了版权和特别版权的界限，即特别版权所保护的设计是产品的设计，即先有产品，后有设计在产品上的应用，其逻辑是符合工业生产实践的。但该案依然存在未决问题，问题之一在于，用版权法解决工业生产中的成果保护是否恰当？问题之二在于，转换后产生的工业版权和艺术作品版权是何关系？如果属于复制，为何另设权利？如果属于演绎，为何不利用已有的版权法规则？

这一时期，法律虽然在尽量避免适用上的重叠，但因之而形成的保护体系越来越复杂，版权法被用来解决工业制造过程中产生的产品设计问题，令法律如何协调的问题随之而来，❶ 这急需法律的整合和系统化来回答所谓"特别工业版权"的功能到底是什么。在这样的背景下，1949 年《注册设计法》出台了。

（二）"权利转换"规则的发展和完善

1949 年的《注册设计法》（Registered Designs Act 1949）是英国现行保护设计的法律之一。这部法律的一个重大变化就是将注册设计从其他种类的知识产权中分离出来，加以独立保护。注册设计专有权既区别于版权，也区别于专利。设计权终于脱胎于版权，获得独立的地位。

经注册设计获得的垄断权保护，可以是图案、装饰，也可以是形状、结构。设计必须具有视觉吸引力，因此审查时其功能性要素不予考虑，当然视觉吸引力并非要求设计一定达到艺术审美高度，对其的考察主要是通过消费者的视角。新颖或原创依然是注册条件。在判断设计的新颖性时，其现有设计为英国国内的设计。为获得注册设计，申请人需要提交申请书和新颖性声明（statement of novelty，具有禁反言的效力），并需要确定所应用的产品（专有权仅限于此产品）。目前，根据该法，注册设计的保护可以长达 25 年，但需要每 5 年续展一次，否则到期终止。

英国对注册设计的审查采取实质审查制，申请文件中的图片需要向公众公开，但纺织品、墙纸和蕾丝产品的设计除外。注册制度实现了三大功能：其一，注册成为设计合乎法定条件的首要证据，从而增强了企业投资于相应设计的信心，有利于交易安全；其二，注册制度提供了明确的权属证明，从而维护交易的稳定性；其三，通过公示注册信息使公众了解设计概况，集中化的管理有利于公众获取信息，明确侵权的界限。法案排除了一些对象，包括功能性设计、缺乏视觉吸引力的设计、环境设计、园林设

---

❶ K. Hodkinson. Protecting and Exploiting New Technology and Designs ［M］. Routledge，2002：73.

计、城市规划设计及建筑设计。此外 1995 年的《注册设计规则》第 26 条进一步排除了一部分对象,包括:雕像作品(除非其为工业生产作为模具而制作)、墙饰板、奖章、勋章,主要带有文学艺术特性的印刷品。此外,只要一项外观设计按照《外观设计注册法》(属于工业产权法)取得了外观设计权(或者外观设计专利权),即不再享有版权。

视觉吸引力和功能性要素的排除是 1949 年《注册设计法》的重要内容,但司法中对其的认定并非易事,很多工业品可以做到外观设计和功能的完美结合。在 Amp v. Utilux 案❶中,法院指出,产品的形状如果仅由其技术功能决定,设计均是从技术效果的角度形成的,则不属于法律所保护的"设计"。"仅由功能决定"指的是设计仅衡量产品的形状是否产生了一定功能,而没有考虑美学性,但法官里德(Reid)也指出功能如何决定产品的设计本身具有模糊性和争议,是个超出法律界定的问题。

在 Interlego v. Tyco Industries 案❷中,争议对象是乐高积木,原告认为被告侵犯其乐高积木的版权,但涉案积木之前被注册为设计,根据 1956 年《版权法》第 10 条,注册设计的权利不能获得重叠保护。原告请求法院判定积木不符合设计保护条件,从而主张版权保护,法院需要判定在积木设计的功能之外是否存在美学要素。法院认为原告积木只能获得注册设计的保护,不受版权法的保护。法官奥利弗(Olive)认为:设计师总是会依照设计生产出具有形状的积木产品,这个过程就是设计的生产。积木和积木拼接在一起的功能会使得注册设计丧失新颖性,这和积木本身具有的个性和独创性的判定存在清晰的界限。

单独保护的法律模式并不意味着外观设计权和版权界限就是清晰的,为此 1956 年《英国版权法》继续坚持"权利转换"以区分两个权利的保护范围。

1956 年《英国版权法》第 10 条规定,对于可注册的外观设计,如果未以工业的方法进行复制,或无意以工业的方法进行复制,则该外观设计

---

❶ Amp v. Utilux,(1972)RPC 103.
❷ Interlego v. Tyco Industries,(1989)AC 217.

受版权法的保护；如果外观设计已经注册，则在其注册的有效期限内（15年），受1949年《注册设计法》的保护，《版权法》不再提供保护；注册期满后，版权恢复对外观设计的非工业应用的保护。也就是说，英国对可注册的外观设计采取的是单一保护的模式，要么是版权，要么是设计权，权利转换的关键在于是否进行工业应用。如何判断是否进行工业应用则依然沿用1920年《注册设计规则》的规定，即以50件工业复制品为界限。

英国和同时期欧洲大陆其他国家的做法，以及美国的做法均相区别。欧洲大陆国家在工业品设计保护的问题上大都采取双重模式（意大利除外），设计权利人可以主张版权保护，也可以经过注册获得设计权保护，两项权利并不排斥。权利人对工业品设计主张版权保护时，由法院依法判定设计是否具有独创性或者艺术性。因为作为大陆法系的欧洲国家作品独创性标准本就很高，因此，缺乏较高艺术性的实用品一般无法通过版权法获得支持。美国和意大利则采取"分离理论"，判断工业品的艺术性是否可以与其实用性相分离，能够分离、独立存在的，工业品的艺术性成分可以获得版权保护。

在区分设计权和版权的范围上，英国的思路着眼于请求保护对象的市场利用方式，因此衍生出了"权利转换"规则；欧洲大陆国家和美国的思路则着眼于工业品自身的艺术性，衡量的是请求保护的对象事实本身，两种思路提供不同的解决方案。在笔者看来，知识产权虽然保护的是各类智力创造成果，但仅有智力创造活动和成果并不能催生出知识产权制度。尽管创造活动遍及古代东西方社会，但只有西方产生了知识产权制度，这就是例证。因此，知识产权之所以被社会所需要，完全是因为智力创造成果成为可供交易和利用的对象，成为新的投资对象，成了商品。在交易中，为了将一项交易所带来的负外部性内部化，产权才得以产生，知识产权也是如此。作为交易手段，知识产权的权利类型界分和保护模式确定就不能仅仅考虑作为权利对象的智力创造成果本身之间的区别，还应当考虑智力创造成果在交易方式上和商品形态上的差异。在对象本身的界分上，法国已经承认试图区分是徒劳的;❶ 美国的"分离理论"也被诟病随意性大。❷ 但是英国的"权利转换"模式则是基于工业品设计市场利用方式进行的构建,这是符合知识产权制度的内在要求和商业逻辑的。

(三) 1956 年《版权法》的消极影响

尽管 1956 年《版权法》坚持了"权利转换"的规则,但是,其在实践中的适用却出现了不可接受的后果。

1964 年,在 Dorling v. Honnor Marine 案❸中法院判决依照汽艇图纸制造的汽艇本身由于具有功能性,因此不能获得 1949 年《注册设计法》的保护,但是依照图纸制造汽艇的行为能获得《版权法》的保护,因为这一行为属于对图纸进行了立体复制,因此侵害了版权中的复制权。该案的荒谬之处就在于保护工业产品的设计法不能保护工业品,而不保护工业产品的版权法反而可以保护工业品。另一起案件出现了类似的结果,在 British Leyland Motor Corp. v. Armstrong Patents Co. Ltd. 案❹中,原告设计和生产汽车和配件,被告未经许可通过复制原告的原始设计图生产了用于原告汽车的排气管。上议院认为复制功能性工业品的行为侵犯了原告在设计图上拥有的版权。该案的结果引起了较大争议,法官霍夫曼(Hoffmann)认为用

---

❶ 尤金·普耶特(Eugene Pouillet)(1835-1905),曾任《伯尔尼公约》前身国际文学和艺术协会(Association littéraire et artistique internationale)的主席,提出了"艺术统一理论"(Unity of Art),指的是无论纯粹艺术还是实用艺术都是艺术,无论艺术属于文艺表达还是应用于产品,艺术都能获得版权保护,因此工业品设计也可以获得版权保护。1902 年法国扩大了著作权的客体适用范围,无论作品的价值或目的均获得版权保护,其中包括装饰设计。

❷ Paul Goldstein. Copyright, Principles, Law and Practice § 2.5.3 (c) (Little, Brown and Co. 1989), § 2.5.3 (b)-(c); Michael Davis-Hall. Copyright and the Design of Useful Articles:A Functional Analysis of Separability, 50 Copyright L. Symp. (ASCAP) 37 (1997); Shira Perlmutter. Conceptual Separability and Copyright in the Designs of Useful Articles, 37 J. COPYRIGHT SOC'Y. U. S. A. 339 (1990); J. H. Reichman. Design Protection after the Copyright Act of 1976:A Comparative View of the Emerging Interim Models, 31 J. COPYRIGHT SOC'Y U. S. A. 267, 350-365 (1983).

❸ Dorling v. Honnor Marine, (1964) 1 All ER 241.

❹ British Leyland Motor Corp. v. Armstrong Patents Co. Ltd., (1986) RPC 279.

《版权法》来解决知识产权法律间的界分是对《版权法》过宽的适用。格里菲思（Griffiths）法官认为版权人滥用了版权，对判决结果表示反对，但他认为，按当时的《版权法》也只能如此适用，因此国会必须修改法律改变这样的规则。上述两个案件通过 1956 年《版权法》的适用均出现了毫无美学价值的工业品获得版权保护的结果，版权使得权利人获得了对工业品配件市场的垄断。❶ 版权延伸至一个和自己完全不应当相关的领域。

作品是一种纯粹美学产物，工业品设计则属于具有美学特征的工业产物，前者彰显创作者的品位、情感和理念，是阳春白雪；后者世俗、逐利和大众，是下里巴人。两者在消费市场中起到的作用不相同，利用方式也不一致，工业品设计在市场中的利用方式仅是商业性的复制或制造，然而作品的利用方式则多种多样，从单纯的复制，到演绎，再到通过各种传播途径进行传播，作品通过展示传递美，消费者感受美，此间不存在任何的有形"使用"。然而外观设计则是强调"使用"的，工业品设计是通过使用使消费者既感受到产品的某一功效，又同时获得愉悦。正是这些差别造就了英国法律中版权向特别工业版权、再向注册设计权的转换。

四、英国现代的设计保护

（一）1988 年《版权、设计和专利法》（CDPA）

《版权、设计和专利法》（CDPA）的规则旨在修改 1949 年《注册设计法》，其第 4 附件重述了 1949 年《注册设计法》，消除了 1911 年《版权法》和 1956 年《版权法》在区分艺术作品和工业设计上产生的消极影响。CDPA 规定不能在外观上主要呈现出艺术美感的设计无法获得注册设计保护。版权不再从设计图上延伸至依图制造的三维产品上（第 51 条），这类产品可以获得未注册设计的保护（第 236 条），这也就是 CDPA 的一个重要变化——在英国的知识产权保护对象中增加了一种未注册设计。未注册

---

❶ 王迁．论著作权法保护工业设计图的界限——以英国《版权法》的变迁为视角［J］．知识产权，2013（1）：19-33．

设计可以自动获得"设计权",但是这个未注册设计权主要是对功能性设计的保护,其与早已存在的注册设计权区别如表 2-1 所示。

表 2-1　英国注册设计权和未注册设计权的区别

	保护对象	权利取得	保护期
注册设计权	产品的外观或部分外观,外部形状和装饰,三维、二维皆可	注册取得	25 年保护期
未注册设计权	形状或构造,并非表面装饰,可以是外部的,也可以是内部的,但必须是三维	自动保护	期限为首次销售起 10 年或创作完成之日起 15 年,以长者计算

在 CDPA 的整体框架下,形成了版权、注册设计权、未注册设计权三种权利,版权保护艺术作品,注册设计权保护产品的视觉美感,未注册设计权无论美感与否,为具有功能性的工业品设计提供了一种短期的、类版权的保护,其实质是为"小发明"即实用新型提供了一个法律保护途径。

为避免三种权利的重叠,乃至可能使注册设计权失去应有之义,CDPA 第 52 条继续沿用之前的"权利转换"标准,即进行超过 50 件的工业复制应用。该规则到此更为清晰:艺术作品经授权进行了工业应用和市场销售后可以获得注册设计权的保护,获得 25 年的保护期,注册设计权保护期满后,将该艺术作品进行同种工业应用,即复制于同种产品上,不属于侵权行为。但仅对艺术作品的美感进行有载体的复制不在此限,如明信片、海报、书籍等。❶

(二) 2014 年英国 CDPA 的修改

2014 年英国修改了 CDPA,其中外观设计修改的内容较多。修法的目的是为设计创新者提供更强大的保护,以进一步促进英国各个领域产品设计的发展。修改的主要内容有以下四个方面。

---

❶ Bently, Lionel A. F. The Return of Industrial Copyright? (July 19, 2012). European Intellectual Property Review, Vol. 10, September 2012; University of Cambridge Faculty of Law Research Paper No. 19/2012. Available at SSRN: https://ssrn.com/abstract=2122379.

第一，未经设计权利人许可，在商业活动中公然使用已注册的外观设计（包括仅在英国注册的和在欧盟注册的），行为严重的，行为人将承担刑事责任，刑期最高达10年的监禁，并将被处以一定的罚款。

第二，考虑到产品设计翻新的需要而增加了免责条款，新的条款允许个人通过学习的方式使用设计，允许出于非商业目的、用于教学目的行为，这实际上是在进一步鼓励设计的研发。

第三，新法还修改了委托设计的权利归属规则。原法规定，委托人是委托完成的外观设计的首个权利持有人。根据新法，2014年10月1日后委托完成的外观设计，设计人是其首个权利持有人。修改后，未注册的外观设计的权利归属与相同情况下的版权规则实现了一致。

第四，新法还对未注册外观设计权的保护范围进行了简化，不再要求包含一个设计的"所有方面"——尽管保护范围仍然可以包含复杂产品的整体。只有不属于"惯常设计"的未注册外观设计才能获得保护。其明确规定，"惯常设计"的衡量标准是指包括欧盟在内的任何国家，而不只是在英国被评估为"惯常设计"。

（三）脱离欧盟后英国的外观设计保护

2020年1月31日，英国正式"脱欧"，开始进入过渡期。过渡期从2月1日开始，到2020年12月31日结束。过渡期内，英国和欧盟还将在经贸和安全方面继续达成有关协议。在此期间，欧盟法律将继续对英国有效。欧盟知识产权体系也同样对英国有效，直至2020年12月31日即过渡期结束。而在过渡期结束后，原欧盟设计权，无论是欧盟注册设计还是未注册设计都不再有效，同时原本通过国际海牙体系指定在欧盟进行保护的设计，也不能在英国继续获得保护。

为降低"脱欧"给外观设计权利人带来的影响，英国颁布了《2019外观设计和国际商标脱欧规则》[Designs and International Trade Marks (Amendment etc.) (EU Exit) Regulations 2019，以下简称"《脱欧规则》"]，于"脱欧"之日起生效。

依据《脱欧规则》，欧盟注册设计将在英国被赋予一项"同等"的权利,该权利被称为"再注册设计",申请日和保护期援引之前的时日,无须另行提出申请,也不会产生申请费。欧盟设计权利人也可以弃选这种保护方式;对于直到脱欧日尚在申请中的欧盟设计,则不适用"再注册设计",申请人需要在 9 个月内另行根据 CDPA 申请英国注册设计,但将认可原申请日或优先权日。上述设计的续展均照常进行。

对于通过国际海牙体系指定欧盟保护的外观设计也将赋予"同等"权利,被命名为"再注册国际设计",属于指定在英国保护的设计,权利人在进行续展时应当注意指定在英国保护的设计和指定在欧盟保护的设计分别续展。

欧盟未注册设计则仍按照原有的保护范围在英国获得保护和侵权救济。《脱欧规则》建立了一项"补充未注册设计"(Supplementary Unregistered Designs)制度,其权利将确保"脱欧"前在英国提供的所有外观设计保护仍然有效,保护条款类似于欧盟未注册设计,但是效力范围不延及欧盟。

五、借鉴和思考

英国工业品外观设计的保护史可以被归纳为:源于版权—脱胎于版权—独立保护—版权适当切割,在这一路径发展的过程中,我们可以得到如下启示。

其一,艺术理论对工业艺术的接纳使其得以获得稳定的版权保护。

工业革命的影响和工业艺术理论的发展促使法律开始考虑对设计提供保护,因早期的设计和艺术创作服务于不同的社会生活,因此法律上也作区分:版权仅保护艺术作品,工业品设计作为一种工业艺术形式仅能获得短期的临时版权保护。随着艺术认知的变迁,工业艺术逐渐被传统艺术所接纳,因此工业艺术也获得了版权法上的稳定保护。同时为了激励产品外观的创新和便于统一管理,注册设计成为另一种保护手段。当消费型的"艺术"遍及大众,工业品设计终于作为一项独立的知识产权对象,获得英国包括《注册设计法》《注册设计规则》以及《版权法》"权利转换"规则的综合保护。工业艺术也是艺术的认知,是立足于对象事实的,这成为工业品设计法律保护模式得以确定的一个出发点。

其二，工业品设计保护的实质是对商业和市场的保护。

英国外观设计法律保护的变迁清晰地表明了外观设计制度保护的利益，即设计在工业品上的商业应用所产生的市场竞争优势。司法实践对两者区别也许有着更深层次的认识，里德法官在 Amp v. Utilux 案中论述道：注册设计的法律保护"确保了设计权利人从消费者处获取商业价值，这个价值正是其采用了某种产品外观为其带来的相对于其他人的优势。因为产品外观的采用，产品销路更好，促进销售的作用正是来源于设计权利人在设计上投入的思考、实践和金钱"。❶ 法官洛克哈特（Lockhart J.）在 Dart Industries v. Décor Corp 案中也做了类似的论述：设计权是对"设计商业应用中所产生的创造性作用的奖励"。❷

外观设计的法律保护虽然在创生之初被纳入版权法，但其诉求和具体规则天然地随着市场的要求而变化，直至其成为英国知识产权制度中独立的一环，工业品设计保护的不仅仅是设计本身，其从《版权法》中以"权利转换"的方式独立出来，直指市场竞争，这一认识值得我国在解决版权保护和外观设计专利保护重叠时加以借鉴。

其三，"权利转换"规则的借鉴意义。

当工业品设计的工业复制件超过 50 件后，设计不再被认为是版权保护的对象，而获得特别工业版权。这种特别权在保护期限和权利范围上都相异于版权，而且即便特别保护到期，也不能继续依据版权阻止他人在相同工业品上应用相同或近似的设计，而仅能禁止他人非工业目的的应用。相对欧洲大陆国家和美国区分版权和工业品设计保护的解决方案而言，"权利转换"规则更为高效，更加切中利益要害。同时短期、强效的特别保护非常适合产品外观嬗变的消费型社会，工业品设计从中既获得了充足的市场利益，又能继续利用持续和迅速进入公有领域的其他设计成果进行下一步的开发和创新。这一认知反映了英国对工业品设计法律保护模式的

---

❶ Amp v. Utilux（1972）RPC 103.
❷ Dart Industries v. Décor Corp Pty，179 CLR 101. 1993.

选择，从以对象事实为起点、向价值取舍的这一目标进行转换。

第二节　欧盟的设计保护协调之路

一、协调之前的各自为政

总的来说，在欧盟建立设计特别权保护之前，欧洲的设计保护是分散的、各自为政的。20世纪90年代欧盟的十几个成员国均有工业品设计的特别保护立法，除了希腊。另外，"比荷卢"三国有比较一致的设计保护法律。整个欧盟的设计保护在模式上可分为双重保护和择一保护两种，承认双重保护的国家有10个，希腊和意大利则是择一保护。新颖性是各国保护条件共有的要求，但还有些国家提出原创性的要求，如英国、爱尔兰、法国、意大利、德国。"比荷卢"三国在解释新颖性中的"新"时采用了原创性的标准，即设计中只有源自设计师自己的特征时才使得设计能够区别于现有设计。

（一）法国的设计保护制度

法国实属设计保护法律领域的先锋。早在1711年，里昂就颁布了一项地区性法令《里昂执政条例》（Ordinance of the Consuls of Lyons），以禁止盗用他人商业价值的角度对设计提供保护。《里昂执政条例》规定：所有商人、工人、旅人以及其他丝织品制造业的从业人员，无论性别和年龄，其为制造目的所使用的设计均须明确禁止被直接或间接地获取、窃取、销售租借、转让以及使用。❶ 1722年和1744年法国最高行政法院（Conseil d'Etat）发布禁令，禁止从业工人擅自使用丝织业制造商的设计。1787年这一禁令效力遍及全法。18世纪时里昂成为全欧洲最重要的丝绸产地，如同英国一样，法国茧丝绸业的发展推动了纺织机械的发展。1777

---

❶ Christophe Geiger. Constructing European Intellectual Property：Achievements and New Perspectives [M]. Edward Elgar Publishing, 2013：379.

年由工匠出身的里昂人贾卡（Joseph Marie Jacquard）发明了纹板提花织机，后来，这种织机发展成了全自动织机。到 1812 年，整个法国已经装备了 11000 多台自动织机。纺织技术反过来促进了丝绸产业的持续繁荣，印花精美、工艺精良的丝织品从里昂运给法国皇室以及欧洲其他皇室贵族，这使得法国成为当时整个欧洲的时尚中心。

1806 年法国颁布《工业品设计特别法》，对工业设计图和造型提供保护，在里昂建立委员会对工业品设计进行注册，注册得以确认权属并据此解决制造商间的设计争议。彼时法国对艺术进行了明确的划分，纯粹艺术获得 1793 年《法国版权法》的保护，工业艺术则获得 1806 年《工业品设计特别法》的保护。❶ 区分的标准包括：

（1）生产方式；

（2）设计的目的或最终使用的目的；

（3）艺术属性的辅助特征；

（4）创作者的地位（是制造商还是艺术家）；

（5）相关设计的艺术价值。❷

为此，法国司法实践还要进一步区分工业品上的重要艺术特征和微小艺术特征，然而这种区分被证明为低效和困难，同时还导致了司法适用的随意。

1900 年政府在来自工业界的巨大压力下，开始考虑放弃传统的区分方式，转而采取"统一艺术理论"（Unity of Art）。这一理论的提出者是普耶特，"统一艺术理论"指的是无论纯粹艺术还是实用艺术都是艺术，无论艺术属于文艺表达还是应用于产品，艺术都能获得版权保护，因此工业品设计也可以获得版权保护。1902 年《法国版权法》规定"所有作品，无论其种类、表达方式、价值或目的"都是受保护的。但是"统一艺术理

---

❶ G. Finilss. Theory of Unity of Art and the Protection of Designs and Models in French Law [J]. Journal of the Patent Office Society，46 J. Pat. Off. Soc'y 615 1964：616.

❷ J. H. Reichman. Design Protection in Domestic and Foreign Copyright Law：from the Berne Revision of 1948 to the Copyright Act of 1976 [J]. Duke Law Journal，Volume 1983 No. 6：1154-1155.

论"在法国司法实践适用时仍须考虑工业品的功能性，工业品特征由其功能带来并且无法和功能相分离时是排斥版权保护的。❶

1793 年《法国版权法》在 1902 年时进行了修改，扩大了客体适用范围，无论作品的价值或目的均获得版权保护，其中包括装饰设计。立法的修改迅速影响了法国司法，双重保护在司法中得以体现。1909 年《设计法》的颁布为工业品设计提供了独立的注册体系，但该法第 1 条即明确规定："设计和造型的作者可以保留依照其他法律获得的权利"，双重保护就此在立法中得到确认。❷ 双重保护意味着权利人可以选择其一对设计进行保护，其择一而诉无论是否获得法律支持，均可再提出另一请求；设计权保护期满后，版权保护依然可以存在。这使得设计保护至少可以持续 50 年。但是，双重保护并未降低作品的标准，仅是明确了以工业生产为目的的设计不再用以区分设计保护的方式，而设计上的艺术性仍需要满足版权法独创性的标准，纯粹展现技术功能的设计不在保护之列。这样的方式至少省却了法院适用法律的烦恼，工业品设计保护和版权保护的界限无须在个案中进行区分。如 20 世纪 30 年代，法国法院甚至曾给予管状金属椅子和六角形螺帽以版权保护。

"统一艺术理论"在法国得以获得支持，一方面是因为区分纯粹艺术和实用艺术某种程度上产生不公平的后果，违背了其同为创造物的本质；另一方面是因为其界分意味着只能由司法采取主观评价标准，导致模糊和法律适用的不统一。❸ 但是，"统一艺术理论"在法国的盛行并非意味着其阐明了工业品设计保护的关键，而在于这一理论的"好用性"，它实现了法国司法的统一。易言之，不深究而省却了诸多麻烦，同时提

---

❶ Paul Goldstein, P. Bernt Hugenholtz. International Copyright: Principles, Law, and Practice [M]. Oxford University Press, 2012: 215.

❷ G. Finilss. Theory of Unity of Art and the Protection of Designs and Models in French Law [J]. Journal of the Patent Office Society, 46 J. Pat. Off. Soc'y 615, 1964: 618.

❸ G. Finilss. Theory of Unity of Art and the Protection of Designs and Models in French Law [J]. Journal of the Patent Office Society, 46 J. Pat. Off. Soc'y 615 1964: 624-625.

高了效率。但"统一艺术理论"采用版权模式保护工业品设计会导致保护范围过宽。版权中的多项权利在工业品设计上完全是浪费，版权财产权中的表演权、网络传播权、播放权等重要权利对以满足大众消费为目的的工业设计全无意义，仅署名是设计师的重要权利。长保护期并不利于设计产品上的进一步创新，以版权保护工业品设计会导致过度垄断。❶

在 1948 年布鲁塞尔会议上，"实用艺术作品"这一概念首次被引入《伯尔尼公约》，这实际上是个妥协的结果，《伯尔尼公约》不得不考虑这一问题上存在的地域差异性，以解决国民待遇原则和独立保护原则所带来的各国保护水平不一的问题。为此，《伯尔尼公约》对"作品"这一概念作了宽泛的设定，❷在适用独立保护原则时区分作品的起源国和请求保护国，因此在工业品设计或实用艺术品上是可以平衡各内国法的差异的。联盟既没有排除工业品设计的可版权性，又尊重了如意大利对这一问题的不同看法。

"比荷卢"等国的双重保护要求"明显的艺术特征"，司法实践对之采取了比较宽泛的解释。因此，"比荷卢"的双重保护实际上类似法国的做法。

（二）德国的设计保护制度

德国对工业品设计的保护态度概而言之是"部分的双重保护"。1876 年《德国版权法》规定，如果作品应用于工业产品上进行工业生产，则丧失版权保护；1907 年《德国版权法》则作了修改，受保护的作品包括实用艺术品。但司法实践中法院对工业产品提供版权保护仍坚守"艺术作品"和原创性的基本条件，对实用品提供版权保护提出了高于原创性的标准，工业品设计只有在艺术性上达到一定高度时才给予双重保护。但是，在 2014 年 Independent Toy Designer v. Toy Manufacturer, Bundesgerichtshof

---

❶❷ J. H. Reichman. Design Protection in Domestic and Foreign Copyright Law: from the Berne Revision of 1948 to the Copyright Act of 1976, Duke Law Journal, Volume 1983 No. 6: 1162.

案[1]后，德国最高法院则认为，即便实用品的艺术性没有达到纯粹艺术、自由艺术的原创高度，也不会因此丧失版权保护。[2]

《德国外观设计注册法》于1876年制定，在1986年进行了第一次修订，修订基本只涉及集中注册等程序问题，对实体方面未做大幅度改动，法律条文中仍存在不适应社会发展的问题。时隔12年之后，1998年11月对该法进行第二次修改，在程序和实体两方面相应作了较大修改使之完善。

《德国版权法》和《德国外观设计注册法》均不对未注册设计进行保护，未注册设计的保护只能依赖《德国反不正当竞争法》。《德国反不正当竞争法》对设计保护的基础是：竞争者欺骗性模仿他人商品或服务造成来源混淆，并造成损害。

（三）意大利的设计保护制度

意大利主张"双重艺术理论"（Duality of Art），装饰性设计对产品的依赖使得其价值主要体现在商业活动中，而非其自身的审美艺术性。因此在立法上意大利采用了和美国最为接近的分离理论，不承认工业品设计的双重保护。1941年《意大利版权法》第2条第4项规定：工业品的艺术性只要能够独立于其产品工业性就能受到版权保护。《意大利设计法》于1868年就已经颁布，直到1940年进行了修改，1940《意大利设计法》保护装饰性设计和实用新型，规定设计保护的条件为新颖性和原创性，保护期为15年。其第5条规定：版权保护不适用于工业品设计。设计一旦注册即表明无法主张版权保护，未注册的设计则依照"分离理论"，即艺术特征是否能和实用功能相分离来决定是否适用版权保护。

可以说，意大利立法上采取的单一保护是较为严格的一种解决方案，

---

[1] Independent Toy Designer v. Toy Manufacturer, Bundesgerichtshof (German Federal Supreme Court), I ZR 143/12, 13 November 2013.

[2] German Federal Supreme Court expands design protection: "Birthday Train" [J]. Journal of Intellectual Property Law & Practice, 2014, Vol. 9, No. 7.

但是司法实践却加以调和，形成了具有弹性的司法。意大利法院通常认为设计存在潮流化的周期性借鉴现象，因此只要设计所应用的产品形式区别于现有设计即可获得原创性。对原创性进行的是整体评价，局部或组成部分属于现有设计不会破坏原创性。因此公有领域形式或风格的现代化表达、简化表达不会破坏新颖性，❶ 这被称为"实质原创性"（qualitative originality）。司法的弹性缓和了意大利立法对于双重保护的严格态度。在欧盟统一外观设计保护制度后，意大利"被迫"放弃了该种模式。

欧盟内部对工业品设计的不同保护方式在欧洲市场的商品贸易活动中引出了关键问题：如何判定一项工业产品的外观设计受保护，以及采取什么标准确认侵权行为的成立，尤其是涉及共同体市场跨境贸易活动时。在1982年Keurkoop BV v. Nancy Kean Gifts BV案❷中，上述问题均被提及。

在该案中，涉案设计是女式手提袋，该手提袋设计最初由设计师于1977年在美国申请了外观设计专利权，后于1979年由该案原告荷兰Nancy Kean Gifts公司在"比荷卢"经济联盟设计办公室（"比荷卢"三国的登记机构）进行了设计登记。手提袋在中国台湾地区制造，运至荷兰在欧盟进行销售。被告Keurkoop也是一家荷兰公司，被告的手提袋也是在中国台湾地区制造，其进口和销售的手提袋被认为和原告的实质相同，原告据此认为被告构成侵权，初审法院判决侵权成立。在上诉审中，上诉法院认为：原告并非设计的初始设计人，其注册设计的行为也没有经过初始设计人的授权。但根据"比荷卢"统一法律，注册设计并不要求艺术性和创造性，只要求对所应用的产品来说设计是新的即可。上诉法院认为可能存在的问题是，其一，根据EEC条约第36条商品自由流动的规则，如果没有他人对申请提出异议，"比荷卢"统一法是否

---

❶ J. H. Reichman. Design Protection in Domestic and Foreign Copyright Law: From Berne Revision of 1948 to the Copyright Act 1976 [J]. Duke Law Journal, Volume 1983, No. 6: 1143-1264, at 1214.

❷ Keurkoop BV v. Nancy Kean Gifts BV, Case 144/81, 1982.

有权授予非作者外观设计权？其二，如果原告在"比荷卢"获得禁令救济，那么被告在"比荷卢"之外的共同体国家在没有被起诉侵权的前提下是否还受禁令约束？即被告是否有权在共同体市场的其他国家继续销售？其三，因为涉案手提包不仅在荷兰销售，在瑞士、丹麦、法国和英国等地均有销售，这些国家既是共同体市场，又大都是《巴黎公约》成员，那么涉案设计在共同体市场的其他国家是否可以受到保护？如果可受保护，谁是合适的权利人？这些问题被提交至共同体委员会。共同体委员会在处理这些问题时，意识到欧共体各国尚缺乏外观设计授权条件上的协调。为确保 EEC 条约保证商品自由流通规则的实现，有必要在共同体市场层面确立统一的外观设计保护规则。

二、欧盟设计特别权的统一

在欧盟内协调设计保护的研究是以德国马普所为核心展开的，通过对欧洲设计师的调研，在欧洲各国设计保护制度上，马普所提出设计的保护条件应采用相对较低的标准，以"个性特征"而非"原创性"或"创造性"为条件；应该对设计给予 12 个月的宽限期保护；在确权和侵权时采用的观察视角应该是相关用户而非专家。马普所还进一步提出对未注册设计提供短期保护。这些建议后来均在 1991 年欧盟《工业品设计法律保护绿皮书》（以下简称《绿皮书》）中体现出来。《绿皮书》建立了一项重要规则：一项设计不得因被在国家层面或共同体层面进行了设计注册而被拒绝提供版权保护，但如何进行版权保护，应属各国内国法的范畴。在《绿皮书》的基础上，1993 年，欧共体委员会向部长理事会和欧洲议会提出了《外观设计法律保护指令》（Directive 71/98/EC）和《共同体外观设计条例》（EC 6/2002）两项提案。但是对设计提供版权保护在欧盟层面尚无法协调，而由内国法来决定是否提供此类保护和具体条件。

（一）《外观设计法律保护指令》的主要内容及评价

《外观设计法律保护指令》（以下简称《指令》）的提案于 1995 年经

欧洲议会讨论，于 1998 年 10 月 13 日通过。❶《指令》共 21 条，第 1 条界定了外观设计、产品和组合产品。所谓外观设计指的是：由产品的本身装饰，特别是它的线条、轮廓、颜色、形态和/或产品本身材料的质地，所形成的整个产品或产品部分外观。其中的"部分"若想获得保护必须在正常使用时仍然可见。❷ 而所谓"正常使用"是指最终使用者的使用，不包括维修、服务和修理。❸

外观设计获得专有权保护需要满足新颖性和个性特征两个条件，《指令》第 4 条、第 5 条分别界定了新颖性和个性特征。新颖性是指该申请注册的外观设计与申请日或优先权日前公开的外观设计不相同；但是，如果两者仅是在非实质性的细节上不同，则两个外观设计仍会被认为是相同的设计。个性特征指的是对于"经验用户"而言，申请的外观设计在整体上不同于申请日或优先权日之前公开的设计。个性特征标准的衡量需要考虑设计师进行产品设计时的设计自由度。新颖性和个性特征这两个标准是存在区别的，新颖性强调的是每一设计特征本身的对比，而个性特征强调的是整体视觉感受；此外新颖性是个客观标准，而个性特征则是存在主观判断的。为此，《指令》特别确立了"经验用户"（informed user）作为形成主观判断的主体。"经验用户"类似专利领域的相关技术人员，只是要求略低，但又比商标领域"相关公众"的要求高，通常"经验用户"在个案中予以界定，一般要求其须具备某种产业方面的关注度和基本知识。❹

外观设计获得专有权保护的程序条件即注册，注册机构为比利时外观设计局（后改为欧盟内部市场协调局，OHIM）❺。

---

❶ Directive 98/71/EC of the European Parliament and of the Council of October 13, 1998 on the legal protection of designs (Designs Directive).

❷ Art. 3, 3 (a), Directive 98/71/EC.

❸ Art. 3, 4, Directive 98/71/EC.

❹ 朱楠. 外观设计权的扩张——以美国和欧盟时尚设计知识产权保护变化为例[J]. 科技与法律，2013（2）：1-6.

❺ Office for Harmonization in the Internal Market, 2015 年 6 月被重新命名为欧盟知识产权局（EUIOP）。

在协调外观设计权保护和版权保护的关系上,《指令》沿用之前《绿皮书》提出的内容,要求欧盟成员国采取"累加保护"(cumulation protection),《指令》第 17 条规定,不得因工业品设计被注册就拒绝提供版权保护,但对设计提供版权保护时的具体条件(独创性标准)和保护程度则由各成员国内国法自行决定。

虽然《指令》通过建立统一规则来协调各国设计保护和版权保护之间的关系,但由于这一问题的复杂性,依然造成了实际适用中的问题。发生于意大利的 Flos SPA v. Semeraro 案❶即是一例。涉案设计是知名度非常高的一款落地灯 Arco Lamp(见图 2-4),该落地灯设计于 1962 年,到案件发生时其所能获得的所有权利均已过期,而设计师从未在该落地灯上主张过版权保护。该案被告从中国向意大利进口了另一款台灯,原告认为被告的台灯构成对自己设计的抄袭,诉讼由此引发。

图 2-4 Arco Lamp

如前所述,在保护工业品外观的问题上,意大利本来是以分离原则来决定一项工业品设计是否能获得版权保护的,这类似于美国和我国的司法

---

❶ Flos SPA v. Semeraro Casa E Famiglia SPA Case 168/09.

实践。但为了执行欧盟法，尤其是《指令》第 17 条，意大利对版权法律做了修改和补充：工业品设计如果具有创造性特征和艺术美感可以获得版权保护。2001 年意大利颁布了一条"过渡期措施"，其内容是前述的版权保护不适用于在 2001 年前已经处于公有领域的设计，过渡期为 10 年，从相应设计产品首次销售开始计算。其实质是将可能获得版权保护的设计在保护期上暂停或者说缩短了 10 年。2007 年，10 年过渡期被改为永久性的，即 2001 年前已经处在公有领域的设计不能获得版权保护。在 Flos 案中，涉案的台灯设计恰属于已经处于公有领域的设计，因此该案引发的问题就是：如果按照意大利法律来认定的话，原告不应获得任何权利，被告当然不构成侵权。但关键是意大利法律，尤其是 2001 年颁布的这条"过渡期措施"是否符合欧盟法的规定。因此，该问题被提交至欧盟法院。欧盟法院认为意大利的该条规定违反了《指令》的规则，可能令满足版权保护的工业品设计被该条规则实质性地拒之门外，同时即使日后获得保护，其版权的保护期也被缩短了 10 年。但是，欧盟法院的这一解释遭到很多质疑。根据《指令》第 17 条，具体在何种条件和程度上对工业设计提供版权保护本来就属于成员国内国法自行决定的范畴，从这个意义上来讲，其实意大利本没有必要颁布在 Flos 案中受到质疑的"过渡期措施"，因为原有的"分离原则"完全可以实现《指令》第 17 条的立法目标。在这个意义上，欧盟法院对《指令》的解释已经僭越了成员国自主立法决定的领域。❶ 例如，如果按照欧盟法院在 Flos 案中的解释，英国有可能需要修改 CDPA 第 51 条和第 52 条的有关内容，因为根据 CDPA 第 52 条的规定，版权在转换成工业品设计权后，保护期被缩短至 25 年，这是不符合欧盟法院在该案中的解释的，甚至有英国学者认为，这样做会使得历史上曾出现的"工业版权"再次出现，使得已被解决的两权关系问题再次复杂化，欧

---

❶ Bently, Lionel A. F. The Return of Industrial Copyright? (July 19, 2012). European Intellectual Property Review, Vol. 10, September 2012; University of Cambridge Faculty of Law Research Paper No. 19/2012. Available at SSRN：https：//ssrn.com/abstract=2122379.

盟法院在 Flos 案的解释并非一种协调，而是引发了更多的问题。❶ 因此，即使欧盟法在尽量协调各国对于工业品设计和版权保护关系的认知，但程度有限，毕竟各成员国拥有自己的法律主权，两项权利关系的处理事实上依然各自为政。

《指令》第 19 条要求欧盟各成员应当在 2001 年 10 月 28 日前通过修改内国法实现和《指令》一致的要求并在内国生效。《指令》通过具体的规则对各成员国的法律进行了协调，但是由于其不能被外观设计权利人直接援引和直接适用，因此欧盟层面还需要一部统一的、能够用以直接维权的外观设计保护规则。

（二）《共同体外观设计条例》

1999 年 6 月 21 日，欧盟理事会提出了《共同体外观设计条例》（以下简称《条例》）❷ 的提案，2000 年 1 月 27 日经济与社会理事会提出了对该提案的附加意见。《条例》最终于 2002 年 3 月生效，并于 2006 年 12 月进行了修改以批准欧盟加入《工业品外观设计国际注册海牙协定》。《条例》在欧洲范围内建立了统一的工业品外观设计保护体系，其中最引人注目的就是创设了欧盟层面的外观设计双重保护体系，即注册设计权（RCD）和未注册设计权（UCD）。

欧盟的外观设计权（Community Design）完全独立于版权、商标权和专利权，注册由 OHIM 主管，在权利取得上被认为更为高效和节约。《条例》在授权标准上和《指令》的规则基本一致。如第 3 条界定了"设计"，即指产品或产品一部分的外观或外部形式，可由该产品的线条、外形、色彩、形状、织物及材料或该产品的装饰组成，其中，"产品"包括

---

❶ Bently, Lionel A. F. The Return of Industrial Copyright? （July 19, 2012）. European Intellectual Property Review, Vol. 10, September 2012; University of Cambridge Faculty of Law Research Paper No. 19/2012. Available at SSRN：https：//ssrn.com/abstract=2122379.

❷ Council Regulation（EC）No. 6/2002 of December 12, 2001 on Community designs.

任何包含有包装、外部形状、图形符号以及字体的工业产品或手工制品。❶关于新颖性、个性特征、经验用户的规则等均和《指令》相同。

注册设计和未注册设计的区别如表 2-2 所示。

表 2-2 欧盟注册设计与未注册设计的区别

	保护条件	权利取得条件	保护期	权利取得的费用	权利
注册设计	新颖性 个性特征	经 OHIM 注册,形式审查	申请日起 5 年,可每 5 年续展一次,最多保护 25 年	350 欧元	制造、许诺销售、销售、进出口、使用设计产品,或为上述目的的占有产品行为
未注册设计	新颖性 个性特征	自动取得	自公开可获知之日起 3 年	0 欧元	禁止他人复制产品外观,但无权禁止他人因独立设计并使用与之相同或近似的外观设计

《条例》创设的未注册设计权引人关注,其一,是因为欧盟考虑到设计领域存在大量产品寿命短、富于变化的设计,消费市场同样欢迎多样的变化。其二,非注册设计"偶合"不侵权的规则给了设计师极大的设计自由,至少从法律上来说令其可以尽情创造,只要独立创作就不用担心后患。其三,在非注册设计公开满 12 个月后,权利人可以改为申请注册设计,这 12 个月也被称为宽限期,作用就在于给予设计师 12 个月的时间检验非注册设计的市场,进一步考虑是否值得付费将其申请为注册设计,同时这段时期权利人也可以防止竞争者的抄袭。❷

考虑到外观设计既具有类版权作品的创作性,也有类专利的商业垄断性。《条例》规定的设计权限制兼采了版权和专利制度中的限制规则,包括:私人或非商业目的的利用行为不侵权;实验目的的利用行为不侵权;引用或教学中的利用行为不侵权,但条件是需要指明出处,而且行为公平合理、无损于权利人的商业利益;临时过境中以维修为目的的产品使用行

---

❶❷ 朱楠. 外观设计权的扩张——以美国和欧盟时尚设计知识产权保护变化为例[J]. 科技与法律,2013(2):1-6.

为不侵权；设计产品经首次销售则发生权利用尽。

(三) 欧盟外观设计权独立保护的实施情况

外观设计法律在欧盟的实施实践表明，外观设计权已经不再是知识产权体系中被忽视的对象，而是相当有"存在感"的权利——申请量和授权量可观，对侵权的禁止效果也是良好的。法律的有效适用则促进了更多申请量的出现，两者形成了良性循环。

相关研究表明，外观设计的注册和诉讼主要围绕三维设计展开，即三维设计的申请量和诉讼量都高于甚至远远高于二维设计，对于二维设计来说，版权起到的保护作用更加明显。但是针对产品三维所做的设计，版权保护能起到的作用极为有限，总体来说，欧盟未注册设计权对于相关产业来说非常有用。❶ 各国实施欧盟外观设计保护法律的情况虽然存在差异，但成员国法院能比较连贯地适用新的欧盟外观设计法，对欧盟外观设计法能做到比较专业的解释。但是也有研究指出欧盟委员会应该将欧盟法院的判例法进行编纂和发布，应特别阐明外观设计侵权判定标准是相同或相似，混淆可能性并不包含在其中；判定主体是经验用户，而不是普通消费者。❷

在处理外观设计权和版权的关系上，欧盟法院在 Cofemel v. G-Star 案和 Cofemel 案❸中较好地把握了两者的关系。原告 G-Star 认为被告 Cofemel 抄袭了其牛仔裤和帽衫的设计，构成版权侵权（见图 2-5），在涉案设计能否获得版权保护这一问题上，葡萄牙法院将其提交给欧盟法院进行解释。

---

❶ Oliver Church. Estelle Derclaye. Gilles Stupfler，An Empirical Analysis of the Design Case Law of the EU Member States ［J］. International Review of Intellectual Property and Competition Law，50 (6)，685-719.

❷ Estelle Derclaye. EU Design Law：Transitioning Towards Coherence? 15 Years of National Case Law，Transition and Coherence in Intellectual Property Law ［M］. Cambridge University Press，2020.

❸ Cofemel-Sociedade de Vestuário SA v G-Star Raw CV，Case C-683/17，https：//eur - lex. europa. eu/legal - content/EN/TXT/HTML/? uri = CELEX：62017CJ0683&qid = 1589086834603&from=EN.

图 2-5　G-Star（上）和 Cofemel（下）设计的对比

欧盟法院认为版权保护和外观设计权保护是两种不同的权利，即使在"累加保护"的原则下，对工业品设计提供版权保护也不能损害两种权利各自的目标和有效性。外观设计权保护的目标在于保护对批量生产的产品新颖设计所进行的投资，对其赋予的有限保护期表明，外观设计权的保护既可以通过专有权实现投资回报，又不至于损害市场竞争。而版权保护则是着眼于个性创作本身，需要具备明确的作品形式以及符合独创性的要求，将版权保护扩展至设计可能会导致过长期限的保护，从而引发不确定性，因此用版权保护外观设计需要非常谨慎，仅当设计完全出于个性化创造、能被精确识别并且予以较长版权保护期比较合理时，外观设计才能获得版权保护。因为案件发生于葡萄牙，根据葡萄牙版权法，受保护作品应当具有独创性，产生艺术效果，就该案的牛仔裤和帽衫设计来说，欧盟法院认为其设计尚无法满足艺术美感的要求，因此原告 G-Star 无法就涉案设计获得版权保护。

三、思考和评价

欧盟的设计权并不与各成员国内国对设计提供的知识产权保护相抵消，欧盟境内的工业品设计权利人仍然可以根据需要主张欧盟设计权或者相应的内国版权或注册设计权的保护。

《共同体外观设计条例》虽然界定了设计权的相关规则，但是这些规则仍然需要在司法实践中加以解释。其中最为关键的"个性特征"标准就是一例。"个性特征"标准是欧盟设计权规则独有的，如何适用至为关键。但是因为"个性特征"的评价带有一定的主观性，因此难免在解释时有所含混。如英国上诉法院 2014 年在 Magmatic v. PMS International 案❶中改判了高等法院的判决结果。该案原告生产儿童可骑行式行李箱（见图 2-6），原告就行李箱的形状注册了欧盟设计权；被告生产一种名为 Kidee Case 的行李箱，在外观上近似于原告。原告因此诉至法院认为被告侵犯了自己的欧盟注册设计权。英国高等法院在评定原告产品的"个性特征"时，仅就该注册设计的形状进行了分析，没有考虑原告实际生产销售的行李箱还带有表面装饰图案。但是上诉法院则认为"个性特征"强调的是整体印象，因此虽然原告仅就形状进行注册，但是其产品是在带有表面装饰图案的前提下提供给经验用户的，因此应将表面图案考虑进去。在此前提下将原被告产品加以对比，上诉法院认为被告产品的整体印象不同于原告产品，因此侵权并不成立。该案中上诉法院对"个性特征""整体印象"采取的是较为宽泛的解释方法，这种解释方法使得权利人的权利范围反而较窄。

图 2-6 儿童可骑式行李箱

无装饰的为原告的注册设计，有瓢虫和老虎装饰的为被告产品

这一解释方式同样出现在 Samsung v. Apple 的外观设计侵权案❷中，苹果公司的注册设计并没有包含表面图案，但是三星的平板电脑则具有装饰

---

❶ Magmatic Ltd. v. PMS International Ltd.，[2014] EWCA Civ. 181.
❷ Samsung Electronics (UK) Limited v. Apple Inc.，[2012] EWHC 1882 (Pat).

图案。主审法官指出正是三星置放在平板前方的标识使得其和苹果的 iPad 产生了不一样的整体印象。

总的来说，欧盟设计权设定的概念和标准充分考虑到了设计活动的独特性，设计、创作和发明创造虽然都是人类的智力创造活动，但是工业品设计是有目的的设计，是传递产品信息的设计，其美学价值性必须通过产品加以体现，同时也就受限于产品和市场需求。市场和消费的嬗变要求设计能够获得及时保护，能够取得有力的专有权垄断，但同时需要给不断变化的消费口味让出专有权的空间。至少，在欧盟层面设计权的规则体系满足了来自法国、英国、意大利、瑞典等设计大国设计师的要求。

第三节　工业品设计美国保护模式之演进和批判

一、美国专利模式保护工业品设计的由来

美国主要以专利的方式对工业品设计提供保护，即设计专利权，这在全世界来说并非主流。但设计专利模式影响了我国《专利法》的立法，和美国一样，我国也将工业品外观设计的保护置于《专利法》之中。两国的区别在于，我国在模式选择上是外来性的，而非内生地、主动地选择了专利模式，影响者即为美国。然而美国对设计采用专利模式进行保护也并非经理性审视后的结果。

1842 年外观设计首次进入美国专利法的视野。关于外观设计保护的第一次提案是由当时的美国专利局局长亨利·埃尔斯沃斯（Henry L. Ellsworth）提出的。提案中提到：对于工业品设计可以在同样的限制和条件下给予专利保护，保护期可以是 7 年，申请费用分内国人、外国人比照实用专利各行减半。❶ 这一提案实际上是对前一年产品制造商对国会参众两院请求的回应。产品制造商请求对于新设计和图案给予注册保护，因为其既需要一定的投资成

---

❶　Henry L. Ellsworth, Report from the Commissioner of Patents, H. R. Doc. No. 74, at 2 (1842).

本，公开后又容易为人抄袭，因此产品制造业主张用专有权的形式加以保护。❶ 由于首次提案源自专利局，后人便将外观设计保护理所当然地置于专利法体系下，由此形成设计专利权。

提案和利益团体的请求既是美国工商业发展的自然结果，也受到了大洋彼岸英国、法国设计保护制度的推动。从结果来看，对设计授予专利权在美国历史上并非经过理性分析的结果，而是出于提案人的原因。另外，美国当时并未在版权法中建立集中的注册制度，❷ 而工业品设计的保护则是需要通过注册的，因此专利法较之版权法可以更方便地直接借助已有的专利注册制度建立设计专利的制度体系。其时，外观设计的授权条件包括新颖性、装饰性和非显而易见性。权利取得的方式基本建立在已有的实用专利规则基础之上。可以说美国采取专利模式保护外观设计存在一定的历史偶然性。❸

从美国设计专利的申请授权和无效情况看，外观设计获得专利保护的实际状况并不理想。一方面，有学者认为，法定的保护条件严格使得极少的设计能够获得专利权。❹ 根据《美国专利法》的规定，设计专利需要满足新颖性、原创性、装饰性和非显而易见性，❺ 然而很多设计无法满足"非显而易见性"的要求，因此无法通过实质审查。另一方面，也有很多

---

❶ Jordan L. Mott Et Al. Petition of a Number of Manufacturers and Mechanics of the UnitedStates, praying the adoption of measures to secure to them their rights in patterns and designs, S. Doc. No. 154（1841）.

❷ 第一部《美国版权法》制定于1790年，虽然之后不久就有作品开始登记，但是彼时的登记并没有一个独立的、统一的机构，而是依附于地区法院。直到1870年才由美国国会图书馆在全国范围内统一行使版权登记的职能。1897年，国会图书馆设立美国版权局，由其统一进行版权登记和作品交存。

❸ Stephen P. Ladas, II Patents, Trademark, and Related Rights: National and International Protection [M]. Harvard University Press, 1975: 829-831.

❹ J. H. Reichman. Past and Current Trends in the Evolution of Design Protection Law, Fordham Intellectual Property Media & Entertainment Law Journal Vol. 4: 357, 389.

❺ 参见《美国专利法》第171条。

获得授权的设计专利因为不满足授权条件而被宣告无效。❶ 这样的现状促使企业转而寻找其他的法律工具。

因此,美国用专利的模式而非版权保护工业品设计,看似缺少了欧洲等国家立法和司法上的纠结——版权法保护实用品存在的天然障碍。但是,美国遇到的相关保护和适用问题其实一点都不少。在国际上,欧洲国家对工业品设计保护进行的争论和协调也对美国产生影响;在国内,用版权保护工业品设计一直以来都是相关利益团体的主张。

二、版权保护主张的渐进

(一)工业品设计版权保护否定期

美国虽然在很长时间内并非《伯尔尼公约》的成员方,但是《伯尔尼公约》对美国版权制度依然存在影响。从19世纪末、20世纪初开始,美国开始持续关注《伯尔尼公约》的联盟会议,1909年《美国版权法》就有着逐渐靠拢《伯尔尼公约》的印记。1909年《美国版权法》第5部分的"艺术作品"中增加了"模型或设计艺术作品",由此在美国的联邦立法上,设计成为作品中的一类。这一变化既受到1908年《伯尔尼公约》柏林修改会议的影响,也和美国的司法实践相关联。1903年,美国最高法院在Bleistein v. Donaldson Lithographing Co. 案❷中认为,马戏团的宣传海报具有可版权性,海报本身的宣传功能和其艺术性并不抵触。该案由此形成了"艺术非歧视"的版权观。然而在行政上,美国版权局却在1910年规定以实用为目的的工艺美术不能被注册为作品,这一做法一直延续至1949年,并且影响了美国的司法活动。

美国版权局的这一做法一般被认为是在从行政上区分设计的专利保护和版权保护,以防止设计师和制造商变相获得条件相对宽松的版权保护,而不是为满足设计专利的严格保护条件而努力。由此可见,20世纪上半

---

❶ J. H. Reichman. Past and Current Trends in the Evolution of Design Protection Law, Fordham Intellectual Property Media & Entertainment Law Journal Vol. 4: 357, 389.

❷ Bleistein v. Donaldson Lithographing Co. 188 U. S. 239 (1903).

期，美国联邦立法和行政对工业品设计的保护态度截然相反，这种方式的好处是：立法将设计纳入作品的范畴为未来美国加入《伯尔尼公约》扫清了障碍，同时行政层面的拒绝版权注册使得在跨国设计保护中更符合美国本土制造商的利益。

1948 年伯尔尼联盟的布鲁塞尔会议上，联盟成员方普遍认为不能继续忽视工业艺术获得文学产权保护的可能性。受此影响，美国版权局于 1948 年修改了"作品"概念，新的概念包含手工艺艺术作品，如珠宝、珐琅彩绘、玻璃器皿和织锦等的艺术性部分。但是版权局长达 40 年的拒绝注册做法，使得美国司法不顾 1909 年《美国版权法》的规定，对带有实用性的工业品设计采取了敌视。这种立法、司法、行政的不一致直到 1954 年的里程碑案件 Mazer 案才得以统一。

（二）Mazer 案确立的"分离理论"

在 1954 年的 Mazer v. Stein 案❶中，美国最高法院认定争议对象——台灯舞者形态的灯柱可被独立看作一个舞者雕像，因此是实用艺术作品，从而使得工业品设计获得版权保护。该案的里程碑意义就在于美国最高法院建立了评判工业品设计可版权性的"分离理论"，用"分离理论"划分工业品上的艺术性和实用性。该案的另一个重要意义在于表明了当艺术作品被以商业规模用于工业生产制造时，版权保护并不当然被排斥。也就是说，版权法是可以被用来保护工业品的，当然条件是满足"分离理论"。在法院看来，版权法赋予作品的复制权本身就包含将作品用于工业制造的活动中，这和当时英国的做法是相反的。

Mazer 案后，美国版权局于 1958 年进一步为工业品设计寻求特别权利保护，尤其是对其中的三维形状、结构。版权局注册官亚瑟·费舍（Arthur Fisher）做出了单独立法的建议并提交法案，❷"分离理论"是该提案一系列规则的基础。此外，提案主要是依据版权规则建立设计权保护的法律框架。但是法案并未获得通过，经历几多讨论最终于 1976 年被

---

❶ Mazer v. Stein，347 U. S. 201（1954）.
❷ O'Mahoney-Wiley-Hart Bill，1959 年被提交美国参议院。

否决。

　　Mazer案的"分离理论"在日后的判例中不断发展,最终定型为"分离"既可以是物理上的分离,也可以是观念上的分离。如果设计要素反映的是美学和功能的融合,则一件作品的美学部分是无法与其实用部分相分离的。相反,美学元素只要能独立于产品的功能,就形成"观念上的分离"。"观念上的分离"在实践中又形成了多种判定方法,2015年在Varsity Brands Inc v. Star Athletica LLC案❶中法官作出如下总结:

　　美国版权局采用的方法:艺术特征和实用物品可以在观念感知中分别并存;

　　主次规则(The Primary-Subsidiary Approach):设计的艺术特征是主要的,而实用功能是次要的、辅助的,即构成观念上的分离;❷

　　客观必要规则(The Objectively Necessary Approach):设计的艺术特征对于产品实用功能的实现来说并非必要的,即构成观念上的分离;❸

　　普通观察者规则(The Ordinary-Observer Approach):对于普通观察者来说设计使其产生了两种不同的印象,而这两种印象可能同时在艺术上和功能上取悦之;❹

　　设计过程规则(The Design-Process Approach):设计元素反映了设计师的艺术品位,设计师的取舍决定是独立于产品功能的;❺

　　独立实现规则(The Stand-Alone Approach):可版权的元素剥离后,产品的实用功能完好无损;❻

---

　　❶ Varsity Brands Inc v. Star Athletica LLC, 799 F. 3d 468, 479 – 481（6th Cir. 2015）.
　　❷ Barry Kieselstein-Cord v. Accessories by Pearl, 632 F. 2d 989（1980）at 993.
　　❸ Carol Barnhart, Inc. v. Economy Cover Corp., 773 F. 2d 411, 419（2d Cir. 1985）.
　　❹ Carol Barnhart, Inc. v. Economy Cover Corp., 773 F. 2d 411, 419（2d Cir.1985）, at 422.
　　❺ Brandir v. Cascade Pacific Lumber, 834 F. 2d 1142（1987）at 1145; see also Pivot Point v. Charlene Products, 372 F. 3d 913 at 930 – 931; Robert C. Denicola, supra, at 741–745.
　　❻ Pivot Point, 372 F. 3d 913（2004）at 934（Kanne, J., dissenting）.

商业实施可能性规则（The Likelihood-of-Marketability Approach）：即使产品没有实用功能也仍然存在商业实施的可能性，而仅仅是因为其所具有的艺术特征；❶

帕特里规则（Patry's Approach）：艺术特征需要与实用特征而非实用物品本身相分离，如果实用特征上形成的实用功能或形式决定着艺术特征，则不构成观念上的分离；❷

主观客观规则（The Subjective-Objective Approach）：观念上的分离需要衡量设计师进行设计时主观上采用的艺术比重和实用物品客观上实现功能的比重，前者比重大构成观念上的分离，后者比重大则不构成。❸

上述几个司法规则在判定是否构成"分离"时要么仅衡量工业品设计的客观要素，要么仅考量观察者的主观体会，要么主客观因素都加以衡量。这些规则在实践中经常混用，综合评判争议对象的可版权性。❹ 但是，无论哪种"分离"均需要由各巡回上诉法院依照本辖区的先例来决定是否采纳和如何采纳，因此案件的审理结果常被学者诟病为可操作性低和随意性大。❺

Varsity Brands Inc v. StarAthletica LLC 案的判决力图开辟一条新路、进

---

❶ Galiano v. Harrah's Operating Co., 416 F. 3d 411, 419 (5th Cir. 2005).

❷ William F Patry. Patry on Copyright, Thomson West, 2007, § 3: 146.

❸ Barton R. Keyes. Alive and Well: The (Still) Ongoing Debate Surrounding Conceptual Separablility in American Copyright Law, 69 OHIO ST. L. J. 109, 115-143 at 141 (2008).

❹ 如 Chosun International, Inc. v. Chrisha Creations, Ltd., 413 F. 3d 324, 325 (2d Cir. 2005); Jovani Fashion, Inc. v. Cinderella Divine, Inc., 808 F. Supp. 2d 542 (S.D.N.Y. 2011); Jovani Fashion, Inc. v. Fiesta Fashions, 500 F. App'x 42, 44 (2d Cir. 2012); Universal Furniture International, Inc. v. Collezione Europa USA, Inc. 618 F. 3d 417 (2010); Varsity Brands Inc v. Star Athletica LLC, 799 F. 3d 468, 479-481 (6th Cir. 2015).

❺ Paul Goldstein. Copyright, Principles, Law and Practice § 2.5.3 (c) (Little, Brown and Co. 1989), § 2.5.3 (b)-(c); Michael Davis-Hall. Copyright and the Design of Useful Articles: A Functional Analysis of Separability, 50 COPYRIGHT L. SYMP. (ASCAP) 37(1997); Shira Perlmutter. Conceptual Separability and Copyright in the Designs of Useful Articles, 37 J. COPYRIGHT SOC'Y. U. S. A. 339 (1990); J. H. Reichman. Design Protection after the Copyright Act of 1976: A Comparative View of the Emerging Interim Models, 31 J. COPYRIGHT SOC'Y U. S. A. 267, 350-365 (1983).

行新的尝试，第六巡回上诉法院在分离测试的基础上提出先确定固有的实用性部分，该实用性部分是否属于"不仅呈现物品外观"及"不仅仅传递信息"；再进一步由观察者确认上述实用功能能否被分离出来，如果在观察者的假想中，实用部分和美学部分可以彼此分别独立并存，则版权法提供保护。❶ 美国最高法院认可了第六巡回上诉法院的判决结果，但对其裁判理由仅做了有限的关注，最高法院主要根据《美国版权法》第110条给出了裁判理由：首先诉争对象可被视为能和实用物品分离的二维或三维艺术品；其次如果其能和实用物品分开想象，其自身符合美术、图形或雕塑作品的，但并不延及服装的剪裁、形状和物理尺寸。❷ 在该案中，金斯伯格大法官则主张摒弃分离测试，认为该案的啦啦队服设计实际上就是在服装上复制再现的艺术作品，服装是设计的物质载体（见图2-7）。

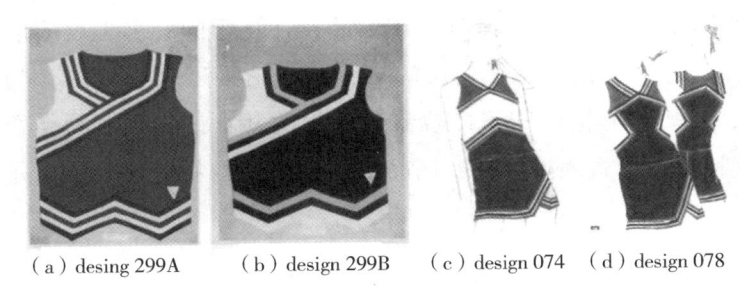

（a）desing 299A　　（b）design 299B　　（c）design 074　　（d）design 078

图 2-7　啦啦队服设计

即使巡回上诉法院和最高法院在该案中努力突破或细化分离测试，其尝试还是遭到了批评，即这种"假想"分离并没有解决分离测试的不确定性，反而增加了诸多未知因素。❸ 判决理由忽略了指引下级法院具体实施的方式。❹ 也有评论指出，美国最高法院对于实用物品分离测试的判决实

---

❶ Star Athletica, LLC v. Varsity Brands, Inc., 799 F. 3d 468 (2015).
❷ Star Athletica, LLC v. Varsity Brands, Inc., 137 S. Ct. 1002, 1007 (2017).
❸ Davis T. A Missed Opportunity: The Supreme Court's New Separability Test in Star Athletica [J]. Berkeley Tech. L. J. 2019 (4): 1091-1114.
❹ Harvard University, Star Athletica, L. L. C. v. Varsity Brands, Inc. Harvard Law Review, 2017, 131 (1): 363-372, https://harvardlawreview.org/2017/11/star-athletica-l-l-c-v-varsity-brands-inc/.

际上就是个死结，仅能解决实用物品上的美学元素的版权保护，无法延伸至整个实用品提供版权保护。❶

"分离理论"需要分析和评判工业品的美学艺术性和产品功能性，因此必然会关注产品的设计创造过程、设计师的主观取舍以及产品最终呈现出来的形态、观感和功能。这并无可厚非，可以说它是在衡量工业品设计可版权性上首先和自然而然就会关注的问题。除了美国司法和立法对"分离理论"加以肯定，意大利和我国的司法实践也有采用。❷ 但是知识产权除了是对创造物自身的保护之外，也是对创造物如何运用、流转和交易加以保护的制度。因此是否要对工业品设计提供版权保护就不能只关注创造和创造物本身，还应当衡量创造物的市场利用方式。尤其是，当代知识产权的贸易环境、交易渠道、交易体量和地域范围较制度初创期的19世纪已经大有不同，在以何种方式保护工业品设计这个问题上也就不能单纯地用"技术/艺术二分法"上衍生出的"分离理论"来进行评判。"技术/艺术二分法"作为19世纪知识产权制度确立的基本出发点，其是否仍然适用于当代社会，能否满足大量实用品式样创新、翻新的市场需求是令人质疑的。

（三）反不正当竞争法的适用

1. 州法上的反不正当竞争保护

20世纪60年代，美国部分学者和律师开始为设计寻求反不正当竞争法的保护，主要是运用传统反不正当竞争法中"盗用他人商业价值"的制度。但是1964年美国最高法院在Sears案❸的判决中将这一保护路径也封

---

❶ Ginsburg J. C. Courts Have Twisted Themselves into Knots: U. S. Copyright Protection for Applied Art [J]. COLUM. J. L. & ARTS 2016 (1): 1-52.

❷ Article 2 (4) of the Italian Copyright Law of 1941. Mario Franzosi, Design protection Italian style, Journal of Intellectual Property Law & Practice, Vol. 1, No. 9, P600. Maschietto Maggiore and Aurelio Assenza, Copyright Protection of Industrial Designs in Italy: Taking Stock of Recent Case-Law Developments, March 4 2013, http://www.lexology.com/library/detail.aspx?g=6844f71a-9338-466d-8bf0-fb4dc57cc97b.

❸ Sears, Rocbuck & Co. v. Stiffel Co., 376 U. S. 225 (1964).

死了。Sears 案的核心问题是州法能否为既不符合外观设计专利授权条件、也不构成作品的设计提供反不正当竞争法保护。涉案产品为"柱灯",是原告 Stiffel 公司的产品,该产品获得了市场成功,被告 Sears 公司制造并以更便宜的价格销售了实质相同的灯具,原告向地区法院提起诉讼,认为被告侵犯了其专利权,同时复制销售其产品引起了市场混淆,构成州法上的不正当竞争,系"盗用他人商业价值"。一审法院认定原告专利无效,但原被告产品实质相同,被告行为可能并在事实上已经引起市场混淆,因而构成州法上的不正当竞争。二审法院予以维持。被告不服上诉至最高法院。美国最高法院主要依据《美国宪法》中的"版权和专利条款"❶ 对该案涉诉问题作出判决。《美国宪法》"版权和专利条款"授予国会对创造物立法的权力,禁止州法对创造物授予专有权。这是因为专利等专有权并非自然权利而天生能获得法律的保护,而是在所禁止的垄断中特别允许的一种合法垄断行为,是在权衡了发明创作所作出的贡献和社会福利后形成的一种政策激励,专利权的取得和运用都受到国会立法的严格限制,在专利有效期届满后,州法显然无权变相延长对其的保护。该案中的"柱灯"不符合专利授权的条件,因此其天然地处在公有领域中,任何厂商均得以生产制造,被告的行为因此而合法,涉案产品最初是源自原告的并不影响对被告行为的定性。"对不受专有权保护的创造物进行共同的制造、销售正是消费大众最感兴趣的",❷ 因此用州法去保护这些对象就是在联邦法律允许的公有领域内另设"私地"。如果因此要求被告,仅仅因为彼此产品相同或近似而引起混淆去承担反不正当竞争法下的责任,是远远不够的,产品是否具有来源指示的作用也是反不正当竞争法的适用要素。该案被告最终被美国最高法院认定不承担侵权责任。

另一起相似的案件是 Compco 案❸,该案系争产品为反射灯外观设计,其案由、争议问题及最高法院的判决结果均类似于 Sears 案,这两个判例

---

❶ 《美国宪法》第 1 条第 8 款第 8 项。
❷ Sears, Rocbuck & Co. v. Stiffel Co., 376 U.S. 225 (1964).
❸ Compco v. Day-Brite Lighting Inc., 376 U.S. 234 (1964).

后来被合称为"Sears-Compco decision"。"Sears-Compco decision"影响了后来的 Bonito Boats 案❶，而 Bonito Boats 案则引出了版权法中船体设计的特别保护问题。Bonito Boats 案的系争问题依然是专利法不保护的设计是否可以获得州法的保护，争议对象是休闲艇船体设计。法院肯定了原告 Bonito Boats 公司在船体设计中付出的创造性和技术性劳动，但是原告并未就争议对象申请过任何一种专利，判决重申了《美国宪法》"版权和专利条款"中蕴含的激励创造和促进竞争、避免垄断之间的平衡，更不会将原属于公有领域的资源划归私权。因此最高法院认为被告 Thunder Craft Boats 公司不构成侵权及不正当竞争。实际上在 Bonito Boats 案之前，佛罗里达州曾经颁布过州法❷以禁止对他人船体设计经制模加以仿制的行为，因为最高法院在该案中作出的判决，佛罗里达州的州法也因此被撤销。"Sears-Compco decision"和 Bonito Boats 案共同明确了未因联邦成文法而获得专有权的工业品设计也不得以反不正当竞争法的方式获得保护，否则就无异于法官或州通过反不正当竞争法创设专有权，而这是违反《美国宪法》"版权和专利条款"的。

2. 联邦《兰哈姆法》的保护

"盗用商业价值"的州法规则无法适用后，工业品设计的权利人不得不继续寻求其他保护路径。而《兰哈姆法》第 43 条（a）款作为主要的联邦反不正当竞争法开始不断被寻求适用，当然适用的条件是：获得显著性或者"第二含义"的未注册商标或商业外观才能得到保护。其中较为著名的是 Two Pesos 案❸，该案诉争的"设计"主要是店面装潢，并非本书所讨论的工业品设计，但是美国最高法院在该案中将商业外观的含义进行了扩展，从而使得商业外观的保护可能适用于工业品设计。原告对其墨西哥风格的餐馆室内装潢设计主张商业外观保护。美国最高法院最终采纳该案巡回法院关于商业外观的定义：产品的全部视觉效果和整体形象，包括尺

---

❶ Bonito Boats v. Thunder Craft Boats 489 U. S. 141（1989）.
❷ Florida Statute. § 559. 94（1987）.
❸ Two Pesos, Inc. v. Taco Cabana, Inc. 505 U. S. 763（1992）.

寸、形状、颜色和颜色的组合、设计等特点。可以说这是个比较宽泛的界定，这样的界定也就突破了商业外观传统上的认知观点，即商业外观主要是指商品的包装（packing）和标签（label）。Two Pesos 案大大扩展了可能获得保护的商业外观的范围。美国最高法院就该案指出商业外观无须证明"第二含义"就可以获得保护，其理由是《兰哈姆法》第 43 条（a）没有区分商标和商业外观，没有提到商业外观是否存在通用名称、描述性、暗示性、随意性、臆测性或功能性等问题，也没有提到"第二含义"的问题。这意味着两者受到《兰哈姆法》保护是出于相同的目的，即都是为了防止消费者遭受欺骗并防止企业间的不正当竞争。对于商标获得保护的条件来说，具有固有显著性的商标无须证明"第二含义"；那么同理，具有固有显著性的商业外观也不需要证明"第二含义"。该案对商业外观形成的广泛保护遭到了批评，因为美国最高法院并没有说明认定商业外观显著性的具体要素，以及如何解决商业外观的功能性问题。

上述问题在 2000 年 Wal-Mart Stores v. Samara Brothers 案❶中联邦最高法院终于做了"回应"。该案原告 Samara 公司是一家设计和生产儿童服饰的企业。案件争议产品是春夏童裙，童裙上面镶嵌了心型、花蕊以及坚果等装饰。这种款式的童裙当时在全美各地的许多连锁商店出售，被告 Wal-Mart 公司于 1995 年向自己的供应商提供了原告产品的照片，在仅做了少量修改后，被告的供应商抄袭了原告的 16 款童裙。美国最高法院在该案中必须解决的就是对于商品自身的形状设计来说，在何种情况下才具有显著性，从而受到《兰哈姆法》第 43 条（a）款的保护。美国最高法院在该案中区分了产品自身设计和产品包装获得保护的条件，产品包装具有固有显著性。但是对于产品自身设计来说，并不存在固有显著性，无论其设计如何新颖、独特或具有何种纪念价值，只要设计未经注册，设计者均需证明该设计已获得"第二含义"，才能受到《兰哈姆法》的保护。该案实际上也阐明了商业外观的功能性判断问题，即设计的目的是希望该产品更具有使用价值和吸引力，是增加实用和美学功能，但是美学功能并非当然的"第二含义"，产品自身设计的

---

❶ Wal-Mart Stores, Inc. v. Samara Brothers, Inc. (99-150) 529 U.S. 205 (2000).

"第二含义"是否存在仍是个需要加以证明的事实。该案原告因最终没能成功证明童裙已经产生"第二含义"而败诉。

三、法律之外的自治性实践

《美国专利法》设置的授权条件严格,《美国版权法》下工业品设计需要通过"分离理论"的检验,《兰哈姆法》需要证明设计产生"第二含义",这些"准入"条件将很多产品设计拒之门外。在无法获得法律充分保护的情况下,从业者开始进行自治性的探索。这其中值得一提的就是美国时尚原创者协会(Fashion Originator's Guild of America,FOGA)的实践。

FOGA 成立于 1932 年,创始人是莫里斯·伦特纳(Maurice Rentner),会员涵盖了当时纽约最重要的 12 家设计公司,创立的目的是保护原创的设计风格不被抄袭和剽窃。FOGA 成员以联盟协议的方式承诺不向出售仿货的销售商销售自己的设计商品,同时为激励原创,FOGA 提出不抄袭欧洲设计,正是在这一基础上,纽约时装周开始成型并延续至今。

为了获得 FOGA 的保护,会员需要向 FOGA 提交设计图和描述,并作出原创承诺,相应的设计就会被注册。普通和常见的设计则会被拒绝。会员之间相互承认彼此原创的注册设计。经注册的设计会在相应产品上加以标注,注册人则对注册设计享有 6 个月的独占权。

零售商如果选择和 FOGA 合作,就需要按照其要求签署"拒绝仿货"的声明。FOGA 通过"白牌"和"红牌"的方式将合作零售商和不合作零售商加以区分和公布,对于被举"红牌"的零售商,不但 FOGA 会员均不向之销售设计商品,会员的供应商如纺织品公司也会拒绝与之达成交易。FOGA 还发展出一套独有的"保证机制",在订单中,有专门条款规定:设计制造商保证设计商品不是仿品,否则零售商有权退货。FOGA 还对会员及零售商进行财务审计和商品抽查,违规者将受到处罚,为此 FOGA 内部设立了审查和复审机制。❶

---

❶ Rochelle Cooper Dreyfuss, Jane C. Ginsburg. Intellectual Property at the Edge: The Contested Contours of IP [M]. Cambridge University Press, 2014: 160-168.

面对社会宣传，FOGA 以品质、时尚多样性、促进贸易作为宣传口径，以反对仿制者、反对血汗劳动来树立自身的社会形象。随着 FOGA 会员的增加和每年在 FOGA 注册设计的增加，全美零售商很难选择在其规则之外另售其他商品，百货商店中的仿品渐少，到 1936 年，FOGA 的宗旨基本达成。

总的来说，FOGA 实际上在既有的《美国版权法》和《美国专利法》之外，自创了一个带有审查、调查、裁判和处罚性质的行业组织，这实际上已经是在立法和执法。问题是，这种自治权限应如何界定？行业自治是否已经超出了应有的限度？

这些疑问被迅速地提交给司法。正是基于 FOGA 所拥有的"权力"，Filene's 百货公司在 1936 年对 FOGA 提起诉讼，认为其违反了联邦反托拉斯法，其"红牌"、联合以及确定抄袭的机制均违反了《谢尔曼法》的规定。该案以 FOGA 胜诉告终，其中的专家证人认为 FOGA 并没有"固定价格、限制生产或贬损质量"，而是"对公共利益和行业利益均有益而非歧视性的"。法院最终在此基础上认定 FOGA 的行为并没有以非法手段排除竞争者，虽然其将不合作的销售商排出门外，但是销售市场的货源仍然十分充足，因此并不构成限制交易或垄断。❶

FOGA 虽然胜诉，然而诉讼引起了美国联邦贸易委员会（FTC）的关注，早在 1936 年，FTC 就向 FOGA 做出指控，认为其以不当行为限制贸易。FTC 于 1939 年完成调查，认定其构成不正当竞争和意图垄断，要求解散 FOGA。为此 FOGA 向联邦第二巡回上诉法院提起诉讼。法院认为 FOGA 给予了设计一种"法外垄断权"，这既是不被《美国版权法》承认的，也是不被《美国专利法》承认的，因而认为其违法。该案最终由美国最高法院进行判决。美国最高法院认定 FOGA 构成《谢尔曼法》之下的意图垄断，这会剥夺公众从自由竞争中获利的权利。FOGA 准司法性质的审

---

❶ Rochelle Cooper Dreyfuss, Jane C. Ginsburg, Intellectual Property at the Edge：The Contested Contours of IP [M]. Cambridge University Press，2014：170-172.

85

查并未改善抄袭，反而加深了矛盾。❶

以上两个诉讼的结果截然相反，原因需要和当时的社会状况结合起来考察。1929~1933年正是美国历史上的大萧条时期，原创设计公司从市场中获利本就不易，而其获利还会被仿制分取大半，仿制成为原创设计的梦魇，协会在这一时期成立也就说明了两者之间的博弈。20世纪30年代后期，美国经济开始逐渐复苏，中低端的服装市场产生了大量的需求，出于设计成本的考量，中低端的服装公司往往是模仿而不是原创。而FOGA的注册设计大都是高端公司的设计，按照FOGA的声明，零售商、百货商店中将仅能销售高端服装，这使得其丧失了大量的中低端消费收入，以至于难以和不与协会合作的销售商进行竞争。销售商的竞争利益使得原创设计团体和销售团体开始分裂，由此引发了诉讼。利益分配的矛盾从"原创者—抄袭者"演变为"设计制造者—销售商"。FOGA以自治的方式寻求保护，但没能对利益的变化进行合理的调适，终归于失败，FOGA于20世纪60年代停止运作。取而代之的则是收购了Maurice Rentner事业的比尔·布拉斯（Bill Blass）。1962年，他成为如今依然存在的美国时尚设计师委员会的创始人。

FOGA的失败表明自治的权限只能在立法允许的范围之内，法律上尚未被承认的权利不允许私人以自治的方式进行垄断。这似乎进一步说明了知识产权属于法定权利，而非自然权利。因此，20世纪60年代成立的美国时尚设计师委员会开始以游说立法作为其主要的活动。在其努力之下，两部设计保护法案先后被提交国会。

四、设计业推动立法的努力

（一）船体设计的特别保护

1998年《船体设计保护法案》（VHDPA）提出为船体设计提供特别

---

❶ Rochelle Cooper Dreyfuss, Jane C. Ginsburg, Intellectual Property at the Edge: The Contested Contours of IP [M]. Cambridge University Press, 2014: 174-177.

保护，法案通过后成为《美国版权法》的一部分。❶ 只要实用产品的原创设计使得产品具有吸引力或外观的显著区别性，设计就获得保护，当然产品只限于船体，可延至制造船体的模型和模具❷，但都必须是实际建造的船体设计，而非仅反映船舶外观的模型、图纸。保护的条件还包括注册，即船体设计应当在公开后的两年内注册，否则不再保护。保护期限较通常的版权保护期短，只有 10 年。获得 VHDPA 保护的船体设计必须是未获得设计专利的。也就是说，VHDPA 在船体设计上采取的是单一保护模式，要么特别保护，要么专利保护。但是 VHDPA 并不影响船体设计在满足商业标识保护的前提下获得《兰哈姆法》的保护。VHDPA 是对前述 Bonito Boats 案❸的回应。船体设计的特别保护在美国成为设计独立保护的一次立法"试行"。在 2006 年美国 109 届国会的听证中，美国版权局也明确表达了可以通过修改 VHDPA 将其他产品的设计均涵盖进来的观点。❹ VHDPA 于 2008 年进行了修改，在保护对象上不再区分船体和其甲板，也不论甲板是单独寻求保护还是和船体结合在一起进行保护。

VHDPA 对船体设计的保护被归于《美国版权法》体系之下，带有实验色彩和过渡性，根据其条文中的"日落"（sunset）条款，其效力本应只有两年。但是后来国会修改了这一内容，转为根据相关部门对此出具报告后再予以审视，而报告的结论则是该法是否对船舶建造产业产生效果尚不能得出确定结论，❺ 因此该法依然有效。在这个意义上，也可以说是设计业在立法上的一个成功。船体设计从众多种类的实用产品设

---

❶ 《美国版权法》第 13 章将其包含进来。

❷ 模型和模具在船体制造过程中既具有实用功能，也可以展示船体外观，VHDPA 对其的保护并不因其实用功能而丧失。见 1301（b）（4）和（5）的定义。

❸ Bonito Boats v. Thunder Craft Boats 489 U. S. 141（1989）.

❹ Hearing on H. R 5055 Before the Subcomm. on Courts, the Internet, and Intellectual Property of the H. Comm. On the Judiciary, 109th Cong. 195, 205（2006）.

❺ 哈尔彭，纳德，波特. 美国知识产权法原理 [M]. 宋慧献，译. 北京：商务印书馆，2013：41-42.

计中"脱颖而出",获得了版权立法的青睐,这不能不说是直接反映了知识产权立法中产业利益游说的影响和产业发展的需要,另一类设计——集成电路布图设计也是例证。

（二）半导体芯片设计独立保护

1984年,美国颁布了《半导体芯片保护法》（SCPA）,该法也成为《美国版权法》的一部分,即第9章。但是法律对芯片布图设计（又称"掩膜作品""集成电路布图设计"）提供的保护并非版权保护,而是独立保护,即所谓的"特别权利"（sui generis right）,保护期为10年。芯片布图设计保护的并非芯片美学外观,而是其版面设计,是图形形态。但是,布图设计产生的技术效果是无法获得SCPA保护的。在集成电路产业,布图设计的集成度越高、芯片上的组块越多,则效果越好,当然,技术也就越难。由于集成电路布图设计在产业形成之初,就已经形成了一些公认的算法,经过20多年的发展,算法都已成熟,因此基于这些算法的布图设计已经没有太大的改进空间。这既是当初独立保护的重要原因——新布图设计较已有的布图设计相比,很难具有"显而易见"的区别,因此难以获得专利;同时也是该法日趋式微的一个重要原因。有学者指出,从SCPA颁布至今,因集成电路布图设计注册量较少,因侵权而诉至法院的案件也极少。❶

可以说SCPA在《美国版权法》下独立保护集成电路布图设计是美国半导体产业推波助澜的结果,是利用知识产权寻求"急功近利"的典型表现。

（三）时尚设计版权保护的立法努力

1.《防设计剽窃法案》

《防设计剽窃法案》（Design Piracy Prohibition Act,DPPA）是美国时尚原创者协会继承者的立法活动之一。法案最初由美国国会议员鲍勃·古

---

❶ 曾志超.集成电路布图设计独立保护制度存废之辩——以海峡两岸相关法律制度为例［J］.科技与法律,2012（5）：22.

德拉特（Bob Goodlatte）在美国时尚设计师委员会的推动下于 2006 年 3 月提出。法案的内容主要是对现行《美国版权法》第 13 章的有关条文作出修改，将原先仅针对船身设计的版权保护延伸到时尚设计上。为此，法案界定了时尚设计、服饰等概念，为时尚设计提供了 3 年的保护期，规定了时尚设计的间接侵权责任并提高了侵权的罚金额度。DPPA 旨在保护独立设计师的设计免遭抄袭，法案的支持者主要是高端时尚设计师，而反对者则主要是大众化的服饰行业协会及其成员，多数从业企业认为如果法案通过则会使其暴露在大量的侵权诉讼之下，认为 DPPA 具有将高级时装垄断的趋势，会导致设计成本更加昂贵，也会减少消费者的选择，DPPA 以失败告终。❶

2.《创新设计保护和防剽窃法案》

在 DPPA 失败后，2010 年 8 月，参议员查尔斯·舒默（Charles Schumer）提交了《创新设计保护和防剽窃法案》（Innovative Design Protection and Piracy Prevention Act，IDPPPA），法案于 2011 年做了一次修改，2012 年重新提交国会。法案内容大体与 DPPA 相似，如仍提出为时尚设计创立一项特别版权，提供 3 年的保护期，无注册要求而自动保护。不同的是，IDPPPA 提出了较高的原创性标准，它要求设计和在先设计相比，其变化并非"细枝末节的"（non-trivial）；IDPPPA 还规定设计权不能排除他人的原创设计；设计权为个人的非商业使用留出合理空间，如家庭缝纫允许复制受保护的设计；规定了"实质相同"作为侵权认定的标准；侵犯设计权的罚金额度较 DPPA 有所下调。

DPPA 和 IDPPPA 对时尚设计的保护并未脱离《美国版权法》的范畴，其仅仅是要求对现行《美国版权法》第 13 章下已有的对船体设计的保护（包含船体的实用功能）扩展到其他有实用功能的时尚设计上，因此并非严格意义上的特别权，而是版权，尽管这样的修改会触及《美国版权法》

---

❶ 朱楠. 外观设计权的扩张——以美国和欧盟时尚设计知识产权保护变化为例[J]. 科技与法律，2013（2）：4.

中的"分离理论"。然而，上述努力可以说均告失败。❶ 失败的重要原因来自时尚业界对于大公司垄断的担忧，即一旦大的时尚设计室可以获得长期的版权保护的话，独立设计师、时装分销商、面料商等的创新空间、生存空间可能都会被压制。

在立法上，不同类别的设计受到区别对待，有的成为立法设权的"幸运儿"，如船体设计；有的则游离于专有权保护的边缘，如时装设计，这不能不令人思考其中的原因。在笔者看来，不同产业在国家经济总量中的地位以及利益团体游说国会的能力是其中的重要原因。另一个重要原因就是美国的知识产权价值观本就着重功利主义，有明显的利益导向。好处是，相关立法可以快速回馈产业以激励；弊端则是，工业品设计如何获得法律保护依然呈现碎片化。

五、借鉴和思考

其一，制度的联动性。

美国设计专利授权条件高；同时以《美国宪法》"版权和专利条款"为专有权获取的红线；《美国版权法》用"分离理论"来评判工业品设计的可版权性，这三个机制是具有联动作用的。前两者使得设计专有权的取得牢固地控制在国家审查体系之下，未获得专有权的工业品设计即进入公有领域，成为他人进行再创新的基础。这样的工具体系既可以保证专有权对产品设计创新的激励作用，又能同时加速产品式样周期性的翻新，充实设计市场的公有领域。后者"分离理论"如何加以适用和解读通过其判例法的传统不断发展和充实，"先例"的约束作用可以较好地保证司法活动的统一，因此即便美国作品独创性的标准较大陆法系国家为低，在评判设计的艺术性时不会使得过多的工业品设计获得版权保护。这三种制度互相配合用以保证产业设计活动的活跃度和繁荣度。

---

❶ 朱楠. 外观设计权的扩张——以美国和欧盟时尚设计知识产权保护变化为例[J]. 科技与法律，2013（2）：4.

其二，立法的利益导向因素。

从美国设计相关的立法活动来看，利益团体对立法的游说作用不容小觑。相关产业通过自己在国会中的代言人影响甚至左右立法。当然立法活动并不排斥利益团体的参与，而是欢迎公众、产业广泛参与的。但是实际情况是由于渠道、能力和话语权的差异，公众的参与度往往不如相关的产业利益团体，这就必然要求立法者能够更为冷静和谨慎地处理专有权的赋予问题。然而美国对不同领域的设计采取了不同的立法态度，显然不能说是审慎的。尤其是功利主义的价值观在美国的立法和司法活动中浸淫久远，他山之石可否攻玉是中国的立法者在知识产权领域进行立法时必须留意的。

其三，设计专利模式和"分离理论"的借鉴。

《美国专利法》对设计专利的保护施以高标准，《美国版权法》的独创性则基本沿袭英美法系的较低标准，这样的模式必然会使得企业在《美国专利法》之外寻求《美国版权法》以及其他法律工具的保护。我国《专利法》和美国的不同之处在于外观设计专利保护的门槛很低，我国外观设计专利申请只进行形式审查，因此申请"投机"行为有之，重复授权者有之，可以说获得外观设计授权并非难事。其是否符合实质授权条件仅在侵权诉讼时才会涉及。据统计，自 2009 年我国实行外观设计评价报告制度以来，截至 2015 年 8 月，评价报告请求量累计突破 1 万件。❶ 然而 2009~2014 年年底，我国外观设计的有效量却高达 60 多万件，❷ 如果再减去评价报告中无效的数量，实质有效的少之又少。然而，即便在这种宽松的授权氛围下，仍然有企业对自己的工业品设计或同时（包括已经注册为专利和没有进行专利注册的），或在专利权过期后主张版权保护。我国《版权法》由此成为企业保护自己工业品设计的"兜底"法律。然而用《版权法》"兜底"未经注册的设计和已经过期的设计，会加剧《版权法》和外

---

❶ 国家知识产权局. 我国外观设计专利权评价报告请求量突破 1 万件 [EB/OL]. [2015-08-02]. http://www.sipo.gov.cn/mtjj/2015/201508/t20150828_1166989.html.

❷ 数据根据国家知识产权局的统计年报进行计算。

观设计专利保护的重叠,进一步模糊两权的边界,也让权利人混淆两部法律的适用,并非最好的政策选择。

我国司法实践中,法院也会参照美国的"分离理论"判断工业品设计的可版权性,❶ 但是由于法官造法的限度和合理性并没有明确的法律约束,因此到底如何适用,是采取主观标准还是客观标准,抑或兼而有之,尚未清晰。法院的既有判决也没有约束作用,只能参考。这样的司法活动会进一步增加不确定性。因此可以说,我国的外观设计保护标准、司法制度以及版权法独创性的标准三者间并未形成制度间的联动,是相异于美国的,因此对美国个别制度的借鉴和参考需要审慎衡量。

小　　结

不同于作者团体在有关国家推动版权立法的因素,工业品设计保护的立法推动力来自生产者团体,英国、法国均如是。美国对船体设计和集成电路布图设计分别建立的版权和特别权也是这一特征的具体表现。

各国在设计保护的立法探索中均经历过版权保护设计的过程,有些国家至今仍采用版权延及设计保护的模式,由此形成重叠保护;但有些国家以设计权的模式加以保护,因此而采用"分离理论",同时反不正当竞争模式下也出现了一些尝试。欧盟的注册设计和未注册设计模式看起来似乎终结了欧盟地区关于设计保护的争论,但这种设计特别权到目前为止还是"地区性"的实践,并且欧盟的设计权保护和成员国内国的设计保护是平行共存的,欧盟并未以设计特别权取代成员国内国的设计保护。在国际上,《伯尔尼公约》和《巴黎公约》也仅是在妥协基础上对各国提出了可供选择的保护方式,本质上仍然反映的是各国自己的主张。而《工业品外观设计国际注册海牙协定》仅对设计的国际注册作出一定的协调,并未触及和解释设计权利保护的根本,更没有在实体上解决设计权利的客体、对

---

❶ 如"歼十案",北京中航智成科技有限公司诉深圳市飞鹏达精品制造有限公司著作权侵权案,北京市高级人民法院民事判决书(2014)高民(知)终字第3451号。

象、属性和保护手段等核心问题。

　　总的来说，设计的保护模式在历史上呈现多样化，这说明各国对此远未达成一致，相对于版权和专利权的保护对象，工业品设计的属性、特征和如何保护至今仍是未能明确的问题。工业品设计的法律保护演进同时表明了艺术理念对制度建设的影响，但是艺术理论上提出的纯粹艺术和工业艺术的融合是否意味着保护方式的必然融合，即以版权保护一切艺术？实用艺术作品就是在这样的艺术理念下出现在《版权法》中的，在《版权法》下用"实用艺术作品"这样的表述，并在历史和现实中对外观设计进行"功能性"或"非功能性"的考察，本质上都是在掩饰商人阶层试图用产品外观设计垄断市场利益的事实。因此，对工业艺术或工业品设计本身如何创造的关注，必将被工业品设计的市场利益所取代。

第三章　工业品设计权利客体之独立性

　　本章的分析思路主要建立在工业品设计权利客体是独立客体这一论断之上，而证成工业品设计专有权的客体独立性需要分析民事权利客体和民事权利对象之间的关系。权利客体和权利对象是民法基础理论中的一个艰深问题，这个问题的核心就是权利客体和权利对象是否在语义表达上一致。对其的不同解读产生了民法领域以及知识产权法领域基础理论的不同理解，也致使有关的实践产生分歧。权利客体和权利对象实属权利领域的不同范畴，权利客体内化于权利，反映权利的本质，即利益；权利对象是权利的外在指向，是事实要素。两者的区分是解决版权保护和外观设计专利权保护重叠的重要理论基础，两权的对象同质，但保护的利益各不相同，在此意义上也就并不存在所谓的权利重叠保护。权利客体的独立同时使得工业品设计专有权无法由《专利法》所涵摄，《专利法》为技术专利定制的授权条件、确权方式以及侵权认定，无法延及工业品设计专有权的独特客体。在工业品设计和商业标识的关系上，本书提出两者是共存在于同一权利对象上的不同权利，反映不同的利益关系，保护的是不同客体。

第一节　工业品设计权和著作权的界分

一、权利对象和权利客体的民法探源

（一）同一说

权利客体和权利对象同一说也称无区别说，该说认为权利客体即权利所指向的对象，包括物、行为、智力成果、人格利益及其他财产利益。❶ 这是我国民法学界对权利客体和权利对象的认识所采取的通说。以下学者有论如此：郑玉波认为，权利之客体有称为权利之对象者；有称为权利之标的者（日本学者称目的）；亦有称权利之内容者，用语虽殊，意则无大异，故不可互训，否则即发生以问答问之结果。史尚宽认为，"权利以有形或无形之社会利益为其内容或目的，为此内容或目的之成立所必要之一定对象，为权利之客体"。❷ 梁慧星主编的《中国民法典草案建议稿附理由》认为，民事权利客体，是与民事权利主体相对应的概念。按照民法理论上关于权利本质的通说，权利是由特定利益与法律上之力两要素构成，本质上是受法律保护的特定利益。此特定利益之本体即为权利的客体，也可以称为权利的标的或权利的对象。❸ 中国法学会《中华人民共和国民法典·民法总则专家建议稿（征求意见稿）》❹ 第5章中即以"民事权利客体"命名，其中列物、有价证券、其他民事权利客体三节，人身利益、智力成果、商业标记和信息、财产权利、企业财产等均一一列入此章。

（二）区别说

与主流通说相反，区别说认为权利客体和权利对象并不相同。但是两

---

❶ 王利明. 民法学［M］. 3版. 北京：法律出版社，2011：34.
❷ 史尚宽. 民法总论［M］. 北京：中国政法大学出版社，2002：221.
❸ 转引自刘德良. 民法学上权利客体与权利对象的区分及其意义［J］. 暨南学报：哲学社会科学版，2014（9）：3.
❹ 2015年4月19日公布。

者如何相区别，学者各持己见。这其中有以拉伦茨为代表的"双重构造论说"及其演化。拉伦茨认为：权利客体使用于三种意义，第一种是指支配权或利用权的标的，此种狭义上的权利客体，称为第一顺位的权利客体；第二种是指权利主体可以通过法律行为予以处分的标的（权利和法律关系），为第二顺位的权利客体；第三种是指作为一个整体并且可以被一体处分的某种财产的权利，即所谓的第三顺位的权利客体。❶ 王泽鉴也有类似观点：物、精神上的创造或权利作为权利支配的客体是第一阶层的权利客体；权利、法律关系作为权利人处分的对象是第二阶层的权利客体。❷ 方新军在此基础上提出权利客体"层次说"，认为"权利的客体是权利设立的基础，权利的标的是权利行使的对象，权利的内容是权利主体自由意志的行使方式。权利的客体要结合权利的层次作不同的分析，第一层次的权利客体包括物质客体和观念客体。第二层次的权利是第一层次的权利动起来的结果，第二层次的权利客体原则上是第一层次的权利，但是通过第二层次权利创设出来的新权利种类又例外。第三层次的权利是第二层次的权利动起来的结果，其客体原则上是第二层次的权利，其后依此类推。权利客体与权利标的的区分对于第一层次的权利分类没有意义，但是对第二层次及以后的权利分类意义重大"。❸ 李扬专门针对知识产权运用了"双重构造论说"，认为知识产权客体实际上也是一种双重构造体系。在知识产权客体的双重构造体系中，主要包括两大类权能作用层面上的客体：一类是静态的知识产权支配、使用客体，另一类是动态流转性的知识产权处分客体。知识产权的支配、使用客体即信息，知识产权的处分客体是知识产权（利益）本身。❹

区别说的另一种解读则是认为权利客体和权利对象本身属于不同的范

---

❶ 拉伦茨. 德国民法通论［M］. 王晓晔，等译. 北京：法律出版社，2003：377-378.

❷ 王泽鉴. 民法总则［M］. 北京：中国政法大学出版社，2001：205.

❸ 方新军. 权利客体的概念及层次［J］. 法学研究，2010（2）：36.

❹ 李扬. 经验抑或逻辑：对知识产权客体与对象之争的反思［J］. 大连理工大学学报：社会科学版，2011（2）：109.

畴，刘春田提出知识产权的对象是指那些导致知识产权法律关系发生的事实因素，是"知识"本身。❶ 知识产权的客体是指"基于对知识产权的对象的控制，利用和支配行为而产生的利益关系或称社会关系，是法律所保护的内容。❷ 刘德良在解读个人信息的商业化利用时提出，"在法学上，应该区分权利客体与权利对象：前者是一个抽象的范畴，是指体现在各种权利对象上的人格利益或财产利益；后者是一个相对具体的范畴，包括物、行为、信息等承载各种财产利益或人格利益的载体"。❸

导致权利客体和权利对象理解分歧的基础原因，在于它们本就是人类为了定分止争而高度抽象出的概念，所谓"权利是私法的核心概念，同时也是对法律生活多样化的最后抽象"。❹ 此外，语言的翻译也导致了问题的产生，翻译对语言表述的取舍本身就代表了译者的解释，如张俊浩指出，"法学中的'客体'移自于哲学，英文为 object，德文为 objekt，其原义为主体的认识对象"。❺ 方新军指出，"争论几乎全部集中在对该条中的德语单词 Ggenestande 的翻译上"。❻ 中国、日本学者对德国民法相应词汇翻译上的不一致也使得这一问题愈加复杂。

（三）权利客体即为权利的本质

权利对象是权利的外在指向，是具体化的，是人类从实践和感知的角度确定的具体要素，是权利这一抽象概念指向的客观事实。正如学者所言，"物本身只是一个事实的描述概念，它并不能说明与其有关的权利的

---

❶ 刘春田. 知识财产权解析 [J]. 中国社会科学，2003 (4)：110.

❷ 刘春田. 知识产权法 [M]. 3 版. 北京：高等教育出版社，北京大学出版社，2007：5.

❸ 刘德良. 民法学上权利客体与权利对象的区分及其意义 [J]. 暨南学报：哲学社会科学版，2014 (9)：1.

❹ 梅迪库斯. 德国民法总论 [M]. 邵建东，译. 北京：法律出版社，2001：62.

❺ 张俊浩. 民法学原理 [M]. 北京：中国政法大学出版社，1997：541.

❻ 参见：方新军. 权利客体的概念及层次 [J]. 法学研究，2010 (2)：38-60. 另见：朱虎. 权利客体的解释框架研究——逻辑和价值的区分 [D]. 北京：中国政法大学，2005；熊文聪. 超越称谓之争：对象与客体 [J]. 交大法学，2013 (4)：116-127.

内容，但它可以将建立在其上的权利与建立在其他对象上的权利区分开来，如果这种区分是有必要的话"。❶ 民法采权利对象作为对权利加以区分的基础主要是源于经验和感知，具体化的要素更容易为大众所认识和理解。

然而权利客体内化于权利，反映的就是权利的本质，是抽象出来的利益关系，按照边沁在《道德与立法原理导论》一书中的说法，"根据自然法则，财产是在诉讼中受到法律保护的，从物中获取利益的期待"。❷ 无论是物还是知识，都是第一性的事实，而不是第二性的财产，只有将对其的利用资格在不同主体间进行利益的配置，形成法律认可的关系，才是财产或权利。王伯琦认为：予以为权利之内质，原属一种特定利益，此特定利益之本体，谓之权利之客体。胡长清认为民事权利一般可从两个方面加以理解：（1）权利之内容，即为法律所认可的利益。法律在调整利益时只能规范人们据以实现其需求的措施和手段，即人的行为。因此，法律所认可的利益就是法律所认可的人的行为及行为的后果。（2）权利之外形，即为法律上的力。法律因充实其所认许之利益，不能不付与一种力。❸ 权利客体化于权利之内，是"里"；权利对象展现权利外在之支配，是"表"。此权利区别于彼权利的根源在于客体这个"里"，而非对象这个"表"。

本书认为权利客体就是法律保护的特定利益。然而法律要保护某种利益，就必然是带有一定的价值观对诸多利益进行取舍。选择权利就是选择利益。❹ 如为了实现物尽其用，在物这一对象上建立了物权；为维护人的尊严，在各种人格要素上确认了人格权；为了激励创新，保护创造利益，产生了以智力创造成果为对象的知识产权；为鼓励交易，规范物的流转活

---

❶ 方新军. 财产死亡了吗？[C] //华东法律评论，2003 年第 2 卷. 北京：法律出版社，2003.

❷ 转引自：方新军. 财产死亡了吗？[C] //华东法律评论，2003 年第 2 卷. 北京：法律出版社，2003. Roger A. Cunningham, William B. Stoebuck. Dale A. Whitman. The Law of Property [M]. West Publishing, 1993：1.

❸ 胡长清. 中国民法总论 [M]. 北京：中国政法大学出版社，1997：152.

❹ 斯密德. 财产、权力和公共选择——对法和经济学的进一步思考 [M]. 黄祖辉，等译. 上海：上海三联书店，上海人民出版社，1999：6.

动，确认了债权。诚然，对于何为权利，除利益说之外尚有诸多学说，但本书认为在知识产权领域，用利益说来解读权利较其在其他民事权利领域更具说服力。从知识产权产生的历史来看，商人阶层对统治者的游说起到重要作用，商人凭借封建特权垄断图书市场、技术革新和行业产品，这样的垄断初始为习俗、习惯，而后则演变为成文法中的知识产权，同时统治者也因为公共利益的约束而不得不给商人垄断设置限制。❶可见知识产权产生的过程正是统治者对利益加以取舍、平衡的结果。在选择利益的过程中，保护何种智力创造成果、保护的范围、保护的期限无一不体现利益的博弈，知识产权制度既保护因创造物而产生的新的产业利益，即垄断；也保护公众获取、分享新知识的利益，各类知识产权均指向创造物，但反映的却是不同的利益，知识产权制度正是在几百年的不断发展过程中维系着利益平衡的结果。

二、知识产权客体和对象相区分的规范意义

权利客体和权利对象均具有规范意义，权利客体的本质即为权利，权利的确立是为了定分止争，彰显为法律肯定的利益，昭示为法律否定的利益。客体的另一个功能就是用以区分权利以及法律关系，客体的不同决定了权利的不同。客体和对象不分，在以有体物为对象的权利体系中，并未产生太多的理论分歧，也没有影响规则的适用。但在知识产权的权利体系中，客体、对象同一说明显遇到了适用上的障碍。最典型的表现就是学者均认为在知识产权领域存在权利重叠保护；司法实践中则对权利重叠保护进行了不同的处理（见本书第一章所列的3个案例）。知识产权权利重叠保护主要在美术作品、外观设计和商标这三个对象上出现，主要表现为外观设计专利权到期或失效后，相关的设计是否还可以获得著作权或者商标

---

❶ 参见：黄海峰. 知识产权的话语与现实：版权、专利与商标史论［M］. 武汉：华中科技大学出版社，2011；谢尔曼，本特利. 现代知识产权法的演进：英国的历程（1760-1911）［M］. 金海军，译. 北京：北京大学出版社，2012；康添雄. 私权逻辑的否定：专利法史的公共政策线索［J］. 河北科技大学学报（社会科学版），2011（4）：52-56，62.

权的保护。

从逻辑上来说,知识产权重叠保护必须要解决的第一个问题就是其发生的原因。对此学者多提出这是因为三个权利的客体有重叠和交叉,加之知识产权客体需要界定,而泛权利化的观念导致各知识产权边界模糊。❶再如有学者认为这个问题"关涉彼此不同的法益。当同一对象承载了彼此不同的利益,法律应当允许权利人获得多重保护,这是公平正义的应然之义"。❷也有学者提出:作为知识产权的客体,"实用艺术作品"与"外观设计"事实上具有很大的重合性。❸再有"知识产权保护的范围不断扩张,三个领域之间一些既有的界限逐渐变得模糊。在实践中,知识产权的所有者为了获取更多的权利保护,制造了一系列重叠保护现象"。❹从上述有关论述中可以看出有的学者认为三种权利的对象重合,有的学者认为本来就存在"不同的利益",有的学者认为"客体有交叉"。比较一致的是知识产权的客体需要界定而权利不断扩张导致了这一问题的产生。如果承认三种权利的对象或者说客体是一回事,或有交叉,那么必须回答的第二个问题就是三种权利的对象或客体是什么?甚至如果认为其权利对象重合的话,第三个需要回答的问题就是为何在同一对象事实上要确认两种以上的权利?权利客体和权利对象的概念不清正是上述诸问题的根源。

三、版权和工业品设计保护的分野

(一)过期或失效外观设计不宜再以原授权产品形态获得著作权保护

如本书第一章所言,目前我国司法实践对待已失效的外观设计是否还

---

❶ 谭华霖. 究本与溯源:知识产权权利冲突原因考 [J]. 暨南学报(哲学社会科学版),2011(3):61-66.

❷ 张玉敏,凌宗亮. 三维标志多重保护的体系化解读 [J]. 知识产权,2009(6):19.

❸ 张伟君. 实用艺术作品著作权法保护与外观设计专利法保护的协调 [J]. 知识产权,2013(9):51.

❹ 何炼红. 知识产权的重叠保护问题 [J]. 法学研究,2007(3):62.

给予著作权保护意见不一，笔者梳理了其中的代表性的 8 个判决，其裁判结果大体如表 3-1 所示。

表 3-1　失效外观设计典型案例

序号	案件名称	法院和案号	裁判时间	争议对象	判决结果
1	震旦（中国）有限公司诉北京世纪京泰家具有限公司著作权权属、侵权纠纷	北京市高级人民法院（2012）高民终字第 4679 号	2013	失效设计是矮柜家具，被告依照设计图生产制造矮柜家具	不构成著作权侵权
2	叶某某与浙江冠素堂食品有限公司著作权权属、侵权纠纷	浙江省高级人民法院（2016）浙民终 118 号	2016	失效设计是后视图上带有《观音饼来历》的包装盒，被告产品包装盒上使用《观音饼来历》	构成著作权侵权
3	深圳市王三茂食品油脂有限公司诉深圳市福田区永隆商行	广东省高级人民法院（2005）粤高法民三终字第 236 号	2006	失效设计为香麻油瓶贴，由"红灯笼"图案与"金唛"文字组合而成	不构成著作权侵权
4	SophielagirafeSAS（苏菲吉哈夫公司）与东莞市童兴实业有限公司、张某某著作权权属、侵权纠纷	东莞市第三人民法院（2018）粤 1973 民初 3093 号	2018	失效设计为儿童玩具长颈鹿图案	构成著作权侵权
5	林某某与烟台巨先药业有限公司宁海路分店著作权侵权纠纷	江苏省南京市鼓楼区人民法院（2018）苏 0106 民初 8022 号	2019	药品包装盒外观设计到期，被告药品包装盒使用了相同的设计	构成著作权侵权
6	谢某某与叶某某、海宁市明扬食品有限公司著作权权属、侵权纠纷	浙江省嘉兴市中级人民法院（2013）浙嘉知终字第 5 号	2013	失效设计为食品包装袋（老谢榨菜），被告食品包装袋使用了相同图案设计	不构成著作权侵权
7	北京特普丽装饰装帧材料有限公司与常州淘米装饰材料有限公司著作权权属、侵权纠纷	江苏省高级人民法院（2015）苏知民终字第 00037 号	2015	《莫奈》系列壁纸	构成著作权侵权
8	杭州舒奈尔天然纤维科技有限公司、南京朝日儿童用品有限公司等著作权权属、侵权纠纷	江苏省南京市中级人民法院（2019）苏 01 民终 3128 号	2019	鞋盒设计图包含的《基诺浦机能鞋十二大功能》作品	构成著作权侵权

首先，上述案件呈现出的一个突出特点是，争议的设计基本上都属于平面设计，其中仅第一项的案例涉及的是立体产品——家具矮柜的设计，而该案被认定为不侵犯原告基于家具图纸作品的著作权。原因在于，按图纸制造家具属于工业生产，家具实物具有功能性，制造家具是实现家具功能的过程，因此不是著作权中的复制权或发行权规制的行为。二维平面设计的一大特点就是其几乎可以和任何形式的物质载体相结合，即使不与物质载体相结合，其自身也可呈现一定的审美价值性，其审美价值不受物质载体的功能、价值的影响，因此只要平面设计满足独创性的话，是可以受到著作权保护的。但是立体设计则具有不确定性，如果立体设计属于造型艺术，不属于工业制造活动时，立体设计属于作品，可以获得著作权保护。但当立体设计是依托于产品而进行设计时，则往往无法获得著作权保护，原因主要在于产品的实用功能。另外，这种差异似乎反映出外观设计的授权对象应当被进行一定的限缩，即著作权可以保护的就不需要通过外观设计再予以保护，尤其是二维的平面设计。

其次，上述案件都对这一点予以肯定：外观设计专利权和著作权即使保护同一对象，但两者的权利范围都是不同的，互不影响。但形成区别的是，认为失效外观设计不再受著作权保护的判决（第3项和第6项判决）主要考量的是一旦外观设计进入公有领域，公众基于对外观设计保护期的信赖就应当可以自由利用相应的智力成果，即一旦失效就进入公有领域。需要明确的是，该两项案件中被告均是将涉案设计用在了相同的产品上；认为失效外观设计可以继续受著作权保护的判决则提出一项权利的消灭不影响另一项，只要设计具有独创性就仍可以继续受著作权保护。可以看出，上述分歧表面上反映出的是立场不同，即是否需要考量公共利益，是否需要考量外观设计制度因公示而带来的信赖利益。当然，是否要考量公共利益属于价值判断，在一个保护排他权的制度中，似乎站在哪一立场上都并无明显的错误，这也就导致了类似案件存在不同判决的结果了。因此上述分歧实际上可以归纳为一点，即从体系的角度来看，外观设计的保护应当承担什么样的功能？如果其制度功能和著作权的制度功能有重合，那么是否需要重新审视两者的关系？

最后，上述分歧的本质是对于"外观设计失效"内涵的理解存在差异。那么，"外观设计失效"失效的究竟是什么呢？下文将从权利客体的角度加以分析。

著作权的对象是文学、艺术和科学领域的智力表达，即作品，客体是表达上产生的审美价值。美感虽然高低有别，但只要源自作者，反映作者的审美视角即产生著作权。著作权对作品之审美价值的保护就是法律选取了这一利益以激励创作，繁荣文化，积累文艺和科学成果。著作权的保护既不关乎作品的符号形式，文字、线条、节奏、画面均得采之；也不关乎作品的载体形式，纸张、布料、塑胶、金属俱能再现；著作权只关乎表达中所具有的独创性，就是因为独创性是作品的审美价值之体现。

外观设计专利权的权利对象也是一种美学表达，我国《专利法》第2条第3款规定：外观设计，是指对产品的形状、图案或者其结合以及色彩与形状、图案的结合所作出的富有美感并适于工业应用的新设计。法条将外观设计做了平面化的处理，直接将其界定为某种新设计。在外观设计的授权条件上，也在不断强调要和现有设计相比。外观设计专利中"产品的"表述往往为人忽略，"依托于产品"往往隐在了法条之后。不可否认，设计确实和著作权对象同质，甚至产品设计活动从本质上说就是创作活动，设计创作产生的作品一旦应用于实用产品就产生了新的利益，产生"锦上添花"的效果，这个利益就是设计表达和实用产品之结合产生的市场竞争优势，即外观设计专利权的客体。在我国《专利法》的立法过程中，对外观设计入法所起到的作用做了清晰的定位，如1979年12月22日《专利法》草案第6稿认为：保护外观设计专利，有利于促进我国商品式样的改进，丰富人民生活，加强出口竞争能力。❶ 1981年2月第11稿同样提出其"有利于促进我国商品式样、色彩的改进，使产品适销对路并增强出口竞争能力"。❷ 可以说，设计所具有的审美价值成为推销实用产品的

---

❶ 赵元果. 中国专利法的孕育与诞生 [M]. 北京：知识产权出版社，2003：222.
❷ 赵元果. 中国专利法的孕育与诞生 [M]. 北京：知识产权出版社，2003：238.

重要手段，设计用于实用产品使之新颖、奇趣、时尚，因此形成相较于同类产品的竞争优势，也因此获得消费市场的认可。但设计如若脱离了实用产品，其自身并不具有在产品市场中进行交换的独立意义；或者说一旦脱离了产品，单独的设计都无法成为产品市场的交易要素。设计是为作为载体的实用产品而生成和应用的，特定载体是外观设计的构成要件之一。❶设计是产品的一部分，脱离了产品的线条、形状、色彩等要素不再具有大众为之消费的市场功能，无论该设计是否在物理上或是观念上能够与产品的实用功能相分离。美国判例法上具有里程碑意义的 Mazer 案❷中，灯柱可以和作为整体的台灯产品相分离，分离后的灯柱虽然在物理上能够独立，甚至也丝毫无损于其美学表达，但是一个灯柱已经不具有独立消费的市场意义，分离之后的台灯仅余灯罩，已经无法作为整体的台灯产品进行出售。无法出售也就湮灭了工业品设计作为大众消费产品所具有的市场价值。Mazer 案中的台灯因为通过了"分离测试"得以获得版权保护，但是未能通过"分离测试"的其他工业品设计是否在创造出的市场利益上就不能与之相比呢？❸ 知识产权作为对创造利益提供保护的制度也就可能有失中立。❹

至于观念上的可分离性本身指的就是产品的美学功能与其实用功能在物理上的不可分割，美学表达仅在观念上可以和其他载体相结合，这更加表明"分离"后的美学表达对产品整体的不可或缺性。可见外观设计专利权对设计和产品之结合产生的市场竞争优势恰恰是法律从自由竞争活动中将其选择出来允许垄断的利益。因此外观设计专利权虽然和著作权有着历史的纠葛，有着创作上的同源性和对象上的同质性，但其终点不会是回归于著作权，设计结合于特定实用产品产生的市场竞争优势就是外观设计权利存在之意义，这个领域著作权不应涉足。

---

❶ 郭禾. 外观设计与专利法的分野 [J]. 知识产权，2015（4）：11.
❷ Mazer v. Stein, 347 U. S. 201（1954）.
❸ 如 Brandir 案，Brandir v. Cascade Pacific Lumber, 834 F. 2d 1142（1987）.
❹ 如 Sears 案，同是台灯产品，Sears 公司生产的柱灯因不能通过"分离测试"而没能获得版权保护。Sears, Rocbuck & Co. v. Stiffel Co., 376 U. S. 225（1964）.

由此推之，产品设计这一对象上可以存在多种利益，其装饰性的设计表达体现的是美学创新上的价值，和具有实用功能的产品相结合体现的是大众消费市场中的竞争优势。如果经不断地宣传还可能产生显著性，那么设计可以具有识别来源的功能。正是不同的客体利益决定了同一对象上可以存在多个权利，同一个设计对象上可以存在著作权、外观设计专利权、甚至商标权或特有装潢权，每一个专有权保护的利益均有不同，从客体角度而言这并非多重保护，而是"各自为政"。一种权利的过期或失效当然并不影响他种权利，但是同时他种权利也无法延及已经过期或失效的客体利益上。对外观设计专利权来说，专利权到期或失效，则意味着该权利所保护的设计与实用产品之结合形成的市场竞争优势不再处于专有范围内，进入公有领域，任何他人均可以在特定的产品上使用外观设计。正如有学者所言："外观设计专利权排斥的只是同类商品的外观不得使用相同或近似的设计，而不排斥不同类商品或根本不存在特定商品的情况下，他人使用相同设计，因为那是著作权的任务。"❶

从本书第二章外观设计的发展历史来看，初期的外观设计实际上是版权保护的一种表现，直至后来两者分流，可以说外观设计保护相当于从版权的权利中专门将美学表达结合于工业产品这种特定的商业方式分流出来，从这一分流来说，两种保护方式本就应该是彼此独立的，否则，完全不需要外观设计这样一种权利了。在此意义上，如果外观设计失效，设计还能继续无差别地继续获得著作权的保护，实际上就意味着原有的外观设计保护是没有必要的。因此，本书认为，失效外观设计如果被他人用在与之原先授权的同类产品上，该设计即使满足独创性，也不能再以设计和原授权产品相结合的形式继续获得著作权的保护。当然，失效设计如果被用于其他的产品类别或物质载体则仍可以处于著作权的保护之下。究其原因，实质上就是设计在和产品结合并进行商业流通时，著作权已经将保护的任务让位给了外观设计的权利。因此，外观设计的权利表现为特定产品

---

❶ 熊文聪. 知识产权权利冲突：命题的反思与检讨［J］. 法制与社会发展，2013（3）：61-72.

类别上的排他性使用设计，而外观设计失效指的就是特定产品类别上不再存在排他性使用设计的效力。

（二）未注册设计不能获得著作权保护

如果未注册外观设计（实际上就是所谓实用艺术品）能够获得著作权保护的话，在理论上就会出现，未注册的外观设计会获得比注册外观设计更为"周到"的著作权保护，可以享有诸多权项和长至 50 年甚至更久的保护期。唯一较外观设计专利权保护不利的就是侵权发生时，被控侵权行为人得以援引"独立创作"作为侵权抗辩，但是诉讼中的主张均需举证，被告即便可以获此抗辩理由，但也相应地提高了其举证成本。在实践中就会出现没人会去申请外观设计专利，而是基于认定自己设计的独创性而主张版权保护，并待纠纷发生时请求司法给予著作权保护。这又会导致：其一，设计未经公示，则相关企业无从知晓自己何时会踏入他人设计著作权的"雷区"，加大了企业的市场监控成本；其二，增加了司法纠纷，法院必须在桩桩个案中对设计的"独创性"以及"非功能性"进行认定。这就出现了著作权制度中的"实用艺术作品"问题。

未注册设计在未与实际产品结合前并不否认著作权保护，但此时受到保护的仅是图纸等图形、模型作品，一旦结合于实际产品进行生产制造并投入市场，表明设计持有人希望通过其与产品的结合获得相关市场的竞争优势，此时则必须通过审查授权方能判定其是否值得以专有权的形式加以保护。

（三）功能重合论

外观设计的美学功能是装饰，作为美学表达可以获得版权的保护。产品的实用功能千差万别，实用功能则属于工业产权保护的范畴。但是当产品的实用功能和设计的美学功能重合时，即均起到装饰作用，则无须多个法律规范加以保护，择其一即可，这就是本书提出的功能重合论。功能重合论适用于作为客体的设计和作为载体的产品各自唯一的功能重合时，则该设计产品就是美术作品。设计为主、载体居次，此时载体为客体所吸纳，成为设计作品进行自我表现的工具，产品除装饰之外别无他用，因此这样的设计产品应该以著作权加以保护，不需要获得外观设计或者专利的保护。这种情况多见于装饰品，如家居装饰的墙纸、壁布、挂画，再如围巾、头巾、纺织布匹制品、玩偶玩具、包装等，无论其是否是工业批量生产的结果。这些产品本身的唯一功能就是美化和装饰，为此目的才有多变的设计，设计用于产品上并不是"锦上添花"，因为"锦"和"花"是一体的，是一个完整的作品表达。

例如，"歼十"模型著作权侵权案中，❶"歼十"飞机模型具有和原告主张著作权的"歼十"飞机一样的外观设计，该设计结合于模型载体，整个"歼十"模型就是用以赏玩的一个制品，不具备任何实用功能，载体和设计均具有而且仅具有的就是美学价值。因此"歼十"模型属于作品范畴，即使被告以工业手段批量生产、销售该模型，并不改变其作品性。然而无论是"歼十"飞机还是"歼十"模型，在实践中企业均是先从设计图开始着手进行设计的。

以汽车设计为例，❷ 设计程序大体包括概念设计、画图 sketching、制作模型 modeling，其中分油泥模型和数字模型。接下来是验证设计，修改设计，同时需要结构工程师，还有色彩面料等部门的参与，整个设计过程需要 2~3 年才能出现成品。成品进入量产又需要一段时间，因此汽车设计师的设计理念需要比当下超前 4~5 年的时间。

在这一过程中，设计成品未出现前（设计未与产品结合前）的所有设计成果均处在版权保护的范围内，设计图的完成意味着产生了受著作权法保护的图形作品。在图形作品之上再制作模型，如果制作的模型和设计图完全一致，则模型是对设计图从平面到立体的复制，这期间他人未经许可抄袭设计图、仿制设计模型均侵犯复制权；而他人未经许可依照设计图制造工业产品则属于设计和产品相结合、应用于产品，由于此时制造的产品

---

❶ 北京中航智成科技有限公司诉深圳市飞鹏达精品制造有限公司著作权侵权案，二审北京市高级人民法院民事判决书（2014）高民（知）终字第 3451 号，一审北京市第一中级人民法院民事判决书（2013）一中民初字第 7 号。

❷ http://www.zhihu.com/question/21038824，最后访问时间：2015 年 9 月 20 日。

具备实用功能，而版权法并不保护实用功能。❶ 这一行为当属工业品设计法律规制的范畴。如果权利人此时尚未申请获得工业品设计的法律保护，其还可以通过商业秘密获得保护。❷

"歼十"模型案中，依照图纸制作模型，如果制作过程中未做实质性调整和修改，则模型"歼十"和图纸上的"歼十"属于同一作品。模型"歼十"因未产生不同于设计图的个性特征，也就不存在独创性，两者是同一表达。复制权是著作权人享有的权利，因此制作"歼十"模型需要获得著作权人即该案原告的许可。如果制作的模型较原设计图有修改，则属于对于图形作品的演绎。演绎也属于著作权人专有权的权利，未经许可仍属侵权行为。当然如果作出的改动使得模型已经全然不同于设计图，则模型本身获得独创性，应受著作权法的保护。该案原告和被告均制作过"歼十"模型，原告的"歼十"模型无论是属于前述的哪一种情况，原告均是著作权人，区别无非是图形飞机的著作权人或是模型飞机的著作权人而已。被告的"歼十"模型无论是依据实物飞机等比例缩小进行制作的，还是依照飞机设计图而制作的，该制作行为要么构成对设计图或模型的复制，构成侵权；要么构成对设计图的演绎，依然构成侵权。

因此如果原告对飞机产品主张著作权，以此来控制被告制作模型的行为，其必然遭遇"歼十"飞机实用性和艺术性是否可分离的举证困境。二审正是基于此，没有支持原告的这一诉讼请求。而原告如果主张外观设计专利权来控制被告的模型制作行为，其也要碰壁。❸ 因为依照"歼十"的设计图制造"歼十"飞机产品是个技术过程，"歼十"飞机具有独特于普通飞机、战斗机的外观设计。该外观设计结合在飞机产品上，和飞机的技术特点、实用功能相结合。外观起到的是美化功能，作为载体的飞机则具有超音速、全天候飞行的实用功能，制造过程就是将"歼十"的外观设计

---

❶ 王迁. 论著作权法保护工业设计图的界限——以英国《版权法》的变迁为视角 [J]. 知识产权，2013（1）：19-33.

❷ 国外汽车企业的核心保密部门一是技术研发部门，二是设计中心。

❸ 该案原告似乎并未申请外观设计专利。

和技术功能结合起来，这恰落入外观设计权利的范畴。在国际军火交易市场上，"歼十"飞机会因其机身的外观设计、武装技术、动力技术等获得市场优势，从而实现销售及盈利。即使被告未经许可制作"歼十"模型，事实上也根本不会影响原告"歼十"飞机产品的市场利益。因此该案原告实际上恰恰应该主张"歼十"设计图的著作权，或者主张自己制作的模型"歼十"的著作权，以设计图或模型作品的著作权来控制被告制作模型的复制行为（见图 3-1）。

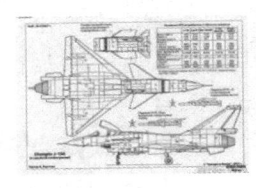

图 3-1 "歼十"设计图、实物和模型（从左至右）

在本书第一章提及的常州淘米装饰材料有限公司诉北京特普丽装饰装帧材料有限公司著作权权属、侵权纠纷中，❶ 法院提出法律不禁止权利人在同一客体上享有多种民事权利，每种民事权利及其相应义务由相应法律分别调整。该案的外观设计不论是否处在保护期中，被告未经许可都侵害了原告的著作权。如果因为该图案已被授予外观设计专利权而对著作权不予保护，则意味着两种民事权利相互排斥、不能并存，会阻碍智力成果的传播。

本书对上述判决说理表示怀疑。其一，同一客体上存在多种权利的法律意义是什么？如同该案中的美术作品版权和外观设计专利，两个制度的功能具有一致性，都是为了激励创造创新，为此目的为何要设置两个制度？其二，同一客体上两种专有权是否浪费授权成本，固然版权自动保护，授权成本可认为是零，但外观设计专利权需要通过审查授权，即便是形式审查，也会产生成本，企业在能够获得版权保护其产品的情形下为何

---

❶ 常州淘米装饰材料有限公司诉北京特普丽装饰装帧材料有限公司著作权权属、侵权纠纷，一审常州中院（2014）常知民初字第 85 号民事判决书，二审江苏高院（2015）苏知民终字第 37 号民事判决书。

还需要外观设计制度？如果同一客体可存有多种民事权利的理解是正确的，则其中的一种权利必然是无用的，这样看来外观设计这个制度就完全是不必要的。其三，图案已被授予外观设计专利权而对著作权不予保护会阻碍智力成果传播更是未经判断得出的结论，权利的重叠保护并非双重保险，知识产权是双刃剑，重叠保护意味着公有领域的资源会进一步被剥夺，这只会阻碍智力成果的传播。因此如果适用前述的"功能重合论"，就会发现该案的壁纸产品体现的完全是美学表达所带来的装饰性，装饰既是其美学功能，也可以说是其"实用"功能，用著作权保护足矣。外观设计制度正是需要排除掉这类"功能重合"的产品，将这部分交予著作权，自己保留对"功能非重合"产品设计的授权。

当产品的功能包含着除装饰以外的其他功能时，设计在这些产品上进行应用才是真正意义上的"锦上添花"，也才是工业品设计专有权的适用范畴，版权不应涉足。此时设计是为作为载体的产品而生成和应用的。设计是产品的一部分，无论该设计是否在物理上或是观念上能够与产品的实用功能分离，脱离了产品的线条、形状、色彩等要素不再具有大众为之消费的市场意义。可见，工业品设计权的客体和著作权的客体本就不同，著作权保护的是作品，作品上体现的是原创的艺术表达；工业品设计保护的对象是设计，设计上体现的是用于特定工业品的美学表达。工业品是该专有权所指向的一个对象，是无法和其上的设计割裂开的，脱离产品单纯考虑设计的艺术性、美学性仍是著作权观念在作祟。既然客体不同，权利当然不同，也就不会发生权利重叠保护的现象。正是在这个意义上，工业品设计需要一个独立的权利来保护设计和特定工业品载体的结合。

设计是否与特定产品相结合成为功能非重合类产品适用版权保护或工业品设计保护的分野。结合前是版权适用的领域，结合后则应受工业品设计专有权保护。结合前设计也需要在适当载体上加以表现，如设计图、说明书、设计模型，这些均是作品，权利人有权禁止他人在类似载体上进行复制或演绎，但无权禁止他人将设计应用于产品之上。因为一

旦应用于产品，就是美学功能和实用功能的结合，而著作权恰恰不保护实用。❶

综上，"对象指法律关系产生的事实因素，而客体是法律所保护的特定利益关系"。❷ 权利客体区别于权利对象，因此著作权和外观设计专利权的重叠保护是个伪命题。即便是同一个设计表达，其上的权利也绝不是多重，而只能是多个，多个权利之间并不发生重叠。当法律规范均以激励创造为目标时，同为创造类知识产权的版权和外观设计专利权均对各自不同的利益进行激励，彼此并不叠加。在承认知识产权的权利客体各不相同这一前提下，所谓权利的重叠保护并非多重保险，也不会对创造有多重激励。知识产权是双刃剑，多重保护意味着公有领域的资源会进一步被剥夺，这只会阻碍智力成果的传播，损害自由竞争。正如 Mark Lemley 所言，"从长远的观点来看，自由竞争是规则，知识产权权利是这种规则的例外。只有在鼓励发明创造之时，且必须在鼓励发明创造的限度内，它才能获得这种例外。结果，从其发展历程来看，知识产权只是在有限的时间范围内将权利授予某些满足最低要求的作者和发明者，从这个角度来看，知识产权法的恰当的目标是采取尽可能少的保护，使之与鼓励创新相一致"。❸

第二节　工业品设计与《专利法》保护的独立性

授权、确权和侵权是《专利法》的三大主要制度，授权制度主要是由《专利法》规定授权条件。确权制度实际上是授权制度在程序上的延展，其核心仍然是授权条件。侵权认定主要是在对比专利和被控侵权技术或设计的基础上作出的。在授权条件上，技术类专利和设计专利都需要比现有

---

❶ 王迁. 论著作权法保护工业设计图的界限——以英国《版权法》的变迁为视角 [J]. 知识产权，2013（1）：19-33.

❷ 刘春田. 知识产权的对象 [C] //《中国知识产权评论（第一卷）》. 北京：商务印书馆，2002：124-125.

❸ 马克·兰姆利. 财产权、知识产权和搭便车 [J]. 杜颖，兰振国，译. 私法，2012（1）：124.

的智力成果新,即满足新颖性。所不同者是实用性,设计并非技术,保护的亦非功能,实用性不是其授权条件属于当然之选。但是,在创造性上,现行专利制度则一并认为技术专利和设计专利都应具有创造性,因此本书首先选择了创造性这一授权条件作为研究对象,分析创造性是否也应当成为外观设计的授权条件。其次,授权、确权、侵权的制度构建在根本上均离不开技术特征、设计特征的分析和对比,因此本书也选择了技术特性和设计特征作为研究对象,考察其在确权、侵权的判定中是否秉承相同的思维原则、采用相同的对比方式。最后,本书还选择了授权、确权和侵权中均离不开的判断主体作为研究对象,探讨技术专利和设计专利在判断主体上是否应采一致的主体标准。

一、工业品设计"创造性"的判断

(一)创造性促进技术进步

技术专利权的目的是促进科技进步,从人类的历史发展来看,科技确实呈现"进步"的特征,即线性发展。今日之科技和封建时期、工业革命初期相比更是呈现了加速度的发展态势。为追求科技进步,《专利法》对发明和实用新型设定的授权条件是新颖性、创造性和实用性,这是应有之意。只有最新、最难而且可实施的技术方案才值得专利权的保护。但是,其中最为关键的授权条件——创造性并非专利制度在创立初始就加以规定的。从《美国专利法》的立法和司法实践看,"非显而易见性"(在我国为"创造性")入法经历了漫长的过程。在 1850 年的 Hotchkiss v. Greenwood 案[1]中,美国最高法院确认了"一项发明中如果不存在任何高于相关普通实践的才智或技巧",专利权就是无效的。美国最高法院虽然很早就意识到《美国宪法》"版权专利条款"中的"促进实用技术的进步"对专利包含了高于"发明"本身的要求,但是该案用语比较模糊,缺乏可操作的标准。因此 Hotchkiss v. Greenwood 案并未对立法和司法产生实质性的影响。

---

[1] Hotchkiss v. Greenwood, 52 U. S. 248, (1850).

及至 1941 年的 Cuno Engineering v. Automatic Devices Corp 案❶，美国最高法院进一步提出发明的可专利性需要"天才灵感的闪现"。1950 年的 Great Atlantic & Pacific Tea Co. v. Supermarket Equipment Corp 案❷成为推动立法作出改变的重要判例，❸美国最高法院确认诉争的发明没有任何"新的成分"可言，仅是旧有之物的结合，没有任何不同寻常、令人惊讶的效果，因此其缺乏"发明性"。

面对司法对可专利性提出的高于"发明"的要求，立法终于作出了回应，1952 年《美国专利法》的重要修改内容就是在授权条件中更改了"发明"这一表述，代之以"非显而易见性"。❹然而即便如此，司法对于"发明"的惯性理解并未因立法的修改而立即停止，很多地方法院在判决中仍然持之以"发明"的授权条件❺，直到 1966 年的 Graham v. John Deere 案❻，该案确定了"非显而易见性"的可操作标准，包括：现有技术的范围与内容；现有技术与权利要求的区别；相关领域的一般技术水平；辅助审查标准（secondary consideration），如商业成功，长期未解决的问题，他人的失败等。至此，"非显而易见性"最终在美国专利制度中扎根，发挥其"促进实用技术的进步"的作用。

(二) 英国专利法和外观设计保护的分离

从英国外观设计制度的发展历史来看，其更多的是和版权法发生联系，而非专利法。但因为外观设计是应用于实用工业品的，因此其与专利之间的关系也经过了一个认知的过程。英国王室特权和专利制度曾经有着

---

❶ Cuno Engineering v. Automatic Devices Corp, 314 U. S. 84, 91, (1941).

❷ Great Atlantic & Pacific Tea Co. v. Supermarket Equipment Corp, 340 U. S. 147, 87 USPQ 303, (1950).

❸ Giles S. Rich. Laying the Ghost of the "Invention" Requirement [J]. The Federal Circuit Bar Journal, 2004 / 2005, 14 Fed. Cir. B. J. 163, P170.

❹ 1952 年《美国专利法》第 103 条。

❺ Giles S. Rich. Laying the Ghost of the "Invention" Requirement [J]. The Federal Circuit Bar Journal. 2004 / 2005, 14 Fed. Cir. B. J. 163：170-172.

❻ Graham v. John Deere, 383 U. S. 1, (1966).

紧密的关系，在经历了一系列的社会变革之后，专利不再是王室授予的封建特权，而成为政府进行技术管理的一项职责。人们对专利法的认识也就更为清晰：专利保护应该给与那些更值得保护的发明。专利制度的作用被认为是：由它来促进的对象，是开创一种新的行业渠道，建立一个新的产业，促进资本和劳动在一个新的方向上得到有益的应用。❶ 因此，专利是授予给产品本身的创作或生产的，而外观设计则以制造品的存在为预设前提和必要条件，这就形成了专利和外观设计的分离。外观设计是在人的基本需求已经经由技术的发展得到满足后才产生的，区别于技术，它并不具有它所应用或体现的制造品的本质特征。

现代《英国专利法》❷中授予专利权的条件除了新颖性以及可用于工业外，还有"发明性进步"（inventive step）的要求。这个用语在英国实际上常和"非显而易见性"互换使用。❸ 如何判定"发明性进步"由 1985 年 Windsurfer 案❹确立，即首先判定要求保护的专利的发明思想，其次和选定的现有技术进行对比，最后判定其间的区别对于相关技术人员来说是否构成进步。因此，能否实现促进技术进步是创造性的构造之一，也反映了英国专利制度的内在要求。

（三）创造性之于工业品设计

对于外观设计来说，能被《专利法》所涵盖的重要理论基础便在于其是否应当并且能够起到相同的"促进进步"作用。❺ 在《专利法》中，也

---

❶ W. Spence，"Patents as Channel of Industry"，（1868），TNAPSS 256. 转引自：谢尔曼，本特利. 现代知识产权法的演进：英国的历程（1760—1911）[M]. 金海军，译. 北京：北京大学出版社，2012：131.

❷ 1977 年《英国专利法》是现代英国专利法的基础，也是 1988 Copyright, Designs and Patents Act（CDPA）的一部分。

❸ Shemen & Bentley，Intellectual Property Law [M]. Oxford University Press，3rd：439.

❹ Windsurfer International v. Tabur Marine [1985]，RPC 59（CA）.

❺ 参见：Mark McKenna，Katherine J. Strandburg. Progress and Competition in Design，（2013），Scholarly Works. Paper 962，17 Stan. Tech. L. Rev. 1（2013）[EB/OL]. [2015-10-03]. http://scholarship.law.nd.edu/law_faculty_scholarship/962.

就表现为可否设定相同的"创造性"标准来区分设计的优劣、好坏或高低。以下将从应然层面和实然层面加以分析。

在应然层面，如果从事实上看，外观设计采用的具体符号要素和美术作品是相同的；从历史上看，设计属于一种艺术形式；从现实而言，外观设计在创作上和作品创作是基本一致的，这正是因为设计和艺术作品具有同质性。设计活动和艺术创造一样，是人类表达自己对客观世界的主观感受。既然是主观感受，就不存在评判高低、优劣的绝对标准。从艺术的受众来说，艺术使人感知美，然而审美同样是主观的，"那些都是很好很好的，可是我偏偏不喜欢"的现象在艺术领域比比皆是。设计的艺术创作性决定了设计只存在多样化或多元化，即不同，而并不存在"最好"的艺术。

而所谓"艺术的进步"往往体现在技法的突破❶、技巧的应用❷、新材料❸的应用上。而这些要么是知识产权所不保护的，如风格；要么属于技术方案类，应以产品或方法发明专利进行保护，均非外观设计专有权所应保护的范围。设计形式本身可以说从未有过所谓"进步"，"艺术的进步"体现为科技的进步。艺术设计的停滞不前或衰败实质上指的就是艺术设计形式无法突破已有的艺术风格，沦为同质化甚至模仿。因此设计艺术追求的是繁荣，科学技术追求的才是进步。设计艺术的发展从来就不是线性的，而是继承、往复、求变和求新，是多元的。

从这样的事实出发，作为第二性的法对外观设计的激励也只能是激励更为多样的外观设计表达，以满足不同消费审美的需求，从而最

---

❶ 如透视法、留白法、现代的机械制图、数字绘图、三维建模等。

❷ 如温克尔曼说，"在画陶器时，落笔要快，否则黏土要吸收水分，画笔就会干燥"。使用这种技术，不容改正或修改，所以这些画师们必须像拉斐尔那样，在他的第一批速写中就能够流畅地画出一个头，甚至整个形体，而这一技艺，即使是拉斐尔最亲密的学生也无法企及。参见：Ideas of Progress and Their Impact on Art：I. From Classicism to Primitivism；II. From Romanticism to Modernism. New York，Cooper Union（The Mary Duck Biddle Lectures），1971.

❸ 如以现代家具为例，就有单元系统家具、塑胶吹气家具、纸板家具、聚酯家具和超高堆积家具等，名目繁多，不一而足。参见：张夫也. 外国工艺美术史［M］. 北京：中央编译出版社，1999：535.

大限度地刺激消费，促进经济发展。这个任务新颖性的授权条件就可以完成。

在实然层面，发明和实用新型的创造性标准是由现有技术、两相对比判定区别、一般技术水平和判断主体等规则加以构造的。其中现有技术的确定和两相对比判定区别也是新颖性标准的构造手段。外观设计如果也以创造性为授权条件的话，在规则体系上也应该采取相同的构造手段。这意味着，除去创造性和新颖性共用的现有设计以及两相对比确定区别这两个构造手段之外，外观设计的创造性也需要采用一般设计水平和判断主体这两项工具。那么一般设计水平如何判定？这个问题实际上回到了前述的应然层面，无论法律规则如何设定，都无法判定"一般的设计"和"更好的设计"。可以说，技术上的努力可以很容易地进行量化，而权威性也就随之而来。而设计有时是一种直觉，基于某些语言无法表达的经验或是一些颠覆性的情感触发，这使得人们很难按经验来评估。而在判断主体上，发明和实用新型采用的是"相关领域普通技术人员"标准，这个标准集中地反映了"促进技术进步"的立法目标。外观设计则面临着"相关领域专业设计人员"和"一般消费者"的抉择。采前者同样反映了对进步的追求，采后者则是市场规则的反映。

那么，我国现行《专利法》是否规定了外观设计授权的创造性标准呢？《专利法》第23条第2款一般被认为是创造性标准的依据，该款规定，"授予专利权的外观设计与现有设计或者现有设计特征的组合相比，应当具有明显区别"。按照全国人大常委会法制工作委员会解释，该款正是对外观设计创造性的授权要求，并且进一步指出：创造性的对比对象包括：（1）现有设计；（2）现有设计特征的组合。而所谓"明显区别"，是指不相同或者不相近似，不会引起社会公众的误认。为了进一步阐述，全国人大常委会法制工作委员会解释说："满足下列条件之一的，属于有明显区别：（1）产品的用途和功能与现有设计不相同或者不相近似。相同的设计，用在不同的产品时，不应认为是相同的外观设计。（2）产品的设计的形状、图案或者其结合以及色彩与形状、图案或者其结合与现有设计相比，不相同或者不相近似。"❶ 由此，似乎可以认为其中的区别程度若达到"明显"，则申请案可被认为具有创造性。对比前款新颖性的规定，"授予专利权的外观设计，应当不属于现有设计"，那么"不属于现有设计"的结论是如何作出的呢？显然也是需要进行对比的。通过对比如果发现不相同则满足新颖性，相同或实质相同则丧失新颖性。按照《专利审查指南 2010》第 4 部分第 5 章关于新颖性的审查规则，外观设计相同，是指涉案专利与对比设计是相同种类产品的外观设计，并且涉案专利的全部外观设计要素与对比设计的相应设计要素相同。其中外观设计要素是指形状、图案以及色彩。外观设计实质相同的判断仅限于相同或者相近种类的产品外观设计。"同"的具体判定则是由《专利审查指南 2010》建立的"一般消费者"的判断主体标准，即一般消费者经过整体观察，可以看出设计特征区别在于施以一般注意力不能察觉到的局部的细微差异、区别在于使用时不容易看到或者看不到的部位、区别在于以惯常设计整体置换的设计要素、区别在于常规排列方式的重复或增减或镜相对称，则涉案专利与对比设计实质相同。❷ 对比《专利审查指南 2010》第 4 部分第 5 章 6.1、6.2 的规定，即"创造性"需要将现有设计或者现有设计特征与涉案专利对应部分的设计进行对比。采整体对比和一般消费者标准，审查是否对整体视觉效果存在影响、是否属于惯常设计、是否采用转用或组合的手法。可以说这两部分审查内容并无实质差别，即所谓"创造性"的审查最终应用的仍是"新颖性"的构造手段。

  对于同以专利模式保护外观设计的美国来说，前文的历史演进部分已经论及外观设计进入《美国专利法》具有历史偶然性。为了节省立法资源、避免重复立法，1842 年有关外观设计保护的立法议案中有一个兜底条款，其规定《美国专利法》中有关实用专利的获得和保护条款同样适用于

---

❶ 全国人大常委会法制工作委员会．《中华人民共和国专利法》释解及实用指南 [M]．北京：中国民主法制出版社，2009：53．
❷ 参见：《专利审查指南 2010》第 4 部分第 5 章 5.1.2。

外观设计。❶ 在1952年"非显而易见性"成为实用专利授权条件后,也成为设计专利的授权条件。但是,之后的审查实践和司法实践却表明,"非显而易见性"成为大量设计专利未获授权或失效的重要理由。❷

在国际上,TRIPs协议对外观设计的规则要求被表述为新颖或原创,非新颖或非原创的外观设计如果不能与现有设计或设计组合明显区别开来则不能被授予专有权。❸ 从其条文表述来看,非新颖或非原创也就无法达到"明显区别"的程度,要想达成"明显区别",就需要满足新颖或原创的要求,显然TRIPs协议第25条第1款规定的正是新颖性,并不包含任何创造性的要求。

由上可知,作为专利授权最重要的一个条件——创造性是无法统辖外观设计的授权条件的。适合于外观设计的授权条件其一是新颖性,强调的是"不同寻常";其二恰恰应该是个性特征,这是设计追求繁荣、争鸣、多样的必然结果。

二、设计特征之对比

(一)侵权和确权判定中的设计特征

设计特征在评价外观设计专利的有效性和侵权判定中均居核心地位。其所起到的重要性相当于发明、实用新型专利中的技术特征。那么,技术特征和设计特征所采用的对比方式是否相同?

外观设计给人以视觉感知,是通过视觉吸引力增强产品在市场上的竞

---

❶ 张爱国. 我国外观设计保护创造性要求之检讨与重设[J]. 法商研究,2014(3):110.

❷ Dan L. Burk & Mark A. Lemley, Policy Levers in Patent Law, 89, VA. L. REV. 1575, 1650-51 (2003).

❸ Trips协议第25条第1款,原文"Members shall provide for the protection of independently created industrial designs that are new or original. Members may provide that designs are not new or original if they do not significantly differ from known designs or combinations of known design features. Members may provide that such protection shall not extend to designs dictated essentially by technical or functional considerations."

争力。视觉吸引是人们认知事物的一种手段，人们是通过外观设计的各类组成要素，包括形状、线条、色彩等形成对事物的认知，然而这种认知说到底均是每个人的主观感受。用设计特征比对设计之间的相同相似其实难以逾越从主观到客观的天然障碍。首先，从设计的角度而言，设计师的设计固然受到产品功效的限制，但是其主观上仍具有较大的取舍空间，这是相对于技术特征而言的。技术特征决定于各种技术手段和数据，权利要求书和说明书就是技术手段和数据的记载文件，而数据追求的就是精确，失之毫厘谬以千里，因此一项新的技术方案的技术特征是无法自由取舍的。其次，从受众的角度而言，设计带来的视觉感知和技术带来的效果感知是不同的。高效、便捷、节能等技术效果基本上都可以通过时间、数量、密度、功率等指标加以量化。但是主观的视觉感知是很难量化的，即便将其"转译"为设计特征，也依然可能因人而异。因此设计特征最终只能总结或风格化，但是无法量化。位置、尺度的变化会使得两者呈现出完全不一样的整体外观。如果将这些关于位置、尺寸、宽窄、长短、角度等特征均写入简要说明，则会导致外观设计专利权利范围过窄。规避者只要稍微改变位置关系和尺寸就会出现设计特征相异的对比结果。因此，外观设计侵权判定必须坚守"整体相同或相似"的标准。

目前申请外观设计专利需要提交图片或照片以及简要说明。图片或照片直接展示产品外表，简要说明应当写明外观设计产品的名称、用途、外观设计的设计要点，并指定一幅最能表明设计要点的图片或者照片。其中的设计要点，笔者在检索了若干外观设计专利公开文件后发现，简要说明的撰写大多数确实写得极为简要，一般仅指出该设计需要保护的是形状、图案、线条还是色彩，但不会对这些设计要素的具体属性或参数加以详细说明。这表明申请文件并不载明外观设计的设计特征。但是在外观设计专利侵权案件中，法院是需要对被控侵权的设计和专利设计加以对比的，表明两者的相同之处和差异之处，以作出是否侵权的结论。诉讼中对于受保护外观设计专利有效性的证明，要么由原告提交国家知识产权局的评价报告；要么是之前被告曾经向原专利复审委员会提出过无效宣告，而由原专利复审委员会维持了专利权的效力；要么则是被告提出现有设计抗辩。前两种程序中，国家知识产权局均需要对争议设计和现有设计进行设计特征的对比。后一种程序中，需要法院对专利设计特征和现有设计的设计特征加以对比。因此设计特征对比是在司法和确权阶段加以确定的，在这一点上其与技术专利并不相同。但是这种不同主要是由我国的外观设计采用非实质审查制度决定的，并不反映设计特征和技术特征比对时是否具备实质差异。

外观设计侵权诉讼中如何对比设计特征，由《最高人民法院关于审理侵犯专利权纠纷案件应用法律若干问题的解释》（以下简称《专利权纠纷案件解释》）第11条进行了规定，即"人民法院认定外观设计是否相同或者近似时，应当根据授权外观设计、被诉侵权设计的设计特征，以外观设计的整体视觉效果进行综合判断；对于主要由技术功能决定的设计特征以及对整体视觉效果不产生影响的产品的材料、内部结构等特征，应当不予考虑。下列情形，通常对外观设计的整体视觉效果更具有影响：（1）产品正常使用时容易被直接观察到的部位相对于其他部位；（2）授权外观设计区别于现有设计的设计特征相对于授权外观设计的其他设计特征。被诉侵权设计与授权外观设计在整体视觉效果上无差异的，人民法院应当认定两者相同；在整体视觉效果上无实质性差异的，应当认定两者近似"。《专利权纠纷案件解释》建立的设计特征对比方法可以被总结为"四步走"：第一步确定专利的技术特征，第二步确定被诉设计的特征，第三步确定易观察部位、"新颖点"和设计空间，第四步进行整体视觉效果的比对。

在现有设计抗辩的审查中，法院的做法一般是判断被控侵权人的现有设计抗辩是否成立，当然首先应将被控侵权产品的设计与一项现有设计相对比，确定两者是否相同或者无实质性差异。如果被控侵权产品的设计与一个现有设计相同，则可以直接确定被控侵权人所实施的设计属于现有设计，不落入涉案外观设计专利保护范围。如果被控侵权产品的设计与现有设计并非相同，则应进一步判断两者是否无实质性差异，或者说两者是否相近似。实质性差异的有无或者说近似性的判断是相对的，如果仅仅简单地进行被控侵权产品设计与现有设计的两者对比，可能会忽视二者之间的差异以及这些差异对二者整体视觉效果的影响，从而导致错误判断，出现被控侵权产品设计与现有设计和外观设计专利三者都相近似的情况。因此，在被控侵权产品设计与现有设计并非相同的情况下，为了保证对外观设计专利侵权判定作出准确的结论，应以现有设计为坐标，将被控侵权产品设计、现有设计和外观设计专利三者分别进行对比，然后作出综合判断。在这个过程中，既要注意被控侵权产品设计与现有设计的异同以及对整体视觉效果的影响，又要注意外观设计专利与现有设计的区别及其对整体视觉效果的影响力，考虑被控侵权产品的设计是否利用了外观设计专利与现有设计的区别点，在此基础上对被控侵权产品设计与现有设计是否无实质性差异作出判断。❶

而在确权时，根据《专利审查指南2010》第4部分第5章5.1.1，"外观设计相同，是指涉案专利与对比设计是相同种类产品的外观设计，并且涉案专利的全部外观设计要素与对比设计的相应设计要素相同，其中外观设计要素是指形状、图案以及色彩"。该对比方式实际上是全要素对比，是类似于技术专利的"全面覆盖原则的"。对比步骤包括：首先确定现有设计，然后选定最接近的1~3件现有设计作为对比设计；其次找出相同点和不同点；再次是考察相同点和不同点在现有设计中出现的频率，以确定其中的设计空间大小；最后是在整体上评价涉案专利和现有设计是否存在明显区别。❷

由上可知，外观设计专利侵权和确权的判定均需要在设计特征的基础上加以对比，其中至为重要的一点就是确定外观设计的设计空间，设计特征对比的目的是用来决定设计空间，设计空间决定设计自由度，进而决定侵权能否成立。易言之，设计空间小，设计特征上细微的差异已经足以带来整体印象的区别；设计空间大，设计特征上的细微差别对整体印象可能并无影响。因此，在案件审理中从设计空间方面考虑设计特征以及对整体

---

❶ 参见：株式会社普利司通与浙江杭廷顿公牛橡胶有限公司、北京邦立信轮胎有限公司侵害外观设计专利权纠纷申请再审案，最高人民法院（2010）民提字第189号。
❷ 吴大章. 外观设计专利实质审查标准新讲［M］. 北京：知识产权出版社，2013：100.

视觉效果的权重是非常有必要的判断方法。❶

（二）设计空间在设计特征对比中的重要意义

设计空间是指设计者在创作特定产品外观设计时的自由度。在万丰摩托车轮案❷中，最高人民法院指出设计空间的大小是确定一般消费者知识水平和认知能力的重要依据，同时设计空间是个相对概念，既要考虑现有设计、技术、法律以及观念等多种因素的制约和影响，也需要综合考虑现有设计的增长趋势和技术进步等的变化。

在株式会社 MTG 与广州市白云区圣洁美美容仪器厂的外观设计侵权再审案❸中，最高人民法院提出根据《专利法司法解释》第 11 条和《专利法司法解释（二）》第 14 条，在对外观设计相同或者近似进行判断时，通常可遵循如下步骤：（1）以一般消费者的眼光，就专利设计和被诉侵权设计的异同点进行客观、全面的总结；（2）以现有设计为参照，以产品正常使用为前提，确定区别于现有设计以及容易被直接观察到的设计特征；（3）结合各自设计空间的大小，逐一评估上述设计特征对整体视觉效果影响的权重；（4）回归"整体观察、综合判断"的原则，得出结论。

在该案中，最高人民法院认为，能够体现其涉案专利区别于现有设计的特征主要集中在按摩头的形状、表面构造、安装在连接杆上的方式，以及手柄的弧度、造型、连接杆的长短、延伸形式等。同时，专利设计和被诉侵权设计所附载的产品均为美容用按摩器，此类产品在正常使用时多为手持，至少会遮挡手柄的一部分，故按摩头部位的相关设计特征较之于手柄部位的设计特征更容易引起人们的关注。

此外，虽然该类美容用按摩器通常都具有"一手柄+两按摩头"的基本

---

❶ 苏玉峰. 由三星和苹果侵权案看如何评价外观设计的设计特征［J］. 中国发明与专利，2013（2）：18.

❷ 申请再审人国家知识产权局专利复审委员会、浙江今飞机械集团有限公司与被申请人浙江万丰摩轮有限公司专利无效行政纠纷案，最高人民法院行政判决书（2010）行提字第 5 号。

❸ 株式会社 MTG、广州市白云区圣洁美美容仪器厂侵害外观设计专利权纠纷再审案，最高人民法院民事判决书（2019）最高法民再 142 号。

结构，但在不影响产品功能实现的前提下，该结构存在较多的替代性设计。例如，按摩头可以为球体、圆柱体，其表面可以设计为光滑平面、突出颗粒，手柄可以为直杆状、扁平状、内凹状等，连接杆可以为Y形、T形，连接杆可贯穿、支撑、外夹于按摩头。因此，前述设计特征具有较大的设计空间，被诉侵权设计必须具有足够显著的变化才能与专利设计区分开来。

通过比对，最高人民法院认为，被诉侵权设计的按摩头部分采用了专利设计一样的类球体按摩头，且表面具有数个切面，虽然专利设计按摩头尾部略微凸出，二者球面切面形状及密集程度存在差异，但上述区别在按摩头体积或表面积中占比较小，不容易为一般消费者所察觉，属于局部细微差别。从手柄部分来看，被诉侵权设计与专利设计的手柄均有一定弯曲、光滑的弧度，且呈现出中间粗向两头细的平滑过渡，虽然被诉侵权设计加大了弧度，且将手柄末端增加了上翘的造型，但现有设计的手柄多为直杆设计，且上翘部分仅存在于正常使用时容易被遮挡的尾部，故手柄部分的区别也属于局部细微差别。

综合上述分析，可认定被诉侵权设计已落入专利设计的保护范围，一审、二审判决未充分考虑二者相同点不可忽略的作用，在评估二者区别设计特征作用时亦未能准确适用设计空间的理念，导致最终对整体视觉效果的比对结论错误，最高人民法院表示对此予以纠正。

在Dyson案中[1]，原告Dyson公司获得真空吸尘器的外观设计专利权，其认为被告VAX公司产品与其专利产品相似，构成侵权。英国上诉法院认为：为了满足产品技术和功能上的需求，集尘器倾斜，并与垂直面及水平面分别形成基本相同的夹角这一特征的设计空间非常有限，因而，二者之间的相似性对产品整体视觉效果并不具有显著影响。集尘器透明这一设计特征不仅使用方便而且节省成本。因此，为了实现最佳的解决方案，被告VAX公司的设计自由度再次受到限制。机身后部具有一对同轴的大尺寸轮子这一设计特征因平衡整体机身的重量同样限制了设计空间。在设计空间受到功能、成本、使用便捷性等客观条件限制的条件下，原被告双方产品的整体相似性

---

[1] Dyson Ltd. v. Vax Ltd. ［2011］EWCA Civ 1206，27 October 2011.

被降至最低，被告产品还存在许多细节上的不同之处，最终法院认定被告 VAX 公司的吸尘器产品并不侵犯 Dyson 公司吸尘器外观设计专利权。上诉法院特别在判决中指出：Dyson 公司主张了 9 个被告产品与其产品相似的设计特征，如"集尘器透明可视"，但事实是两者的集尘器形状不同，Dyson 公司将设计特征转化为语言表述，并将其作为类同专利权利要求书一样进行比对的方式是不适合的。两者的整体印象截然不同，原告产品"流畅、富有曲线美及优雅"，被告产品"粗犷、棱角分明，直白地表现工业品质"，因此整体印象迥异，完全是不同设计（见图3-2）。

图 3-2 Dyson 吸尘器（左）和被诉侵权的吸尘器（右）❶

在英国高等审判法院作出的三星诉苹果案❷判决中，法官指出：一个设计特征在现有设计库中的常见程度是需要考虑的问题。存在两个极端，一个极端是该特征以前从未出现过，另一个极端是该特征存在于以前的每个该类产品中，在这两个极端之间的设计既不少见，也不常见。在考虑每种特征对产品整体视觉效果影响的权重时，应该忽略那些由功能唯一限定的特征，而除此之外的每一个特征都必须与现有设计库进行对比，并从设计空间的角度进行考量。❸ 因此该案中即便三星平板和苹果 iPad 正面整体确实相似，但是同类产品形成的现有设计均很相似，包括苹果 iPad。这表

---

❶ 图片来自 http：//www.dyoung.com/article-dyson.
❷ Samsung Electronics （UK） Limited v. Apple Inc ［2012］ Case No. HC 11 Civ 03050.
❸ 苏玉峰. 由三星和苹果侵权案看如何评价外观设计的设计特征［J］. 中国发明与专利，2013（2）：15.

明在平板电脑这一产品上，正面的轴对称、长方形、四角弧度、窄而等宽的边缘包围着透明前表面等设计特征均存在比较密集的现有设计。这大大冲淡了三星平板和苹果 iPad 之间的相似度。

上述确权和侵权实践均反映了设计空间对设计特征对比的重要影响，只有确定了设计空间，设计特征是否相同或相似才得以判断，侵权与否的结论方能作出。这样的思维方式在发明、实用新型专利的侵权确权实践中并不被使用。由此实际上可以看出在制止侵权和维持权利效力上，设计专利有着自身独立的思考方式和判定原则，照搬技术特征的对比方式只会导致谬误的结果。

三、判定主体

在评价外观设计专利的新颖性和所谓"创造性"时，现行专利制度采用的是"一般消费者"标准，《专利审查指南 2010》第 4 部分第 5 章第 4 条"判断主体"中规定，应"基于涉案专利产品的一般消费者的知识水平和认知能力进行评价"。该一般消费者应对相关产品的设计和常用设计手法具有常识性的了解；对外观设计产品在形状、图案以及色彩上的区别有一定的分辨力，但不会注意到设计要素的微小变化。在外观设计侵权认定上，《专利权纠纷案件解释》第 10 条规定：人民法院应当以外观设计专利产品的一般消费者的知识水平和认知能力，判断外观设计是否相同或者近似。可见我国目前对外观设计在授权、确权和侵权认定上均采用"一般消费者"标准，这是有别于技术专利的"相关领域普通技术人员"标准的。那么技术专利和设计专利同样以激励创新为目的，为什么外观设计专利的确权和侵权采用的是"一般消费者"标准，而非如同技术专利一样采用"相关领域普通设计人员"标准？主体标准的提升不是更能体现激励创新吗？

（一）基于设计多元化的事实判断

外观设计判断主体选择一般消费者而非专业设计人员是建立在设计表达本性的事实判断基础之上的。首先，设计表达追求的是多样和繁荣，正如前文的分析，设计艺术无法进行量化，无从评判最佳、最好；其次，设计产品总是需要投入消费市场，大量的设计产品属于大众消费品，当然也有些设计产品只会销售于特定群体，如中间产品、产品配件、加工工具、特种产品等，但是无论这些消费对象是普通群体还是特殊群体，正因为设计非以功效获得吸引和认可，而是以外观制胜，因此各类消费群体都是凭借其视觉去感知产品外观，差别仅在于消费群体对相关产品的经验而已。正因如此，欧盟设计权制度中建立的是"经验用户"（informed user）的判断主体标准。外观设计制度建立的这一主体标准体现了制度将产品外观是否足够新颖、个性交给了消费市场作出判断，消费市场也完全有能力评判、选择出不同的产品以满足多层次的消费需求。

（二）基于市场竞争优势的价值判断

外观设计专利权的权利对象是美学表达，并且是用于特定工业品的美学表达，设计结合于特定实用产品产生的市场竞争优势构成了外观设计专利权的权利客体，是该项专有权所要保护的特定利益。这个利益是不同于技术类专利权所保护的利益的。发明和实用新型专利权所保护的利益就是其异于、高于现有技术的创造利益，这个创造利益因为能够促进技术的进步而值得垄断性的保护。但是外观设计专有权则是用外观的多样性吸引市场的多元化需求，只要设计区别于现有设计，则设计权利人就可能获得相对于同行业竞争者的优势利益，并同时可能获得对消费市场的吸引。当然，这些市场竞争优势是需要在市场中为消费大众所评判的，市场实践检验设计的受欢迎度，从而决定产品的销售状况，这些因素是设计人员用设计理论、表达和设计特征所无法控制的。易言之，专业设计人员的审美不是衡量市场审美的标准，市场审美只能是消费者说了算。正因如此，"一般消费者"是个比"普通设计人员"更为科学、合理的主体标准。

"一般消费者"究竟需要什么样的素质、经验和识别能力，是个可以讨论的主题，我国司法实践也并非对"一般消费者"作泛泛认定，而是结合具体纠纷、具体产品对这个主体作出限定，使其从"抽象的一般"转变为"特定的群体"。实际上，"一般消费者"是具体的，不同类别的被比设计产品具有不同的消费者群体。实践中，这个抽象主体的界定需要考虑受保护设计的设计空间，"在外观设计专利与在先设计相同或相近似的判断中,可以考虑设计空间或者说设计者的创作自由度,以便准确确定该一般消费者的知识水平和认知能力"❶,是在产品正常使用状态下确定"一般消费者","不应当将产品整体予以拆分、改变原使用状态后,对产品的部分外观设计进行对比"。❷ 因此会排除产品的安装人员、维修人员,"粉丝"或发烧友。

综上所述,技术开发过程中,技术功能和特征是被主要关注的对象,然而设计关心的则是产品的外在观感和使用、体验上的品质。专利权和设计专有权的保护对象本就相区别;技术专利授权条件中的创造性无法统辖外观设计,无法评价外观设计的市场价值;技术特征所发挥的对比功能不能照搬在设计特征的对比上;技术专利授权、确权和侵权中的判断主体"相关领域普通技术人员"不能在外观设计中化身为"工艺设计人员"。外观设计在这些重要的制度节点上均区别于技术专利,这已经清楚地表明外观设计权利之于专利权的独立性。虽然其至今仍处在我国《专利法》中,但其自成体系已经是彰明较著了。

第三节 工业品设计的商业标识保护

一、保护基础——权利客体之别

前文论及关于权利客体和权利对象在民法基础理论中的不同见解,在知识产权领域,这个问题同样众说纷纭。关于知识产权的客体,目前存在两种最具影响力的学术观点:一是"知识产品说",其认为,知识产权的客体,即知识产品(或称智力成果),是一种没有形体的精神财富,客体的非物质性是知识产权的本质属性所在;二是"利益关系说",这一观点

---

❶ 申请再审人国家知识产权局专利复审委员会、浙江今飞机械集团有限公司与被申请人浙江万丰摩轮有限公司专利无效行政纠纷案,最高人民法院行政判决书(2010)行提字第5号。

❷ 本田技研工业株式会社与石家庄双环汽车股份有限公司、石家庄双环汽车有限公司等侵害外观设计专利权纠纷,最高人民法院民事判决书(2014)民三终字第8号。

认为，知识产权的客体是指基于对知识产权的对象的控制、利用和支配行为而产生的利益关系或社会关系，它是法律所要保护的内容。这两种观点在基本认识上截然相反。前者认为知识产权客体是一种知识形态的"产品"；而后者则认为知识产权的客体是一种利益"关系"。显然，从事物的属性上说，"产品"与"关系"不可能属于同一范畴，"产品"乃人之劳动的凝结物，而"关系"则为人们之间的关联性。"产品"属于客观、实体范畴，"关系"属于主观、虚拟范畴。❶

本书仍然认为权利客体即权利的本质，也就是权利所要确定、保护的特定利益。权利对象则是出于感知便利的需要为权利所具体指向的物质或非物质的要素。同一个权利对象上存在不同的利益，因此也就存在不同的客体，这就决定了不同权利的存在。例如，一套房屋，权利人和承租人缔结了一份租赁合同，这套房屋既是物权的对象，也是债权的对象，但客体有别。物权客体为占有、使用、收益、处分上的利益，债权的客体则是作为或不作为。

在知识产权范畴，知识产权的客体是各种不同的利益，而对象基本表现为由符号、形式组成的智力创造成果。同一个创造物上可能同时具有多种利益，因而形成多个权利（见图3-3）。

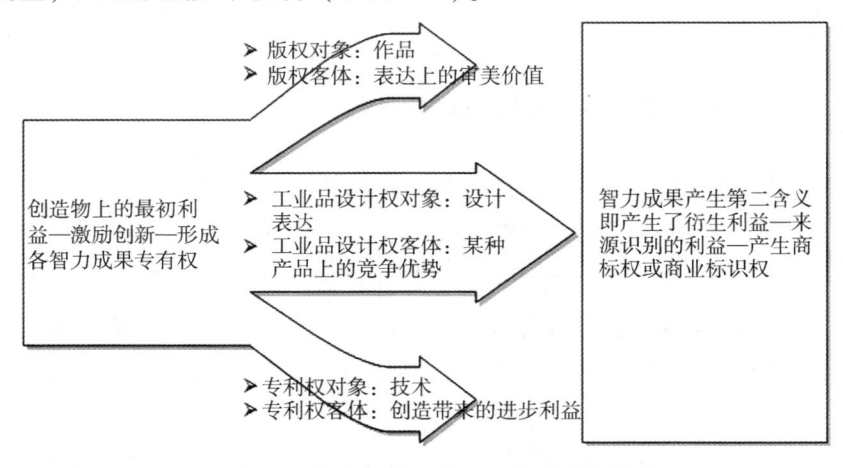

图 3-3 创造物上的利益层次和对应的权利

---

❶ 何敏. 知识产权客体新论 [J]. 中国法学，2014（6）：121-122.

例如，同一个作品，其上既存在人格权，也存在财产权，并非法律允许一个客体可以形成多种权利，而是作品之上本就有着不同的客体利益，包括财产利益和人格利益。同理，工业品设计这一对象上也可能存在多种利益，其装饰性的表达体现的是美学创新上的价值和个性，这是著作权的利益；设计和具有实用功能的产品相结合体现的是大众消费市场中的竞争优势，这是设计专有权的利益；同一个设计如果还能产生显著性，则又具有识别来源的功能，这又是商业标识上的利益。正是不同的客体利益决定了同一个设计对象上可以存在多个权利，每一个专有权保护的利益均有不同。从客体角度而言，这并非多重保护或重叠保护，但是如果从对象上来理解，称为多重保护也未尝不可。

在"老干妈"瓶贴案中，原告曾对涉案瓶贴获得外观设计专利权，还进行了产品设计图纸的版权登记，诉讼中也被认为具有独创性。采用该瓶贴的"老干妈"风味豆豉被列为贵阳市名牌产品，经多年销售和宣传，已经构成知名商品特有装潢。该案判决明确指出：权利人请求保护的是其知名商品特有的名称、包装、装潢的权利，它与专利权属于两种类型的知识产权权利。不同类型的知识产权权利发生冲突，人民法院应当按照《民法通则》规定的诚实信用原则保护公民、法人的合法的民事权益。❶ 该案主要适用的是《反不正当竞争法》，但是通过著作权或者外观设计实际上原告也可以实现维权。当然这主要和原告的诉讼请求有关，但是存在的问题是既然是同一个客体或对象，一个权利是否不够。为什么要给与多重权利加以保护？这个问题的解答在逻辑上无非有三，其一，一个权利尚不足以保护；其二，并非是一个客体或对象；其三，对象是一个，但是客体是多个。第一种解答涉及著作权、外观设计专利权和商标权，这三种权利都具有排他性，在保护时著作权侵权判定以相同或实质相似为对比标准，外观设计类似，但需要在用途相同的产品上作比较；商标在标识对比上仍然类似，但受到商品类别的需要相同或相似的限制。后两种知识产权均强调物

---

❶ 贵阳南明老干妈风味食品有限责任公司诉湖南华越食品有限公司不正当竞争纠纷案，二审北京市高级人民法院（2000）高知终字第 85 号民事判决书。

129

质载体，著作权则不论载体形式。就"老干妈"瓶贴案来说，三种解决路径均可。选择其一即可实现保护，就可以达到禁止他人使用的目的。因此并不存在一个权利不足以保护的情形。第二种解答中涉及的就是客体或对象的判定和认识了。该案的争议对象很明确，即"老干妈"瓶贴，有且仅有这一个对象，或者按照同一论，仅这一个客体，在只有一个对象的情形下，存有多重权利，则又回到第一种解答上来。第三种解答则是对象确实仅有一个，但是客体有多个。也就是民事客体理论中的客体、对象并非同一范畴。瓶贴上的要素组合具有独创性，具有审美价值，因而是著作权客体；瓶贴应用于瓶装辣酱产品，进入消费市场，产生的是与产品结合而促进销售、消费的市场优势，这是外观设计专利权的客体；瓶贴经过不断宣传，具备了来源指示的作用，这是商标和特有装潢的权利客体。"老干妈"瓶贴案的核心在于权利人试图阻止他人应用于同类产品以防止市场混淆，这正是来源指示功能形成的利益，因而用《反不正当竞争法》加以保护是适当的。

有学者针对前文深圳市王三茂食品油脂有限公司与深圳市福田区永隆商行著作权侵权纠纷案❶进行了评论：失效的外观设计专利仍然可以受著作权法保护，这不是重复保护，而是对同一对象承载的不同法益的保护。❷这正是对权利保护的客体和权利对象进行区分所形成的结论。

二、外观设计权和商标权的共存

对工业品外观设计进行仿制，结果就是独特设计变得不再独特，而是比比皆是。这会导致设计权人不再具有市场竞争优势，不再"物以稀为贵"。因此外观设计专有权虽然禁止他人实施相同或相似的设计，乃至其采取的主体判定标准是"一般消费者"，但其防范的绝不是产品来源的混

---

❶ 深圳市王三茂食品油脂有限公司与深圳市福田区永隆商行著作权侵权纠纷案，一审判决深圳市中级人民法院（2004）深中法民三初字第670号，二审判决广东省高级人民法院（2005）粤高法民三终字第236号。

❷ 凌宗亮．失效的外观设计专利仍受著作权法保护［J］．人民司法，2010（4）：86-89．

淆或保护消费者利益，而是产品设计流于"普通化"。外观设计专有权通过维护设计在相关竞争市场上的独特性来激励产品式样的翻新，对权利人加以保护和激励，并不直接规范市场竞争秩序。维护正常的市场秩序，保护消费者福利不是外观设计制度的功能，而是《商标法》的功能。《商标法》的功能是通过赋予专有权来保证市场中的参与者，包括经营者和消费者获得充足的信息以区分商品或服务的不同来源，因此商标权的使命是防止混淆的发生，而不是激励创造。

设计和商业标识两类专有权因此是相区分的。但是由于识别功能的产生是商业实践的结果，因此凡是符号化的元素都可能会因为商业实践而获得区分商品、服务不同来源的功能，这就是商标法所谓的"第二含义"。第二含义可以产生于一切符号化的元素之上，包括创造性的符号以及非创造性的符号。"后天"获得的识别能力，即获得显著性也就是商标权得以产生的根本。工业品设计的初始价值体现在其独特的设计表达上和市场竞争中，在商业实践中，经过长期使用可以再衍生出新的利益，即识别商品来源的利益。实际上任何创造性的智力成果均具有这样的价值衍生机会，只要权利人在市场竞争中善加利用和宣传，因此可以说，商业标识的法律保护是可以和以激励为主旨的创造物保护共存的。

但是工业品设计权和商业标识权利的共存并非意味着司法实践对其都要进行保护。工业品设计专有权的宗旨在于禁止他人仿制，即禁止他人将设计用于相同或相似的产品上。商业标识的保护宗旨在于禁止他人仿冒，即禁止他人将标识用于相同或类似的产品上。可见两项专有权的禁止功效是相同的。保护时择其一已经足以实现保护目的。有学者指出：尽管工业品外观设计可以获得三重专有权利❶保护，然而从外观设计的产业发展状态和消费者的需求来看，没有任何证据显示其有必要获得所有的知识产权。❷

---

❶ 三重专有权利，指版权、外观设计专利权和商标权。
❷ 何炼红. 知识产权的重叠保护问题 [J]. 法学研究，2007（3）：65-66.

三、司法实践对"共存"的选择保护

在司法实践中，法院对产品设计加以保护的方式其一是有赖于原告的诉讼请求；其二则是择一保护即可。如"晨光笔"案中❶，最高人民法院对于外观设计专利权终止后，同一设计能否获得《反不正当竞争法》的保护进行了分析。法院认为，"就获得外观设计专利权的商品外观而言，外观设计专利权终止之后，在使用该外观设计的商品成为知名商品的情况下，如果他人对该外观设计的使用足以导致相关公众对商品的来源产生混淆或者误认，这种在后使用行为就会不正当地利用该外观设计在先使用人的商誉，构成不正当竞争。因此，外观设计专利权终止后，该设计并不当然进入公有领域，在符合反不正当竞争法的保护条件时，它还可以受到该法的保护。具体而言，由于商品的外观设计可能同时构成商品的包装或者装潢，因而可以依据反不正当竞争法关于知名商品特有包装、装潢的规定而得到制止混淆的保护"。❷

当然，通过反不正当竞争法保护产品设计需要法定条件，即构成设计的图案、造型、形状构造必须具备了识别商品来源的作用；设计所应用的商品已经构成知名商品；设计既不属于由商品自身的性质所决定的设计，也不属于为实现某种技术效果所必需的设计或者使商品具有实质性价值的设计；以及该设计获得保护还需以公众混淆和误认存在或可能存在为前提。当然法院也谨慎地指出，"外观设计专利权的终止，至少使社会公众收到了该设计可能已经进入公有领域的信号，因而主张该设计受到知名商

---

❶ 某制笔有限公司与被申请人某文具制造有限公司、原审被告某文具有限公司、原审被告某工贸有限公司擅自使用知名商品特有装潢纠纷案，最高人民法院（2010）民提字第 16 号民事裁定书，上海市高级人民法院（2008）沪高民三（知）终字第 100 号民事判决书，上海市第二中级人民法院（2008）沪二中民五（知）初字第 112 号民事判决书。

❷ 某制笔有限公司与被申请人某文具制造有限公司、原审被告某文具有限公司、原审被告某工贸有限公司擅自使用知名商品特有装潢纠纷案，最高人民法院（2010）民提字第 16 号民事裁定书。

品特有包装、装潢保护的权利人应提供更加充分的证据来证明有关设计仍应受法律保护"。❶

用商业标识法律规范，包括《商标法》和《反不正当竞争法》来保护外观设计也并非是所谓的多重保护，因为商业标识保护的利益和智力成果专有权保护的利益本就不同。商业标识法律规范仅仅能够保护智力成果上产生的第二含义，即虽然他人模仿创造物，包括复制、仿制等，只要不引起混淆，消费大众能够分辨，就不能用《商标法》等法律规范加以规制，只能适用智力成果专有权的相关规范规制，而一旦智力成果专有权进入公有领域，只要其并未产生第二含义，商业标识法律规范就不能适用。保护期内对已经产生第二含义的外观设计采取什么方式进行保护则有赖于权利人的请求，在此应区分权利人是请求保护来源识别的功能，防止混淆发生，还是请求保护其创造利益，禁止一切仿制行为，二者择其一适用即可。选择以外观设计专利保护的，侵权判定就应当排除混淆的认定；而选择以《反不正当竞争法》主张商业标识保护的，对争议设计进行显著性和混淆认定则是必须，无须考量设计是否符合授权专利要求。事实上，商业标识的保护和外观设计所具有的美学价值、新颖与否、创造力大小完全无关。费列罗巧克力特有装潢案中，终审判决指出，"知名商品的特有包装、装潢与外观设计专利的法律保护要求也不同，蒙特莎公司提交的国家知识产权局专利复审委员会对费列罗公司外观设计专利无效宣告请求审查决定与判断 Ferrero Rocher 巧克力使用的包装、装潢是否具有特有性亦无直接关联"。❷

对工业品设计而言，权利人在获得设计权的 10 年中检验外观的市场价值，有目的地提升外观的识别功能，在权利终止后寻求特有装潢或商标的标识保护是正途。这是因为商标权和创造物专有权的立法基础不同，创

---

❶ 某制笔有限公司与被申请人某文具制造有限公司、原审被告某文具有限公司、原审被告某工贸有限公司擅自使用知名商品特有装潢纠纷案，最高人民法院（2010）民提字第 16 号民事裁定书。

❷ 意大利费列罗公司诉蒙特莎（张家港）食品有限公司、天津经济技术开发区正元行销有限公司不正当竞争纠纷案，最高人民法院（2006）民三提字第 3 号。

造物专有权以激励创造为目的,商标权以维护市场正常秩序为目的,两者不相冲突。而当工业品设计权利到期后,权利人再寻求同样以激励创造为目的的《版权法》保护则是不当的权利扩张,双重的权利保护不是双重的激励,而是对公有领域的剥夺。

小　　结

　　本章主要是秉承事实判断和价值判断两方面完成论述。❶ 事实和价值分属两个完全不同、互不相关的领域,价值判断不能从事实判断推导出来。❷ 因此法虽然是"第二性"的,但是法律规则的确定并非直接由事实状态所决定,而是正相反,是由法律规范包含的价值判断来引导我们对相关事实作出取舍。正是基于此,知识产权的权利类型化既和具体的智力创造对象相关,又是超越具体对象事实而涵摄不同利益形成的。笔者赞同"知识产权制度的主要功能是确认、分配知识的市场化所产生的利益,知识产权的产生是知识成为市场要素的结果,支持该制度的核心利益诉求不是来自创造者,而是来自以知识为市场要素的产业"。❸ 因此,知识产权的类型化应走出以往"技术/艺术二分法"的对象事实认知层面,而进入利益和价值的认知层面。工业品设计专有权所保的并非仅仅是产品上的设计表达,更是设计应用于产品产生的市场竞争优势。产品经过设计的提升在市场中既回报了投资,又获得了盈利。这个利益通过一定期限的专有权保护就能够实现,而保护期届满就应该允许设计进入公有领域参与自由模仿和再创新,由此形成良性的设计循环,使得产品式样可以不断推陈出新。长久的"陈"和多重的权利保护对于各行业的产品设计而言,绝不是个值

---

　　❶ 事实与价值关系的问题来自于休谟,休谟提出了"是"与"应该"的关系问题,史称休谟问题。在中国哲学界也称为事实与价值的关系问题。休谟问题的确切含义是:从以"是"为联系词的事实判断中,能否导出以"应该"为联系词的价值判断。

　　❷ 易力. 求解休谟问题的新尝试——《事实与价值》评介 [J]. 哲学动态,2001 (8):38-40.

　　❸ 李琛. 著作权基本理论批判 [M]. 北京:知识产权出版社,2013:25.

得雀跃的制度形态。

　　总之，工业品设计应当是一种独立的知识产权，既不是技术专利权的附属，也不能用著作权进行延伸保护，当然本书并不否认其保护规则可以参考著作权或专利权的有关规则加以确立。但无论如何，将工业品设计置于《著作权法》或者《专利法》之下都是不合适的。正如有学者指出的，"通过专利法或著作权法来保护工业品外观设计要么是歪曲传统的版权或专利模式来提供保护，要么是盲目创设一种新的专有权利来满足其特别需要，前者往往会破坏原有知识产权的激励结构，后者则容易导致知识产权的非理性扩张"。[1]

---

[1] 何炼红．工业版权研究［M］．北京：中国法制出版社，2007：4．

第四章 外观设计国际协调对独立保护的影响

我国的《专利法》正处于第四次修改的过程中，需要修改的一大部分内容均和外观设计有关，这也是外观设计国际保护和国际协调的体现。首先，《工业品外观设计国际注册海牙协定》是我国必然会加入的国际协定，其规则虽然主要涉及外观设计国际申请，但因为海牙体系本身的独立性，我国的外观设计法律规则必然受到影响。其次，世界知识产权组织（WIPO）从 2016 年起对图形用户界面、图标和创作字体的外观设计保护状况开展了调研。这是置身于数字时代的国际组织对于数字产业中创新活动的关注，这一关注对中国也具有价值，因为它蕴含着未来可能的外观设计制度变革。

第一节 《海牙协定》概况

一、从国际寄存到国际注册

《工业品外观设计国际注册海牙协定》（以下简称《海牙协定》）源于 1925 年开始缔结的一系列有关国际协定。1925 年 11 月 6 日，WIPO 的前身 BIRPI（United International Bureaux for the Protection of Intellectual Property）在荷兰海牙签订《工业品设计国际寄存的海牙协定》（The Hague AgreementConcerning the International Deposit of Industrial Designs），1928 年生效，同时成立海牙联盟（Hague Union for the International Deposit of Industrial Designs）。其主要内容为：凡任何一个具有海牙联盟缔约国国籍或在

该国有住所或经营场所的个人或企业都可以申请"国际寄存"。申请人只要向 WIPO 提出一次申请、采用一种语言、支付一次费用，就可以在指定的缔约方同时取得多个国家的设计保护。

《海牙协定》的有效协议文本包括 1934 年伦敦文本，1960 年海牙文本和 1999 年日内瓦文本。三个文本彼此独立，成员在加入时可以选择适用的文本。

《海牙协定》的文本状况如下：

（1）1934 年 6 月 2 日，伦敦的国际会议修订了 1934 年伦敦议定书（London Act）版本，通称为"1934 年文本"或"伦敦文本"。该文本共有 23 条规定，其中第 7 条规定：

> 国际保护的期限为自寄存之日起 15 年，该期限分为两期，第一期 5 年，第二期 10 年，申请人可在第一期届满之前缴费并提出续展申请。伦敦文本的缔约国有 12 个国家。❶

（2）1960 年 11 月 28 日在海牙修订了 1960 年海牙议定书（Hague Act）版本，通称为"海牙文本"，其内容共有 33 条规定，其中第 11 条规定：

> 国际寄存已经续展的，其保护期限为自国际寄存日起 10 年，国际寄存未续展的，自国际寄存日起 5 年。若缔约国的国内法规定保护期限为 10 年以上者，根据国际寄存及续展规定，对于提交国际寄存的申请人应给予该国相同的保护期限。该文本的缔约国有 34 个国家。

1961 年 11 月 18 日在摩纳哥签署附加议定书（Additional Act），该版本的内容计有 1~8 条，其中修订了寄存规费与其他经费的相关规定。1967 年 7 月 14 日在斯德哥尔摩签订补充议定书（Complementary Act），1979 年 9 月修订完成，修订的内容共有 1~12 条，其中修订了关于补充议定书与经费的规定。

（3）1999 年 7 月 2 日，WIPO 在日内瓦的外交会议中签订新的日内瓦文本（Geneva Act），将原有的"国际寄存"制度修改为"国际注册"制

---

❶ 来源于 WIPO 官网。

度,将海牙协定的全名修改为"工业品外观设计国际注册海牙协定"(the Hague Agreement Concerning the International Registration of Industrial Designs)。

之所以这样修改是因为1934年文本或1960年文本的国际寄存制度与世界几大工业国/地区的工业品设计保护制度都无法调和。为了让海牙体系更适应全球设计产业与设计师的需求,也为了协调那些设计保护制度与1960年《海牙议定》文本有出入的国家,因此便出现了1999年文本,这一文本极大地增加了加入《海牙协定》的便利性,修改了延迟公布的最长时间,明确了国际申请中的单一性问题。

目前1934年文本已经冻结,1960年文本也即将冻结,因此大多数加入《海牙协定》的国家采用的都是1999年文本。海牙体系随着1999年文本的出台也就正式变为一个高效的工业品设计国际注册制度。

二、《海牙协定》的申请优势

通过《海牙协定》进行国际申请有以下优点:提交一次申请最多可涵盖100个设计;申请人可请求对申请延迟公布,最长期限为30个月。总的来说,《海牙协定》建立了一个高效、方便的外观设计国际申请机制,大大方便了申请人,同时降低了申请费用。《海牙协定》目前属于WIPO管理,申请方面的管理和审查由WIPO运作。《海牙协定》及其实施细则共同构建了一个工业品外观设计国际申请的海牙体系。目前加入海牙体系1999年日内瓦文本的国家及地区已经有65个,主要经济发达国家及地区基本上都已是其成员。如2007年9月24日,欧盟向WIPO递交入会文件,2014年4月1日,韩国加入《海牙协定》,2015年美国、日本加入《海牙协定》,英国则于2018年加入。❶

《海牙协定》及其建立起的申请程序和缔约成员共同构建了一个海牙体系,在WIPO的众多知识产权国际保护体系中,虽然海牙体系的成员数量目前最少,但是从近年的加入以及外观设计国际申请量来说,其发展势

---

❶ 来源于WIPO官网。

头无疑是蓬勃的。如 2018 年海牙国际申请数量排第一的是韩国,中国排名第 9 位,增长率达 142%;排名前 20 的成员国际申请所包含的外观设计的数目,德国最高,达 1984 件,中国居第 13 位,增长率是 95%。❶

三、加入海牙体系的必要性

在国际外观设计海牙体系方面,虽然中国目前尚不是海牙体系成员,但原属国是中国用户的申请已达到 238 件(包含 663 项设计),增长超过 70%,使得中国跻身海牙体系前十大申请方之列。❷ 这一数据显示了海牙体系在助力中国企业转型升级和参与国际竞争中所发挥的独特和重要作用。特别是小米公司,2019 年提交海牙申请 171 件(全球申请人排名第 17 位),申请包含的外观设计达 336 件。如果按照 2019 年海牙申请中包含的设计数进行统计,小米公司排名全球前十。此外,2019 年联想集团在海牙申请方面也取得了好成绩,在全球申请人中排名第 27 位。目前,越来越多在海牙缔约方拥有商业机构的中国企业,如纳恩博、华为、中兴、小米、格力、美的、戴卡等中国公司均通过海牙体系在海外寻求外观设计注册申请和保护,从而成为海牙体系的受益者。这反映了在外观设计领域的国际竞争日趋激烈,我国的竞争愿望非常强烈,在外观设计领域提前进行全球布局成为企业参与国际竞争的必要战略。

由于目前我国尚未加入海牙体系,中国企业为了利用这一便捷通道,不得不采取"曲线救国"的方式,即中国企业在已经加入海牙体系的国家或地区设立实体机构,然后以该实体机构的名义在该处提出外观设计的海牙国际申请。联想、中兴、华为、小米目前都是通过这一方式达成海牙国际申请的。这种方式虽然能达成目标,但是依然耗时费力,成本也不低,并非中国多数企业能够普遍采用的方式。可见,无论从申请便利性还是从中国的远期知识产权发展目标来看,加入海牙体系势在必行,否则我国的外观设计国际布局将因申请通道不畅一直处于竞争劣势。作为全世界外观

---

❶ 李晨. 中国设计走出国门 [N]. 中国科学报,2019-06-11 (8).
❷ 操秀英. 中国首次成国际专利申请最大来源国 [N]. 科技日报,2020-04-09.

设计申请量最大的国家，我国在 2019 年 5 月已经启动了加入《海牙协定》的进程。

第二节　加入《海牙协定》对我国《专利法》的影响

从知识产权国际申请的角度而言，海牙体系是和 PCT 以及马德里体系并行的一个独立体系，提供的是个高效的外观设计国际申请通道，目标是实现申请便利，加快申请速度，而非对各成员方的外观设计法律保护进行协调。20 世纪 90 年代《海牙协议》进行修改时，在海牙体系的每次专家会议和外交会议上，这个目标都会被反复提及，以避免实质性地影响内国法，比如欧共体委员会就曾在会议上提出未注册设计的保护议题，当然，这个议题并没有被纳入海牙体系。[1] 虽然海牙体系重在国际申请程序上的改进，但是就注册或申请而言，内国法的实体规则不可能完全不受到《海牙协定》的影响。

在我国，外观设计是被置入《专利法》进行保护的，这就产生了涉外专利申请中需要市场主体特别注意的一个问题：发明和实用新型专利的涉外申请目前可以通过 PCT 体系实现，反之外国的发明专利也可以通过 PCT 实现在中国的保护。但是目前中国的外观设计申请尚不能想当然地进入 PCT，也还无法利用海牙体系，当然外国的外观设计申请人在现阶段也只能通过国家知识产权局实现在中国的保护，即通过《巴黎公约》的方式申请。可见因为制度的差异，专利的国际申请必然会"分道扬镳"。

加入海牙体系，我们必然面对《专利法》和海牙体系接轨的问题，而因为《专利法》涵盖了多类专利，因此在解决我国《专利法》和海牙体系的协调过程中，以下问题不可回避：其一，调整专利国际申请的概念；其二，外观设计必须依照规定给与不少于 15 年的保护期；其三，建立局部

---

[1] William T. Fryer, III, Report on Hague Agreement (industrial designs) Second Meeting of Experts, held April 27-30, 1992, at WIPO in Geneva, 74 J Patent &TM Office Society 923 (1992).

外观设计制度；其四，建立临时保护或延迟公布规则。

一、"国际申请"概念的修改

目前《专利法》中"国际申请"专指发明和实用新型专利的国际申请，即发明和实用新型通过 PCT 体系获得在国外的专利授权；尤其是在《专利法实施细则》中，第 10 章专章规定了"国际申请"，均是建立在 PCT 体系上的关于申请文件和程序的有关规定。

海牙体系与 PCT 国际申请存在很大区别，两者除了在对象上存在区别外，在授权的效果上也具有较大差异，通过海牙体系申请的国际外观设计如果被认为可授权的话，将产生在申请人指定的所有缔约方境内受保护的效果，即其在程序上实现了申请和授权的"一站式"服务；而 PCT 申请则仅仅是一个申请程序，是否授权是由各个成员依其内国法程序单独作出决定的，即其特征为统一的申请程序和差异化的授权程序。

在我国的专利制度中，因为较长时间的实践，国际申请的具体含义已经固定。加入海牙体系后，外观设计显然也需要经"国际申请"才能实现外国保护，因此《专利法》中"国际申请"的概念必然需要调整。但是在《专利法》中进行调整无非两条路径，第一条路径即"国际申请"内涵不变，重新建立外观设计国际申请这一新概念和相应的新内容。如国家知识产权局的有关研究就提出在《专利法》中增加"海牙专章"、同时变换概念范围的解决方案[1]（见图 4-1）。

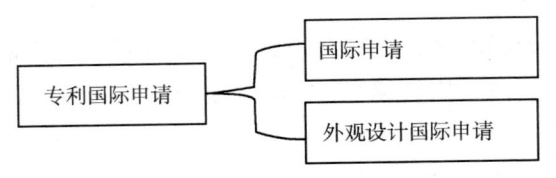

图 4-1 有关"国际申请"的概念关系

但是依照这一方案修改法律，事实上会造成"国际申请"一系列概念

---

[1] 刘悦，皇夏露，白茹，等．加入《海牙协定》相关研究［C］//专利法研究（2015）．2018．

的逻辑混乱，因为从语义的理解上来说，通常不带限定的一个名词是带限定名词的上位概念，而在这一修改方案中，国际申请这个不带限定的名词成为下位概念，概念逻辑的混乱会给日后《专利法》实施时带来理解上的麻烦。

第二条路径就是扩展"国际申请"的内涵，将外观设计国际申请作为专利国际申请的一种情况，对应原有的发明和实用新型的国际申请，即专利国际申请分为发明专利国际申请和外观设计国际申请。这一路径能理顺概念的逻辑关系，但是却无法解决外观设计国际申请和发明国际申请在规则、流程上均存在的巨大差异，容易使申请人误解两种体系的实际操作。可见，在专利法体系中，这个问题必然导致《专利法》自身的术语零乱，这完全是因为外观设计和发明专利属于不同的保护对象又被置于同一部法律规范造成的。此外增加外观设计的"海牙专章"以对应"专利合作条约专章"无疑会在《专利法》体系上造成进一步的割裂。因此，无论按照哪条路径解决，都只能说是权宜之计。

二、外观设计保护期延长

2015年《专利法》修改草案的送审稿第42条已经将外观设计的保护期改为15年，因此同一部法律规范中将出现三种不同的保护期对应三种类型的专利。这种现象无论从历史上还是域外经验上来看都是罕见的。更为重要的是，如果认为发明专利具有较高创造性而保护期相对较长的话，那么外观设计专利保护期长于实用新型专利保护期则无法从《专利法》中找到依据；更为关键的是，保护期问题会造成外观设计专利在实际管理中的混乱，即中国法是一次性给与15年保护期的，通过缴纳年费的方式维持专利效力，而通过《海牙协定》进行国际保护则需要每5年一次的续展申请，续展时缴纳费用以延长保护效力。那么，同一外观设计在对内和对外管理上就对市场主体提出更高的管理要求。据有关统计，大多数外观设计专利权的实际寿命短于3年，权利人往往会采取不缴纳年费的方式了结或淘汰设计专利，但一旦该设计专利同时通过了国际申请的话，则权利人必须在满5年时才做淘汰考量，这给国内权利维护带来一定的成本问题。

三、建立局部外观设计制度

局部外观设计可以说是外观设计保护的特有制度，事实上，当我们将视角着眼在创新这一主题上时，局部创新当然也是创新，和产品整体的创新并无本质上的差别，那么，将局部创新关在知识产权体系的大门之外是没有合理理由的。加入《海牙协定》的很多国家和地区性组织都确立了局部外观设计保护制度。在我国加入《海牙协定》后，可能出现中国申请人可以通过《海牙协定》在他国申请局部外观设计保护，但外国申请人无法在中国获得局部外观设计保护的局面，可能会对外国产品进入中国市场带来一定障碍；更进一步而言，当中国申请人的局部外观设计通过《海牙协定》在国外公开了以后，其就落入现有设计的范围中，这使得申请人/权利人即使在中国专利法将来保护局部外观设计后也将因已经公开的问题而无法获得本国保护，这必将对申请人/权利人综合布局国内和海外市场带来不利影响。

目前我国《专利法》虽尚未对局部外观设计提供保护，但从《专利法》的修改草案来看，局部外观设计已经被纳入立法之中。如送审稿第3条规定：外观设计，是指对产品的整体或者局部的形状、图案或者其结合以及色彩与形状、图案的结合所作出的富有美感并适于工业应用的新设计。

四、解决授权前公布带来的风险

根据《海牙协定》第10条，外观设计国际申请是先由国际局公布外观设计，再由被指定的缔约方进行能否给予保护的审查。国际申请将在国际申请日起6个月内于《国际外观设计公告》上予以公布，同时发出注册证书（该证书并非缔约方的授权证书），表明申请人选择的被指定缔约方。这和我国现有制度中授权时才公布存在区别。公布的外观设计此时尚未授权，自然需要承担被他人抄袭的风险。因此，中国加入《海牙协定》后，必须给出解决这一问题的方案。方案之一是给予海牙国际申请临时保护，如果不给予临时保护，则利用《海牙协定》获得中国专利保护的申请人可能陷入不利地位，这些申请人有可能依然使用《巴黎公约》在中国或他处获得外观设计保护，则《海牙协定》的利用效果必然大打折扣。

临时保护目前在我国《专利法》中是提供给发明专利申请的，和发明专利申请的实质审查程序相互配合。如果增加外观设计国际申请的临时保护可能需要在"海牙专章"中增加。在临时保护的具体内容上，大概率会沿用"支付适当费用"的规则。但无论如何，两种临时保护存在适用对象、适用场景上的明显区别。

方案之二是在《专利法》中建立延迟公布规则，如《德国外观设计法》第 21 条即为延迟公布的内容：申请人可以在递交申请的同时，请求从申请日起 30 个月再延期公布复制品。《海牙协定》同样允许延迟公布，延迟的时间最长为 30 个月，德国外观设计的规定是满足《海牙协定》的，《欧盟外观设计条例》也是允许最长 30 个月的延迟公布。延迟公布一方面可以解决授权之前公布可能存在的抄袭风险，另一方面也给了国际申请人充分的时间进行市场调研，从而选择最合适的保护国。

虽然上述内容均能通过修改《专利法》得到完善，从而对接《海牙协定》，但是其造成的问题也是显而易见的：在《专利法》修改通过后，《专利法》将会在事实上呈现出割裂的状态，即外观设计在保护对象、范围、种类、权利内容和国际保护上均和发明、实用新型专利的法律规则不同，三种专利各有规则，体系庞杂不可避免。

第三节 创作字体外观设计保护的国际趋势

从 2016 年开始，WIPO 的商标、工业品外观设计和地理标志法律常设委员会（以下简称"SCT"）开始就"工业品外观设计和新兴技术：新技术外观设计保护的异同"开展广泛的调研，调研对象是 WIPO 的成员，调研主题是图形用户界面（GUI）、图标和创作字体/工具字体外观设计在各国目前的保护状况。66 个国家和地区对调研给与了回复，其中包括欧洲联盟知识产权局和非洲知识产权组织。对创作字体/工具字体授予外观设计

专利或以专门的外观设计法进行保护的国家和地区有 48 个，占调研对象的 72%。❶

之所以开展这样的调研，是因为 WIPO 认为工业品外观设计从产生至今一直专注于实体商品形状、构造和表面装饰的保护，产品新颖和创新的外观设计显然能推动消费者的购买欲。20 世纪末期，电子技术的进步开始以过去不可想见的势头推动工业品外观设计的发展进入多个部门与媒体。具体来说，互联网、社交媒体以及智能手机和平板电脑技术培育了新技术部门的发展和对有创意的技术外观设计（包括 GUI、创作字体和图标外观设计）的需求。世界上很多国家已经开始对 GUI、创作字体和图标外观设计创新进行工业品外观设计注册/授予专利，这类外观设计的增长速度最快，为其寻求工业品外观设计保护的数量也最多。❷ 但在全球范围内还缺乏对这些对象授权问题的普遍认识，对其保护方式、授权条件以及信息共享等均缺乏有效地探讨和交流，而未来随着 5G 技术的不断发展，通信技术和各种可能的硬件终端（车辆、家电、生活日用品）相结合将成为信息产业的一大领域，即所谓的万物互联的物联网时代。可以预见，图标、字体、GUI 必然有着更广的应用场景和开发空间。探讨其最合适的保护方式也就被 WIPO 提上日程。

一、字体有关概念的基本区分

在本次调研中，WIPO 对字体作了"工具字体"（Type Font 或 Font）和"创作字体"（Typeface）的区分："工具字体"这一术语指（在屏幕或纸件上）产生某种特定数字化字体的计算机程序；而"创作字体"系指通过工具字体以数字化方式，或通过铅模字体以机械方式产生的视觉上可以

---

❶ WIPO 文件 SCT/36/2 REV.2：图形用户界面（GUI）、图标和创作字体/工具字体外观设计调查问卷答复汇编。

❷ WIPO 文件 SCT/35/6 REV：工业品外观设计和新兴技术：新技术外观设计保护的异同。

感知的产物。❶ 但在是否给与外观设计保护上和审查条件上，两者并没有被严格区分，而是作为一整个对象向成员进行问卷调查。

　　本书认为对两个概念进行区分是有必要的，本书也认同 WIPO 对两个概念的界定。在电子信息技术出现之前，文字排版印刷需要使用铅字实物，铅字在字盘中排版，印刷在纸面上，每一个铅字均有相同的风格，整体上就构成了最早的创作字体。每个创作字体均有各自的大小字号、粗细变化，决定大小、粗细、弧度等的基本参数就构成了工具字体。在数字化时代，工具字体则通过数字技术程序化，成为字库软件。在普通用户看来，可能工具字体和创作字体并没有太大区别，都可以在字体处理软件的文字菜单中进行选择、更换和调整。但是对于数字时代的字体设计产业来说，两者仍然存在区别，根据前述 WIPO 给出的概念，在数字时代，工具字体就是构成某个字库整体的设计程序，包括宽度、粗细、大小、风格和造型，是一个字之所以可以呈现出特定样貌的基本程序或基本参数。而创作字体就是如方正倩体、方正姚体、汉仪秀英体或 Times New Roman 这样的字库整体，设计风格可以在单字或字集上体现。

　　目前数字化的字库制作通常经过"字型设计（字稿创作）、扫描、数值拟合、人工修字、拼字、质检、符号库搭配、使用 Truetype 指令、编码成 Truetype 字库、测试等步骤。其中字型设计是选定字体创意稿后，依字型创意的汉字风格、笔形特点和结构特点，由专业人员在计算机上直接设计成字稿或在纸介质上设计成字稿。扫描是指将纸介质上的设计字稿通过扫描仪扫成高精度点阵图形，输入电脑做成底纹，并按底纹在相关软件上画成三次曲线字，规范制作后，按照编码字符国家标准 GB1300.1—1993 给出字符编码。拟合是将扫描后的数字化图像初步转换为该字的输出显示程序，即按照一定的数学算法，将扫描后的数字化图像抽取轮廓，并通过参数控制来调整轮廓的点、线、角度和位置（随着计算机做字技术的发展，字型设计师也可以直接使用计算机软件进行字体设计，不需要扫描、

---

❶ WIPO 文件 SCT/35/6 REV：工业品外观设计和新兴技术：新技术外观设计保护的异同。

拟合过程）。拟合过程之后是修字，该步骤是由人工借助专业造字工具辅助对拟合好的字进行修改，使之达到印刷字库的要求。拼字是根据字体由部件组成的特点，先行设计和制作部件，再以部件为基础，拼合出其他字的方法。在制作字库时，通常只让设计师设计常用的几百字，之后由其制作人员，在把握原创风格的基础上，按照印刷字的组字规律，将原创的部件衍生成一套完整的印刷字库。质检环节是对成品字进行检查，把控整套字库的同一性。符号库搭配是指将西文符号按照中文字的风格、大小和粗细来设计，使其在字库中搭配使用效果能够和谐统一。整款印刷字库字形设计完成后，软件开发人员使用 Truetype 指令，将设计好的字型用特定的数学函数描述其字体轮廓外形并用相应的控制指令对字型进行相应的精细调整后编码成 Truetype 字库。该字库中一般包含构成字形轮廓动态构建指令集、字形轮廓动态调整指令集等。其中构成字形轮廓动态构建指令集的主要功能是选取字型中的点并以特定方式连线构成汉字的字形轮廓；字形轮廓动态调整指令集的功能主要是实现汉字在不同环境（如不同分辨率）下的完整及美观，在程序设定的条件下对汉字的字型轮廓进行动态调整，以便在各种分辨率的情况下均能够清晰地显示每一个汉字。"❶ 在这一过程中，最终成型的整体字库即创作字体，期间根据参数控制来调整轮廓的点、线、角度、位置、大小、粗细的即工具字体（见图 4-2）。

可见工具字体实际上是创作字体的一个加工、制作工序，创作字体则是最后的成品，创作字体经选择显示在屏幕或纸面上的则是创作字体的输出结果。基于这种区分，在知识产权的框架内找出一种能保护工具字体的权利实际上是比较难的。工具字体谈不上"外观"，因此无法获得外观设计的授权，其虽然是个加工过程，但这一过程并没有应用技术或自然规律，因此也无法获得专利授权，只有在这一工序被程序化了以后并且程序可以执行的情况下才能以计算机软件的方式获得保护。

在方正诉暴雪案中，最高人民法院的终审判决指出：该案中，诉争字

---

❶ 北京北大方正电子有限公司诉暴雪娱乐股份有限公司、上海第九城市信息技术有限公司著作权侵权案，最高人民法院（2010）民三终字第 6 号判决书。

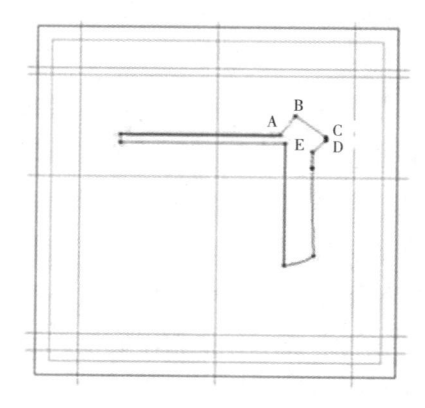

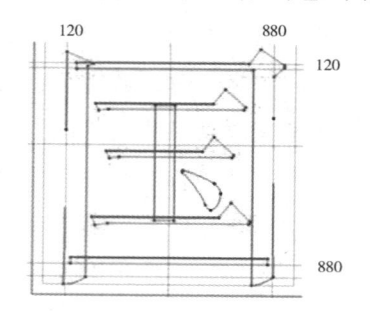

图 4-2 字体设计中的参数

库中的字体文件的功能是支持相关字体字型的显示和输出，其内容是字型轮廓构建指令及相关数据与字型轮廓动态调整数据指令代码的结合，是经特定软件调用后产生运行结果，属于计算机系统软件的一种，应当认定其是为了得到可在计算机及相关电子设备的输出装置中显示相关字体字型而制作的由计算机执行的代码化指令序列，因此属于《计算机软件保护条例》第 3 条第（1）项规定的计算机程序，属于著作权法意义上的作品。这个认定虽然没错，但其实原告方正想要主张保护的并非是这一对象，而是这一工序的结果——方正字体，即创作字体，也就是说，目前连我国的司法实践也没能准确区分工具字体和创作字体。这导致在讨论如何保护的时候陷入"鸡同鸭讲"的误区。区别于工具字体，创作字体在知识产权的框架内如何进行保护是有讨论空间的。要么是著作权保护，要么是外观设计专利权保护。在本书对这一问题展开分析前，先来看一下国际的保护现状和趋势。

二、创作字体的保护现状

在《建立工业品外观设计国际分类洛迦诺协定》（以下简称《洛迦诺协定》）中，字体属于 18-03 类，属于可授权的对象，具体授权情形如表 4-1 所示。

表 4-1 《洛迦诺协定》中有关字体的分类

18-03	字型和字体
10313	车辆号牌数字
	车辆牌照数字
103016	标牌字母
103018	车辆号牌字母
	车辆牌照字母
103014	发光字母
103015	会标
103010	印刷字体
	排字表（印刷字母）
103017	印刷矩阵
103012	字幕字体（电影）
104677	字体
103011	打印机字体

除了《洛迦诺协定》外，国际上还有一个专门针对字体进行保护的国际协议：《字体保护及国际备案的维也纳协议》（以下简称《维也纳协议》）。《维也纳协议》是在 20 世纪 60 年代由 WIPO 前身"保护知识产权联合国际局"推动起草的，1973 年 6 月签署，有 11 个国家签字，包括德国、法国、英国、意大利、捷克斯洛伐克❶、卢森堡、荷兰、圣马力诺、瑞士、匈牙利、列支敦士登。公约规定须 5 个国家提交批准书方生效，但至今只有 3 个国家提交批准书。因此《维也纳协议》是个至今仍未生效的国际协议。《维也纳协议》对创作字体进行保护，不干涉工具字体使用。受保护的创作字体应当具有新颖性，或者原创性，或者同时具有新颖性和原创性。字体的权利包括禁止他人未经许可以文字编排提供工具为目的，无论以何技术手段或材料，对字体进行相同或微小修改或复制；禁止他人未经许可对该复制品进行商业发行和进口。但取得字体的使用人正常对文

---

❶ 捷克斯洛伐克于 1993 年 1 月 1 日分为捷克和斯洛伐克两个国家。

字进行编排不在上述权利之限。

在内国法上，目前给字体提供外观设计注册或授予专利权的主要有以下国家。美国对符合条件的字体授予外观设计专利权。即使数字化时代开发的字体字库不具有实物形态，已经脱离了铅字、字模的物质形态，但在审查上，审查机构不应以不符合"产品"要求，而拒绝给予专利保护。《美国专利审查指南》关于计算机字体保护的规定，其所在条款如下：

> 字库字体可以根据具体情况在 D14 大类（录音、通信或信息再现设备）中提出申请，具体为 D14 大类中的第 489 小类（计算机发生的图标）和第 490 小类（计算机发生任何字母、数字或文字）。小类的保护范围，限于计算机显示的字体，并不涉及计算机打印、输出后，提供实际使用的字体。
>
> 也可以在 D18 大类中提出申请，具体为 D18 大类中的 24 小类，打字机、计算器等设备中使用的字体，同样不涉及打字机打印、输出后，提供实际使用的字体。❶

多数国家保护的都是"成套字体"，不对单字提供保护。根据前述概念的区分，实际上"成套字体"就是创作字体，如韩国，字体只有在构成从"A"到"Z"的整个字母表（每种语言的整个字符系列）的情况下，才能注册。依照《韩国外观设计保护法》注册的创作字体，应提交给定字符、例句和典型字符的视图文件。智利对"整套"字体提供保护，不单独保护每个字体。丹麦允许创作字体作为一个集合进行注册，但只在被看作一个集合时才受保护。否则，字母只能一个一个地注册（联合注册）；在芬兰，从"A"到"Z"的一种创作字体和工具字体被视为一种外观设计。从"0"到"10"的数字也是采用这种做法。英国允许整个字母表作为一个单一外观设计进行注册，英国将其视为一个工具字体。换句话说，申请人可对单独保护的每个要素（字母/数字/字符）提出多个申请。欧盟允许创作字体/工具字体可以在标注"印刷创作字体"产品标志或作为一个集合的情况下进行注册。

---

❶ 张玉瑞．论计算机字体的版权保护［J］．科技与法律，2011（1）：59-66．

可见，目前在中国、日本、加拿大、新西兰等国尚不提供字体外观设计保护，其中可能存在的法律障碍主要是当代的字库字体并不具备物理形态，欠缺实物产品形式，因此无法满足注册条件。如《加拿大工业品外观设计法》第 2 条规定，"外观设计"或"工业品外观设计"指成品上吸引眼球和仅凭肉眼判断的形状、配置、式样或装饰特征和这些特征的任意结合。我国的《专利法》中外观设计指的也是产品的形状、图案或者其结合以及色彩与形状、图案的结合所作出的富有美感并适于工业应用的新设计。上述国家的法律之所以要求设计必须和实物产品建立联系，其给出的理由主要包括：便于审查部门的检索、便于申请人检索以及限制外观设计权的范围。❶

而授予创作字体外观设计权且对实物产品没有要求的国家给出的理由大多是：因为新技术外观设计的性质，新技术外观设计可能用于不同的物品/环境，因此不对实物产品提出要求，给出这一理由的占 WIPO 调研对象的 61%。❷

三、创作字体产业的演变

如上所述，我国目前不对不具备实物产品形态的创作字体授予外观设计专利权，但具有实物形态的则可以申请外观设计专利，申请类别和《洛迦诺协定》的分类表一致，即 18-03 类，但 18-03 类中的具体情形和《洛迦诺协定》不同，只有一种小类，即印刷活字和活字版。该类别下从 20 世纪 80 年代至今一共提出的专利申请有 38 件，1999 年以前的申请有 14 件，2000~2009 年的申请有 10 件，2010~2019 年的申请有 14 件。目前还处在有效期内的外观专利多为以下产品（见图 4-3、图 4-4）。

上述外观设计专利产品的应用场景实际上很多都已经脱离了现代生产

---

❶ WIPO 文件 SCT/41/2 REV. 图形用户界面（GUI）、图标和创作字体/工具字体外观设计调查问卷第二轮答复汇总。
❷ WIPO 文件 SCT/43/2 图形用户界面（GUI）、图标和创作字体/工具字体外观设计调查问卷第二轮答复分析。

图 4-3　CN 303378058 铅活字拓印版

图 4-4　CN 304345377 印码字模版

制造，这是因为铅字开模不但费用昂贵，而且用其进行排版的企业越来越少，因此铅字、字模、活字拓印版主要以文创的方式呈现出来，承担文化历史展示功能。而对这类铅字拓版进行取代、承担了现代印刷排版生产功能的则是数字化的字库字体企业。20 世纪 80 年代王选院士发明了激光照排技术，这一技术的出现推动了计算机字体和字库的市场需求。

数字化时代，字体企业的核心利益是：未经许可，他人不得以生产经营为目的安装字库和使用字体，这里的"使用"实际上就是一个安装字库软件和选择、输出并显示文字的过程，这个过程如果和实物印刷时代相类比的话，对应的就是活字排版并印刷的过程，两者都是风格化文字产品的生产制造活动。因此，如果把文字本身（任何语言文字，包括数字）作为一个产品来看待，创作字体就是赋予文字美感的创新活动。无论数字化之前的制版印刷行业还是数字化之后的字体行业，其核心的创新活动并未发生任何变化。变化的仅仅是这个生产活动所使用的工具是通过实物呈现的还是通过数字化流程呈现的，变的仅是工具而已。在这个意义上，只允许有实物的活字、字模申请外观设计，而不允许无实物的创作字体申请外观设计，这既是一种落后的产业观，也全然忽视了这一生产活动中的创新本质。

四、创作字体保护的权利之辩

（一）文字是公共产品，创作字体是对文字的造型设计

文字的本质是书写符号，是传情达意的工具，一种文字从诞生开始，就承担着传播信息的基本功能，无论是象形文字还是表音文字，文字的构成与审美无关，和表意或发音直接相关，目的是记事。文字发展至成熟后，每一个字或符号的构成便固定下来，这就形成了文字的规定性。[1] 成熟文字随着社会经济的发展开始出现多样的造型，包括历史发展过程中的文字造型，人类从此也就有了在审美意义和装饰意义上追求文字造型的需要。可见文字和文字造型是两回事，如果把文字视为基本的生活生产工具的话，文字造型就是对这一工具的美化，就如同美化一把雨伞、一个车轮一样。正是因为文字的工具性和可能的造型空间，在现代意义上，文字也就可以成为一种产品或商品———一种可以被美化或者进行设计的产品。前数字化时代的文字造型设计主要是书法作品，这种造型追求的是纯粹审美，造型本身除了美观以外并不产生任何的生产意义。活字印刷术发明后，文字的造型设计就开始有了生产的功能——排版印刷。因此，同样是对文字进行造型设计，但书法意义上的文字是不具有产品意义的，只有在造型设计同时承担了生产功能的时候，文字才成为产品。

文字作为一种产品可能和通常意义上的产品存在形态上的区别，即文

---

[1] 李琛. 计算机字库中单字著作权之证伪 [J]. 知识产权，2011（5）：28-31.

字并不具有实物形态，但是已经发展至数字化时代的今天，难道对产品的理解必须沿用前数字化的概念吗？身处数字时代谁能否认 APP 应用程序是一种产品，网络游戏是一种产品？而上述虚拟产品在数字化时代甚至依然可以有"外观"——图标和图形界面。如果认为 APP 应用程序必须以有形的终端设备作为其产品，那么在可预见的万物互联的未来，一个 APP 的产品形态就是一辆车、一个冰箱、一个玩具、一台吸尘器或一台医疗设备，这无疑是荒谬的，APP 应用程序自身足以成为一个产品，可以具备自己的图标和界面造型。

文字可以成为产品，当然这种产品具有公共性，是人类传播信息的基础设施，不能为任何主体所专有，而文字的造型经过创新性的设计是可能产生专有利益的，这也就出现了字体保护的问题。

（二）单字字体不能获得著作权保护

字体企业目前对所开发的字体采用的是著作权的保护方式，这一保护方式的确定是通过一系列司法案例和学术研讨建立起来的。

其中主要的案例如表 4-2 所示。

表 4-2 字库字体著作权典型案例

序号	案件当事人	案号	诉争行为	单字字体 认定结果	单字字体 认定理由	字库整体 认定结果	字库整体 认定理由
1	中易中标诉微软中易字库侵权案	（2010）高民终字第 772 号	操作系统中安装了涉案字库	不是美术作品	中易字库中每个单字的表达与公有领域中长期使用的宋体和黑体的表达难以产生普通人能够识别的差异，因此即使中易字库中的单字经过了一定的设计、体现了一定的劳动，也由于其不能与公有领域相区分，而不具有独创性	是计算机程序	字库由每个汉字的代码化指令序列和显示控制指令序列组成，其中每个汉字的代码化指令序列包括由指令和参数组成的、表示汉字轮廓信息的指令序列
						不是汇编作品	字库整体的风格不属于《著作权法》所保护的范畴，字库中的汉字排列顺序由国家标准所确定，不存在选择排列的空间，因此不构成汇编作品

第四章　外观设计国际协调对独立保护的影响

续表

序号	案件当事人	案号	诉争行为	单字字体 认定结果	单字字体 认定理由	字库整体 认定结果	字库整体 认定理由
2	方正诉文星科技兰亭字库侵权案	（2005）高民终字第00443号	被告产品中安装了原告字库	是美术作品	字库的制作通常经过字型设计、扫描、数字化拟合、人工修字、质检、整合成库等步骤，其中，字型设计由专业字体设计师依字型创意的汉字风格、笔形特点和结构特点，书写或描绘清晰、光滑、视觉效果良好的汉字字型设计稿。因此，字型的制作体现出作者的独创性，符合《著作权法》规定的美术作品的条件	不是计算机程序	字库是为了使计算机等具有信息处理能力的装置显示、打印字符而收集并按照一定规则组织存放在存储设备中的坐标数据和函数算法等信息的集合。字库中的坐标数据和函数算法是对字型笔画所进行的客观描述；在运行时，通过特定软件的调用、解释，这些坐标数据和函数算法被还原为可以识别的字型。字库中对数据坐标和函数算法的描述并非计算机程序所指的指令，并且字库只能通过特定软件对其进行调用，本身并不能运行并产生某种结果
3	方正诉宝洁倩体字侵权案	（2011）一中民终字第5969号	被告产品使用了字库单字作为商标	未作结论	基于默示许可以及购买者合理期待应允许被告使用单字	工业实用品	汉字字库产品系根据国家标准设计的产品，根据国家标准设计的通常仅可能是适于批量生产的工业实用品，而不可能是纯艺术品。故汉字字库产品必然具有作为汉字工具使用的实用功能，是以实用工具功能为主、以审美功能为辅的产品

155

续表

序号	案件当事人	案号	诉争行为	单字字体 认定结果	单字字体 认定理由	字库整体 认定结果	字库整体 认定理由
4	方正诉暴雪《魔兽世界》5款字体侵权案	(2010)民三终字第6号	被告游戏中安装了原告字库	不应保护	由于汉字本身构造及其表现形式受到一定限制等特点,其经相关计算机软件调用后产生的单个字是否具有独创性需具体分析。但鉴于汉字具有表达思想、传递信息的功能,无论前述汉字是否属于《著作权法》意义上的美术作品,其均不能禁止他人正当使用汉字来表达一定思想、传达一定的信息的权利	是计算机程序	字体文件的功能是支持相关字体字型的显示和输出,其内容是字型轮廓构建指令及相关数据与字型轮廓动态调整数据指令代码的结合,其经特定软件调用后产生运行结果,属于计算机系统软件的一种,应当认定其是为了得到可在计算机及相关电子设备的输出装置中显示相关字体字型而制作的由计算机执行的代码化指令序列,因此属于计算机程序
5	汉仪诉青蛙王子秀英体侵权案	(2012)苏知民终字第0161号	被告使用字库字单为告了商标	是美术作品	字体原稿是美术作品,字库中的字体字型由字型原稿经数字化处理再根据字型原稿的风格结合汉字组合规律拼合而成,以相应的坐标数据和函数算法存在。这种数字化方式并不能改变其美术作品的性质。在满足独创性要求的前提下,字库中的单字属于美术作品	未涉及	

156

续表

序号	案件当事人	案号	诉争行为	单字字体 认定结果	单字字体 认定理由	字库整体 认定结果	字库整体 认定理由
6	汉字诉笑巴喜秀英体侵权案	（2011）宁知民初字第60号	被告使用了字库商用单作为标	是美术作品	单字经设计者设计线条和结构，体现设计者思想的独特表达，单字所表现出的起舞飞扬的动感形象寓意女性柔和优美的曲线，体现了设计者的独创性。但也需要具体分析，区分公有领域中的已有字体	构成作品	是单个书法作品的集合，字库整体上也是一部作品
7	方正诉跃兴旺、家乐福平和体侵权案	（2014）三中民（知）初字第09233号	被告宣传文件中使用了字库单字	是美术作品	特定单字能否具有著作权应当进一步进行分析和判断。涉案单字呈现出一种既不同于传统隶法也不同于现有其他字体的独特艺术设计风格，体现了一定的美学价值取向和选择。因此，方正平和体单字包括"自""然""之""子"符合《著作权法》规定的作品独创性要件	未涉及	
8	方正诉粗倩体	（2017）苏01民终11276号	被告产品包装上"蒜香豌豆"四字使用原告单字体	是美术作品	"蒜""香""碗""豆"四字的笔画特征与公知领域中其他美术字体相比具有个性特征，体现了一定的独创性，能够独立构成美术作品	未涉及	

续表

序号	案件当事人	案号	诉争行为	单字字体 认定结果	单字字体 认定理由	字库整体 认定结果	字库整体 认定理由
9	张某甲诉中国联合网络通信	(2018)粤20民终5226号	被告广告页7个单字使用了原告字体	是美术作品	张某某的锐谐体字体全部以直线与直线切角组成,棱角分明、笔画粗细基本相同,比例协调、方正饱满,有自己的独立性创作,能给人以美的感受,因此应为美术作品	未涉及	
10	张某乙诉广州半里商业锐谐体侵权案	(2019)粤73民终140号	涉案宣传指示牌及牌示上使用了"张锐""山谐体"字库中的80个单字	不是美术作品	案涉字库中的汉字均由指令及相关数据构成,并非由线条、色彩或其他方式构成的有审美意义的平面或者立体的造型艺术作品,因此,从表达形式上看,案涉字库中的字体不属于《著作权法》意义上的美术作品。只有体现较高独特审美,并能够与已有字体明确区分开来的字库单字才有可能被认定为美术作品加以保护	是计算机程序	字库文件经特定软件调用后产生运行结果,属于计算机系统软件的一种,应当认定其是为了得到可在计算机及相关电子设备的输出装置中显示相关字体字型而制作的由计算机执行的代码化指令序列,因此属于计算机程序

续表

序号	案件当事人	案号	诉争行为	单字字体 认定结果	单字字体 认定理由	字库整体 认定结果	字库整体 认定理由
11	方正诉桂林周氏顺发食品	（2018）冀民终655号	被告商品"五谷粗粮燕营养片"9个单字使用了原告字体	是美术作品	倩体字字库中文字的笔画设计既不同于现存的古代书法字体，也不同于已存在的公用字体，还不同于通常美术字体的新字体。涉案的"谷""粗""粮"字体现得尤为明显，使得倩体字构成了《著作权法》规定的美术作品	未涉及	
12	方正诉跃兴旺、家乐福平和体侵权案	（2019）陕01民终8329号	被告产品上4个单字使用了原告字体	是美术作品	涉案"公""爵""黑""啤"4个单字的书写轨迹、笔画细节、棱角处理均存在显著不同，整体外观能够产生使一般公众注意到二者之间显著不同的效果，构成具有独创性的作品	未涉及	

　　从上述判决来看，2012年之前对于单字和字库是否给与著作权保护，司法的态度并不确定，但自从2012年汉仪的两个案件之后，司法实践比较普遍地认为只要单字字体能明显区别于公有领域中的字体，即可以美术作品的形式获得著作权保护。而对于字库整体，在最高人民法院终审的方正诉暴雪案后也普遍认为其构成计算机程序。

　　司法实践对字体企业的支持明显促进了字体企业的发展，据2012年之前的有关新闻报道，我国的字体企业因为盗版的猖獗数量已经减少至5

159

家，且每家均亏损运营，举步维艰。❶ 大约从2015年开始，字体企业实现盈利，这一过程伴随着维权活动的推进以及字库的不断正版化，陆续有3000多家企业购买了方正电子字库版权，用于产品包装、广告等商业领域，另有200多家出版社、300多家报社、200多家杂志社按照新的商业模式获得方正电子的版权授权。❷ 在字体产业经营向好的同时，字体的使用人也有不同的声音，如艾媒咨询的调研数据显示，在字体版权领域，49.5%遭遇版权纠纷的企业起诉方为北大方正。41.7%的受访企业认为版权方故意"碰瓷"以牟取高额赔偿是版权侵权问题频繁发生的主要原因。艾媒咨询分析师认为，在经济发展以及政府推动下，人们对于知识产权保护已具备一定意识，但网络上各类作品版权来源不明确，使用者往往难以辨别版权作品，版权方为牟取盈利通过故意"碰瓷"的形式对于版权保护的推广实际起到负面作用。❸

在学术研究上，认为单字字体能够获得著作权保护的主要观点如下。

其一，认为单字字体构成美术作品。❹ 这一观点首先忽视了字体产业在今日承担的文字编排功能，单字可以构成美术作品，这对于书法艺术活动而言具有意义，但是对于字体产业而言意义不大。单字的使用数量有限，使用场景完全可以以书法作品形式替代。作为文字编排的重要工具，只能是一整套字库才能实现编排功能，因此即使上述一系列案件中的被告方使用的是单字，但其必然是在安装了整套字库的情况下进行选择编排使用的，可见行为的核心在于整套字库的安装和使用。所谓单字可以构成美术作品的主张只是为了解决作为单字集合的字库可版权性的问题，即在此

---

❶ 拯救字库产业，传承中华文明［EB/OL］. http：//cs.sina.com.cn/minisite/ziku/；中国字体行业盗版猖獗：无法可依［EB/OL］. http：//news.mydrivers.com/1/242/242724.htm.

❷ 字库产业：版权"富矿"有待深挖［EB/OL］. http：//www.ncac.gov.cn/chinacopyright/contents/4509/254858.html.

❸ 2019中国企业图片字体版权纠纷专题研究报告［EB/OL］. https：//www.iimedia.cn/c400/64118.html.

❹ 黄汇. 计算机字体单字的可著作权问题研究——兼评中国《著作权法》的第三次修改［J］. 现代法学，2013（3）：106-109.

基础上认为字库可以构成汇编作品。但是《著作权法》对汇编作品的保护要求是编排体例和内容选择有独创性,显然字库在内容选择上不可能有独创性,其必须将几乎所有常用汉字选录进来;在编排体例上也不会产生独创性,字库里单字的编排方式无法区别于公有领域的做法。因此即使认为单字字体构成美术作品也解决不了字库整体获得著作权保护的问题。

其二,如果认为单字字体构成美术作品,还会面临侵占公共利益的可能。在上述方正起诉的一系列被告中,很多被告将涉案的单字字体用于商标、产品名称、外包装或宣传用语。有理由相信其中一些被告产品的包装是第三方如广告公司设计的,而且实际上非法安装字库的很可能是第三方,而事实上从事图文制作、商业排版、广告设计的主体才是侵犯字体企业权利的最大群体。然而事实上很少看到字体企业对这些主体提起诉讼,反而是单字使用人被诉。同时如果允许字体企业对用户使用字库所发生的单字主张著作权,那么几乎所有公众使用字体的行为都会受到影响。❶ 因为相应的单字字体可能被印刷于各种印刷品、可能传播于各个网络平台上,❷ 而此时既无法援引发行权一次用尽的抗辩,又很难将相关行为统统归为合理使用,使得使用人乃至传播人承担了较大的侵权风险。

更为重要的是,如前所述,文字本身就是公共产品。历经千年发展,文字形态已经定型,是传词达意的工具。在对文字赋予新的造型时,无论如何创新均受到文字本身构成和表意的限制。书法尚存在恣意挥洒的空间,但对于现代字体企业来说,遵循文字的规定性是最基本的要求,否则也不会有字体开发中的国家标准要求了。正如李琛所言:在"方正诉宝洁案"中,方正公司认为倩体与黑体的区别在于"黑体横竖一样粗,倩体是横的细、竖的粗,独创性就体现在此"。显然,这种变化没有超越字的规定性,仍然属于字的本形差异。❸

---

❶ 陈贤凯. 计算机字体著作权保护的困局——方正诉宝洁案的法理思考 [J]. 中山大学研究生学刊(社会科学版), 2012 (2): 82.

❷ 尤其是单字字体在网络平台上的传播,无法适用发行权一次用尽规则,可能带来潜在的侵权风险。

❸ 李琛. 计算机字库中单字著作权之证伪 [J]. 知识产权, 2011 (5): 28-31.

其三，认为单字字体构成实用艺术作品，即单字字体属于表达，在达到独创性的要求下应该作为实用艺术作品得到著作权的保护。❶

承认单字字体作为实用艺术作品给予著作权保护的观点必然隐含了一个逻辑预设：字体是对实用产品的设计。因为实用艺术作品本身是离不开实用产品的，是在实用产品上形成的美学表达。如果单字字体是实用艺术作品，按照这一观点，单字本身就是实用产品，并且是个无实体的产品。然而实用产品的美学表达能否获得著作权保护，在司法实践中需要经过"分离理论"检验，即当美学表达可以和实用功能分开的时候获得著作权的保护。到此其实很容易得出结论，即单字字体和文字本身是无法实现美学表达的分离的，无论是物理上的还是观念上的。而否认单字字体能受到著作权保护的观点正是从这一规则出发，即字体的实用功能性排除了其作为美术作品的可能。❷

（三）字库整体作为计算机软件保护偏离保护核心

司法实践和有关的学术讨论认为字库整体虽然不构成汇编作品，但构成计算机软件，因此获得著作权保护。❸众所周知，计算机软件著作权的保护主要有两方面内容：其一，防止代码抄袭；其二，禁止盗版安装。至于安装软件后软件的输出结果是无法受到计算机软件著作权保护的。另外，计算机软件著作权也无法禁止他人的反向工程活动。如前所述，字库产业的核心利益在于禁止他人未经许可安装字库和使用自己设计的创作字体，应予禁止的使用行为当然不论是采取何种技术手段使用的，笔者试举两例：

其一，行为人可能采用的最笨的方法就是将全套字库字体刻了活字再以传统方式排版印刷，以这种活字进行广告设计，文字排版，最终的文字

---

❶❸ 吴伟光．中文字体的著作权保护问题研究——国际公约、产业政策与公共利益之间的影响与选择［J］．清华法学，2011（5）：57-82．

❷ 何炼红，晏亮敏．计算机字库单个字体不宜受著作权法保护［J］．政治与法律，2012（6）：113-120；黄武双．汉字字体及其单字字形、字库法律保护之辩——实用功能排除了计算机字体著作权保护的可能性［J］．法学，2011（7）：39-45；李琛．计算机字库中单字著作权之证伪［J］．知识产权，2011（5）：28-31．

成品肯定会呈现出该特定的字体。

其二，行为人从字库程序中获得了该套字体的设计参数，也就是所谓的工具字体，用同样的设计参数制作出了一套字体。

那么上述两种行为能否受到计算机软件著作权规制呢？这两个行为既没有抄袭代码，也没有安装盗版，但都可以实现对字库字体的使用，显然都不构成侵犯字库软件的著作权。因此可以说把整个字库作为计算机程序来保护的观点，就如同将网络游戏作为计算机程序来保护，然后以计算机程序著作权去规制他人使用网络游戏中美术元素、角色形象、特定场景的行为一样，属于"指东打西"。

字库软件作为计算机程序受著作权保护本身是没问题的，只不过这里保护的是字库程序的源代码，或者说是工具字体的代码化指令，而不是其中的创作字体。能执行功能的工具字体代码恰恰是需要通过运行来实现创作字体的调用、输出、编排和显示的。因此，创作字体不是计算机程序，而是程序执行的对象和结果。字体企业售卖字库软件实际上卖的是相应创作字体的一套加工制作工具。

前述诸多案例实际上就反映了这一现象，字体企业倾向于以单字著作权侵权为由提起诉讼，除最早的被诉方微软外，少见字体企业以计算机软件侵权为由起诉的。当然笔者有理由相信，字体企业以主张单字美术作品著作权的方式维权确实实现了字库正版化，但这并不意味着上述方式就是保护字体产业的最佳解决方案。

（四）创作字体获得外观设计保护的可能障碍及其解决办法

1. 将虚拟产品作为一种新的产品类别

笔者同意李琛的观点：字库设计的本质是生产行为，字体的美化属于产品设计。❶ 既然文字是一种产品，那么创作字体的设计当然可以申请外观设计保护，当前的法律障碍无非是外观设计中的产品必须是实物产品，而这一"障碍"无论从事实层面还是法律层面均是可以突破的。

---

❶ 李琛. 计算机字库中单字著作权之证伪［J］. 知识产权，2011（5）：28-31.

法是"第二性"的，法律规则不能创设事实或社会关系。恰恰相反，社会关系对法律起到塑造作用，法律也应该回应社会的发展变化。从这一点出发，当虚拟产品已经成为数字化时代的重要开发对象和供给对象时，有什么理由仅因为其无实体就拒绝承认其构成一个产品呢？文字本身正是一个无实体的虚拟产品，并且可以算得上是最早出现的虚拟产品，当然前工业化和前数字化时代我们不具有将文字加以造型进行批量生产的生产力，因此不对其产品性加以认可是没有问题的，但是数字化时代依然抱有这样的认知就不合时宜了。

从法律规则来看，前述 WIPO 调研的国家中，已经有很多国家的外观设计授权并不要求和实物发生联系，❶ 包括《洛迦诺协定》18-03 的小类也无法解读出必须存在一个实物为依托，因此是否要求存在一个实体产品就成了一个选择问题，而不是"能不能"的问题。WIPO 把创作字体定义为：通过工具字体以数字化方式，或通过铅模字体以机械方式产生的视觉上可以感知的产物。根据这一界定，文字的造型设计实际上就是创作字体，本书这里再次强调，创作字体不是书法中的文字造型，而是用来进行文字编排的生产工具。WIPO 的这一界定兼顾了数字化之前和数字化之后文字造型的不同工具形式，是对文字造型本质的正确认识，从逻辑上来说，数字化之前和之后变化的仅仅是创新手段和工具，字体创新的本质并没有变，即都是将新设计付之于文字加以体现的活动，既然创新本质不变，那么有什么理由不给予保护或者非要改变保护方式呢？

此外，从外观设计法律规则的角度来看，其实并没有哪一条规则是因创新手段和工具的变化而拒绝对外观设计授予权利。而对手段或工具的区别对待恰是落后生产观的体现，也会使法律规则束缚于这种区别对待。类

---

❶ WIPO 的统计结果表明，67% 的受调研对象不要求 GUI 等必须和物品发生联系，这其中，46% 的国家允许 GUI 等用在虚拟物品上，WIPO 文件 SCT/43/2：图形用户界面（GUI）、图标和创作字体/工具字体外观设计调查问卷 第二轮答复分析。

似的情形已经在《著作权法》中出现过，❶ 在外观设计的有关立法中应当避免。可见对字体进行外观设计保护无论从创新本质、工业生产还是时代需求来看，均是符合条件的。

法律上唯一需要的变革就是将虚拟产品作为一项新的产品类别加以确认。这一变革不只是中国在经历的，也是世界在经历的。全球都在面临数字化时代新的生产方式的变革，这也正是 WIPO 就这个问题从 2016 年一直调研至今的因由所在。此外，虚拟产品类别的设置不但可以解决创作字体外观设计的保护问题，图标、GUI 的保护问题也可以一并解决，这种解决方式是优于以建立局部外观设计制度保护 GUI 这一处理的。❷

2. 字库外观设计的权利可以实现保护目标

外观设计权可以禁止他人未经许可，以生产经营为目的，制造、销售、许诺销售或进口外观设计产品。其中，制造的含义是以工业生产或手工的方式使产品从无到有。字库在安装后，要想使得其中的创作字体呈现出来，就需要从字库中调用、选择和输出，最终显示相应的文字造型，这个过程符合"制造"的内涵，是用工具字体"制造"创作字体的过程。工具字体的数字化——字库程序是"制造"创作字体的必备工具（可能并不唯一，如开字模也可以，但是是最主要的工具），承担的是创作字体的编排、输出和显示功能，其当然可以作为计算机程序受到著作权保护，但同时，用这一工具"制造"创作字体的过程完全可以落入外观设计制造权的范畴。未经许可的话，就是一个制造了外观设计专利产品的侵权行为，那么单字字体或字体集合的生成行为就可以得到规制。

外观设计权不存在使用权，使用行为对于字体外观设计来说就是使用

---

❶ 如关于复制概念，我国《著作权法》经历过仅承认平面复制的时期，目前是既承认平面复制，也承认立体复制；又如关于广播权，其界定是个明显的被技术观念束缚的表现，只承认无线广播。但在有线技术时代，无法涵盖非交互式的有线传播方式。

❷ 并非是反对局部外观设计制度，局部外观设计除了可以实现 GUI 保护之外还有更多的制度功能，即局部创新的保护问题。只是用局部外观设计解决 GUI 保护仍是一种权宜之计。

165

创作字体，如将创作字体使用在包装、装潢上。对于字库的合法授权使用人，使用字体是应有之义，不会构成侵权。对于未授权使用人，要想使用创作字体，就必须安装字库。在其非法安装字库时，不但会侵害字库程序著作权，在对文字进行编排、显示和输出的时候也会侵害制造权。因此使用单字字体本身虽然不构成侵权，但是制造侵权已经足以对未授权的行为加以禁止了。

外观设计侵权认定需要以生产经营为目的，因此个人使用字库或单字字体均被排除在侵权之外，这就基本实现了个人使用和商用的平衡。

3. 成套产品外观设计制度契合字库整体的保护

《专利法》第31条第2款规定，同一产品两项以上的相似外观设计，或者用于同一类别并且成套出售或者使用的产品的两项以上外观设计，可以作为一件申请提出。这是成套产品外观设计的基本规则。在《专利审查指南2010》中，成套产品的定义是：由两件以上（含两件）属于同一大类、各自独立的产品组成，各产品的设计构思相同，其中每一件产品具有独立的使用价值，而各件产品组合在一起又能体现出其组合使用价值的产品。因此，成套产品的外观设计需满足同一类别、成套出售或使用以及设计构思相同这三个条件。对字库来说，每一个文字彼此当然同属一个类别；文字在使用时存在独字使用的场景，但在大多数情况下，均需要多字使用，或者说"成套使用"，字库整体在进行销售或授权时，一般都是成套出售；在设计构思上，文字和文字虽然具体构成不同，但均有一致的风格、一致的基本元素（笔画为基本单位而形成的基本设计），从而形成同一特定的造型。可见字库整体完全契合成套产品外观设计的保护条件。

《专利审查指南2010》规定：涉案专利包含有若干项具有独立使用价值的产品的外观设计的，例如，成套产品外观设计或者同一产品两项以上的相似外观设计，可以用不同的对比设计与其所对应的各项外观设计分别进行单独对比。因此，成套产品中的每一个套件外观设计都具有相当于将其单独申请而获得的权利效力，也可以被部分无效。这一规定就解决了字库中有些单字因为构成简单是否可受保护的问题，如在汉字中的"一""二""人""十"等笔画简单的字上，可能很难体现设计要点。因此涉诉时，这类字体就可以由使用人主张无效。这也会比较好的划定专有权和公有领域的范围，实现各方利益的平衡。

从成套产品设计的权利范围上看，成套外观设计中每一项外观设计有其独立的保护范围，《最高人民法院关于审理侵犯专利权纠纷案件应用法律若干问题的解释（二）》第 15 条规定，对于成套产品的外观设计专利，被诉侵权设计与其一项外观设计相同或者近似的，人民法院应当认定被诉侵权设计落入专利权的保护范围。关于成套外观设计专利侵权的赔偿，每一件产品可以分别单独要求计算侵权赔偿。在长沙市昊成贸易有限公司与弓箭国际（Arc International）侵害外观设计专利权纠纷案[1]中，被告认为该案被诉侵权产品与另一案中的被诉侵权产品为成套产品。被告只有一个展示行为，并非将物品拆分单独展示，原告将被告的一个展示行为拆分为两个案件进行诉讼，要求被告重复赔偿，不应被支持。广东省高级人民法院二审认定，该案被诉侵权产品与另一案中的被诉侵权产品不同，所涉专利权利类型亦不同，原告基于不同的权利基础起诉被告侵害其不同的专利权，没有违反一事不再理的民事诉讼原则。一审法院针对成套产品中不同的侵权产品分别确定赔偿金额并无不当，同时已考虑成套产品中不同部分的一般市场价值，不存在重复计算的问题。

字库中的单字字体在遭到侵权时也就可以沿用这一原则，每一单字字体设计均是一个外观设计产品，可以分别计算其赔偿额度，实际上对于字体企业会更加有利。

（五）外观设计合适的保护期限更适应产业发展

目前我国外观设计给予 10 年保护期，在加入《海牙协定》后，保护期会改为 15 年，从我国目前社会经济和字体产业发展状况来看，这个时间长短既可以保证字体设计企业的成本回收和利润创造，又避免了对于字体设计的长时间垄断，基本能达到字体设计公司、字库软件购买者和使用者之间的利益平衡，同时能加速字体创新设计尽快地进入公有领域的周

---

[1] 长沙市昊成贸易有限公司与弓箭国际（Arc International）侵害外观设计专利权纠纷，（2016）粤民终字第 1236 号判决书。

期，防止字体企业可能出现的垄断。

小　　结

　　中国加入《海牙协定》已是趋势，而由此引发的规则变化不但使得外观设计制度更为充实，也在体系上引起人们对外观设计制度的关注。我国《专利法》这部以促进进步为宗旨的法律制度，既无法解决外观设计客体与之相异的问题，也无法参与国际协调的问题讨论，因此已经很难在体系上容纳外观设计这一对象了。而面对数字化创新成果不断出现的现状和未来，外观设计制度自身也可能产生突破。规则的突破表明外观设计制度正在以其个性回应生产方式的变革。

　　中国加入《海牙协定》已是大势所趋，加入后我国《专利法》必然修改外观设计的相关规则，这将使得外观设计制度更为充实。同时，外观设计制度和发明及实用新型专利制度的差异也将更加明显。由于《专利法》以促进科技进步为宗旨，而产品的外观设计无法用是否进步来衡量，因此《专利法》在体系上和国际协调上都会出现难以容纳外观设计制度的问题。

　　当前，如创作字体和图形用户界面等数字化创新成果不断涌现，外观设计制度需要回应这些新成果引起的变革，甚至突破现有的"产品"概念，只有在独立保护外观设计的视角下，这些问题的解决才会更加符合逻辑。

第五章 工业品设计独立保护之模式与规制

对象事实认识和权利价值认识分别对工业品设计保护制度的成型产生作用，本章从事实和价值两个层面分别论述工业品设计独立保护的合理的、科学的认知体系，并在此基础上提出知识产权体系化和类型化的方法论，并拟写工业品设计独立保护的规则要件。

第一节 工业品设计独立保护的认知体系

一、对象事实之独立

（一）形式和功能之结合

1. 用作装饰的设计

形式是物之外形，是事物的表现方式，人们对事物的认知始于形式。在知识产权体系中，形式在版权领域中的体现就是作品，作品所利用的各种符号要素，如线条、色彩、形状等均是用以传达美的形式要素。知识产权领域中的"功能"指的则是实用功能，即技术效果。对智力成果功能的保护通常被认为是专利制度的任务。从而技术效果之有无通常被认为是区分版权和专利权的分界线，即"实用/非实用二分法"。著作权保护形式，专利权保护实用功能，而工业品设计恰处在两者的分界线之上，工业产品具有实用功能，可以在生产、生活中发挥实用功效。设计采用和作品相同的符号要素，同样表现为形式，不同的则是设计需要对工业产品发生作用，既包括外在装饰作用，也包括实质的价值提升作用。因此，工业品设计既不同于作品，也不同于技术方案，它既是在作品基础上的增值，也是对技术方案的增值。设计师安德鲁·布劳韦尔特（Ardrew Blauvelt）在纪录片《设计面面观》（Objectified）中指出，"设计是对形式的寻找，什么形状是这个物体该有的。而设计师通过不同的方式，反复询问这个问题"。工业品设计作为形式和功能结合的产物，正反映了当下社会生活中消费文化追求的新价值，即人和产品的关系不再是单纯的使用和被使用，而是进一步追求交流，追求"物质化的审美"，从这个意义上来说，设计担当了人和产品互动的桥梁或媒介。

2. 超越装饰

工业品设计既是"装饰"，又不是"装饰"。工业品设计并非单纯的装饰，而是作"有道理"的外观设计、造型设计。所谓道理，就是站在使用者的立场，通过外观设计完善产品的功能，通过设计将功能传达给使用者。史蒂夫·乔布斯曾提出，"设计不只有关外观和感受，设计更应关注功效如何"❶（Design is not just what it looks like and feels like. Design is how it works）这表明设计可以传达产品的信息。工业品外观设计可以展现产品科技和功能，反映产品的质量，亦能在购买决策中满足决策者的心理诉求。并且工业产品的使用寿命较长，简洁新颖的外观使得产品的寿命更具有可持续性，无形中也延长了产品的使用寿命。当下的产品营销讲求用户体验。首先体验的就是产品的观、感以及由观感引导用户去探索和发掘产品有何种功能。因此外观设计对于工业品的功能来说起到的是一种推介和引导的作用。起于装饰，又超越装饰成为工业品设计对于产品的使命。

3. 形式和功能的结合

形式和功能是产品的两个要素，这两个要素彼此影响，不可分割。工业品设计作为一项具体的智力创造成果就是两者的紧密结合。设计当然具有审美价值，但是其已经不再是单纯的传达美感，外观设计成为认知产品的先导和必经过程。而产品功能也只有通过设计表达才能完成其最终的

---

❶ Rob Walker. The Guts of on New Machine [N]. New York Times, Nov. 30, 2003.

展示。

就产品设计的本质特征来说，形式和功能具有紧密的关系。首先，形式服从功能是产品设计的基本出发点。作为为人使用的器物等人造物，其属性必然来自产品结构等内在要素形成的功能，而不是直接来自形式。我国古代哲人提出"象以载器，器以象制"，就是用以描述形式和功能之间的关系的。另外，功能作为产品的"内在"必须通过形式这个外表表现出来，缺少形式，产品的功能只能满足人类最原始的需求。因此形式折射了功能的外部属性，是功能外部属性的二次成像。从事实上看，作为形式的产品设计和产品的实用功能确实存在可否分离的问题，可与实用功能相分离的设计形式意味着设计可以和其他的产品或物质载体再相结合；不可分离的设计形式则专属于某特定产品。

（二）工业品设计的事实特征

基于上述对象事实的认知，工业品设计作为专有权的一个对象一定具备相应的事实属性。工业品设计的事实属性研究的是从客观而言工业品设计是什么，事实是第一性的，是我们认知的出发点；法是第二性的，法律规则的设立总是体现了一定的利益取舍和一定的价值观。

1. 工业品设计具有艺术表达性

设计的元素离不开线条、色彩、形状、位置关系的变化等，因此设计的过程就是创作的过程，当设计尚处在纸面上、模型上或是电脑中时，设计活动和美术等艺术创作活动别无二致，此时的设计图纸、模型或文档就是作品。对工业品进行的设计必然包含着设计师的理解和表达、取舍和扬弃，这也是作品独创性的内在要求。因此，仅从设计活动本身来看，设计就是创作，设计成果就是作品。设计传达的是某种美感，可以包含简洁之美、奢华之美、复古之美，可以抽象、可以具体，可能是单一元素，也可能是叠加和混搭。美感中体现的是设计师的个性表达，相应的个性表达自然寻求法律保护。当然，工业品设计并非止步于美感。如若如此，版权保护就已经足够，也无须历史上的演进和纷争了。

设计具有美感的表达正表现了人类的审美需求，然而人类的审美是无法通过比较加以量化的。美感是一种内心感受，对美的追求是人类共同的理想，对美的追求同时具有多元化的趋势，这促使设计同样具有多元化，设计是为了满足社会的多元需求而存在的。

2. 用于具有实用功能的工业品

设计需要在工业品上加以呈现才能构成工业品设计。所谓工业品，是指能够批量生产的生产、生活产品。工业品是实物，也是设计的物质载体，工业品设计实际上就是作为设计的智力成果和作为产品的物质载体的结合。这一点和作品及技术都有不同。作品和技术指的仅仅是智力创造成果本身，具有非物质性，与载体无关，可以在多种载体上再现。然而工业品设计这一客体必然是在某种载体上体现出来的，是特定产品和设计融合的表现，既具有知识产权的共性——非物质性，也具有一定的实物性，这一点在工业品设计的制度规则中是必须要考虑进去的。同时，既然是产品，就需要满足人类社会生产和生活的需要，也就是必须具有使用价值，在知识产权的语境内则通常表述为功能。这个功能指的是工业产品的功能，即实用性。❶

设计之于产品功能的意义一方面在于锦上添花的辅助作用，另一方面在于价值提升的市场作用。锦上添花意味着设计对产品的美化和装饰，在机器大工业时代，设计和产品间的关系可以形容为"有则勉之，无也不可"，但是在知识经济时代，设计的美学性价值会远远超过产品的实用功能性，尤其对于非高科技产品、大众消费产品而言，除去质量因素，推销自身的重要甚至唯一途径就是外观设计。被誉为美国工业设计之父的雷蒙德·洛维（Raymond Loewy）曾说过："当商品在相同的价格和功能下竞争时，设计就是唯一的筹码。"意大利学者韦尔甘蒂（Verganti）发现，一些成功的设计密集型制造业企业（如美国苹果公司、意大利阿莱西公司）都注重产品所表达的语义，这种创新战略被称为"设

---

❶ 设计也会带来功能，设计的功能有两种，美学性和实用性。在本书的研究范围内，设计的实用性功能不属于工业品设计的范畴，而是属于实用新型的范畴，仅有功能决定的设计也正是工业品外观设计制度不予保护的对象。因此本书中提及的设计仅考虑其美学性。

计驱动创新",即"产品传递的信息及其设计语言的新颖性超过产品功能和技术的新颖性的创新"。❶ 设计创造价值正是知识经济时代保护外观设计的现实意义所在。

"用于工业品"指的是设计附着在工业品上,或者作为产品的外观装饰,或者就是产品自身的形状,两者不能割裂开来。脱离了产品的设计将"言之无物",少却了宗旨;脱离了设计的产品将"黯然失色",抹去了光华。此为不能用版权保护工业品设计的一个基本原因。"用于工业品"可以是专为工业品而设计,也可以是采用已有的设计或借用他人的设计。

3. 表达受限性

设计中的美学表达并非如作品一样可以天马行空,无拘无束,尽由设计师发挥表现自我,而是受到很多限制。如果说作品创作是为了表现作者自己的话,设计的创作则是为了表达产品,设计师需要考虑工业品外观与其功能的结合,设计与产品整体的协调度,产品外观与当前环境的适应性,产品外观与当前人工机械的有机融合等要素。在司法实践中,这些限制要素切实地发挥作用,如在 Grupo Promer Mon Graphic Sa v. OHIM 案中,判决指出,"设计空间受如下条件的限制:(1)产品或其中零部件的技术功能;(2)采用该类产品的常见特征的必要性;(3)经济因素(例如降低成本)"。❷

设计中的美学表达还受限于市场,设计师无法如艺术家一样超脱、前卫甚至具有批判性、反叛性,设计师必须考虑产品所面对的消费市场,考虑大众的心理。然而大众通常是世俗的,再特立独行的工业品也无法完全脱离特定人群的消费需求。工业品设计要想获得市场竞争优势,就必须在一定程度上"脱俗",即与已有的设计相区别。相反,"流俗"则意味着

---

❶ Verganti R. Design as brokering of languages: The role of designers in the innovation strategies of Italian firms [J]. Design Management Journal, 2003 (3): 34–42.

❷ Grupo Promer Mon Graphic Sa v. OHIM,(Case T-9/07),[2010] ECDR, 125,[2011] Bus LR D13 EGC. 许媛媛,陶应磊,吴大章. 案说设计空间在外观设计专利侵权判定中的运用——戴森诉维克斯"吸尘器"外观设计侵权案评析 [J]. 中国发明与专利,2014(4):71.

重复和逐渐的普通化。

表达受限性决定了工业品设计和其他作品相比在个性表达上可能无法达到"创"的高度，诚然，即便著作权独创性到底如何度量仍是个司法和个案认定的难题，但是设计中包含的美学个性成分则可能更低。这一点使得试图以版权保护工业品设计的国家发现独创性标准会将很多工业品设计拒之门外，因此除版权外，很多国家还另有设计专门法，对设计提供多重或准多重保护。❶

由上可知，从对象事实认知的角度而言，可以将工业品设计界定为应用于实用工业品的外观表达。

4. 工业品设计的产业特点

无论英国、法国还是美国，历史上工业品设计保护制度的成型无一不受到产业利益的推动。时下产业利益也丝毫未停止过影响设计保护制度，如部分外观设计逐步入法、图形界面成为保护对象等。因此工业品设计的产业特点也需要加以考虑才能形成科学的规范。工业品设计上呈现出的产业特点有二，其一是投资盈利周期短，因此产品的市场寿命短；其二是工业品彼此间差异极大。

工业品设计上的投入、产出和分配具有"快"、"准"和"不断变化"的特点。据美国工业设计协会测算，在工业品外观设计上每投入1美元，就可以带来1500美元的收益，可以说其产出相对很大。但是很多新产品在5年之内只有40%能存活下来，❷ 产品的市场生命周期较短。一种新产品从开始进入市场到被市场淘汰的整个过程就是产品的市场生命周期。这个周期长短受到产品自身属性、外观展示、反馈机制和人机交互等多个因素的影响。从商业角度而言，在一个产品未投入市场之前，没人可以准确预测一项新产品可以占据市场多久。易耗性产品如服装、生活日用品等生命周期极短，耐用性产品如汽车、大家电等生命周期则较长。例如，在汽

---

❶ 详见本书第一章。

❷ 木易. 工业设计促材料企业创新——访北京工业设计促进中心主任陈冬亮[J]. 新材料产业，2006（7）：67-69.

车制造行业，新产品开发期过去通常为48个月，新款汽车的生命周期则为6年。在消费电子市场（比如手机、数码播放器等），产品生命周期往往只有几个星期。❶

工业品门类众多，在工业品设计领域，分类的标准主要是遵循WIPO管理的《洛迦诺分类表》❷，其中包含32个大类和219个小类。各类别产品上设计所能发挥的空间均有不同，如第05类纺织布匹制品和其他被单类材料、第07类中的01瓷器、玻璃器皿、餐用盘碟杯碗和其他类似物品上，设计表达的发挥空间几乎不受产品功能的限制，因此对其进行新颖性的评价必然是比较严格的；而第08类工具及五金用品中的钉子、螺帽，第12类运输工具中的汽车，设计表达的空间必然受限于产品的功能，对此进行新颖性评价时，标准和前述产品不会是一致的。

工业品众多的门类使得其上的外观设计专利活动活跃度也是不同的。外观设计专利权评价报告往往涉及专利纠纷，因此，评价报告数量的排序相比申请量而言能更为客观地反映当前的专利活跃领域。❸ 外观设计专利权评价报告制度始于2009年10月1日，截至2015年8月15日，我国外观设计专利权评价报告请求量已经突破1万件，评价报告请求量较大的产品类型主要集中在家具和家居用品、灯具、包装、通信、交通设备等领域，都是与公众接触较多的生活类产品。❹ 外观设计专利权评价报告所涉及的类别涵盖《洛迦诺分类表》的26个大类，从表5-1中可以看出，截至2013年2月底，累计外观设计专利权评价报告排名前十的大类中，06大类家具和家居用品居第1位，14大类记录通信、信息检索设备及12大

---

❶ 萨蒂什·南比桑，莫汉比尔·索尼. 全球借脑：让更多的聪明人为你的公司工作 [M]. 时启亮，张鹏群，译. 北京：中国人民大学出版社，2009.
❷ 《洛迦诺分类表》第十一版于2017年1月1日生效。
❸ 林笑跃，吴殷，吴溯. 工业设计与知识产权战略研究 [J]. 全球化，2013(9)：91.
❹ 王康. 我国外观设计专利权评价报告请求量突破1万件 [N/OL]. 知识产权报 [2015-08-31]. http：//www.cipnews.com.cn/showArticle.asp？Articleid=37643.

类运输或提升工具也排名靠前，分别居第 5 位和第 6 位。❶

表 5-1 外观设计专利权评价报告排名（按大类）

排名	大类	类别名称	占比（%）
1	06	家具和家居用品	11.79
2	23	流体分配设备、卫生设备、供暖设备、通风和空调设备、固体燃料	10.19
3	09	用于商品运输或装卸的包装和容器	8.44
4	26	照明设备	7.21
5	14	记录、通信、信息检索设备	7.06
6	12	运输或提升工具	6.99
7	07	其他类未列入的家用物品	6.04
8	21	游戏器具、玩具、帐篷和体育用品	5.39
9	15	其他类未列入的机械	4.66
10	13	发电、配电和变电的设备	3.64

此外，众多门类的工业品上，各产业的产业规律也不尽相同。大众消费品、生活用品上，产品外观的形式和装饰富于变化，流行周期短，而且呈现周而复始的风潮，典型者如服装、家具、瓷器等。其上的艺术表达很难说都具有创新的要素，有的无非是以往艺术元素的再组合或者说就是再现。这样的工业品设计其实并不需要长达 10 年甚至 15 年的保护期，保护期过长的专有权反而可能会造成对自由模仿的过度阻碍。而有些工业品，如生产工具类的，其外观形式和装饰相对变化不大，表现元素也不多，设计表达比较稳定，这样的工业品设计则可以比较充分地获得专有权为其提供的完整期限的法律保护。

作为形式和功能结合的特定产品上的表达就构成了工业品设计的事实认知基础，然而事实判断并不决定价值判断，恰恰相反，是价值判断引导我们对相关事实作出取舍。法律作为涵摄价值观的规则体系当然需要对如

---

❶ 林笑跃，吴殷，吴溯. 工业设计与知识产权战略研究 [J]. 全球化，2013 (9): 91.

何保护工业品设计加以选择。

二、权利客体之独立

(一) 市场竞争优势之价值

可以说,工业品外观设计如何产生、创作的过程是什么并不具有规范意义,具有规范意义的是当其成为市场交易要素时因何而获得竞争优势、因何而具有交易价值、因何能阻止侵权。正如有学者指出:权利是对人之行为的正当性评价,其创设完全是立法者价值取舍的结果,而并不取决于权利对象的自然属性。❶ 上述反映工业品设计自然属性的事实认知要素并不能当然决定工业品设计专有权的制度如何设计。立法者需要站在价值的立场上选择需要保护的事实要素。

工业品设计法律保护的发展历史和如今的保护现状都已经表明,工业品设计专有权保护的是设计和特定产品之结合产生的市场竞争优势,即法律允许以垄断的形式保护权利人的市场地位。因此也就激励了产业从业者对于产品外观的创新热情,促进产业进步,新式产品不断问世,消费市场才会更为活跃。这便是工业品设计专有权所保护的利益。

站在这一利益立场上,法律需要考察的问题包括以下方面,其一,如何确定工业品设计的保护条件,是保护最好的设计,还是保护最与众不同的设计?其二,在选定的授权条件下,如何判断请求保护的设计是否满足条件,是选择类版权的自动保护还是类专利的审查制度?其三,工业品设计专有权的效力范围如何确定,这包括侵权判定和保护期限。

这个利益不能用版权的形式加以保护,《著作权法》虽然也规定以激励,但是并未对作品提出促进其进步的需求。实际上文学艺术表达是无法确定新和旧,或者进步与落后的。《著作权法》只提出了"独创性",这恰是对不同的个性表达的涵摄,因此各种多样化表达的作品都能受到著作权的保护,甚至是某些审美上"落后"的作品。如《红楼梦》的多部续

---

❶ 熊文聪.超越称谓之争:对象与客体 [J]. 交大法学,2013 (4):122.

书，文学价值无一不在原作之下，但每一部续书都具有可版权性。工业品设计虽然同样无法追求设计上的"进步"，也同样允许设计师作个性表达，但是却需要迎合市场而强调"与众不同"。这就意味着"同"是无法被工业品设计保护制度所容纳的。同时著作权法中的独创性涵摄了对每一个独立创作主体的尊重，因此不排斥作品间的雷同。而旨在通过工业品设计获得市场竞争优势的主体显然并不希望他人以独立设计为由分割自己的市场。

此一利益也不能用专利的形式加以保护，专利对技术的保护是追求纯粹的"新"（新颖性）和"难"（创造性）的，正因如此，专利权是在每一技术特征都能通过新颖性、创造性审查后才授予的。专利权的基础在技术方案的每一项要求保护的技术特征之中。然而工业品设计是作为完整的产品供市场消费的，产品整体是消费的对象，消费者对产品整体产生认知，消费者是潜在的市场观察者，单独的某项设计特征不足以影响消费者的购买需求。竞争对手对某项设计特征的模仿也不会必然威胁权利人的市场竞争优势，因为设计特征的位置关系、大小都会对整体观感产生影响，因此竞争对手使用了受保护设计的全部设计特征也不必然产生"整体相同"的结果。

（二）工业品设计的法律特征

区别于事实属性，工业品设计的法律特征涵摄了价值取向和价值体系，法律特征的设定是一个价值取舍的过程，反映了法的导向。法律特征本身又构成法律规范，必须具有规范意义，能够调整因工业品设计而发生的创造、权利获得、保护和运用的法律关系。如《欧盟工业品设计绿皮书》中提及工业品设计保护的基础包括五个方面：第一，作为一项工业政策，设计保护旨在促进投资；第二，作为创作表达，设计保护旨在激励创新；第三，设计保护旨在防止相同相似产品间发生来源混淆；第四，设计保护旨在促进技术创新；第五，设计保护旨在实现贸易公平。

从知识产权正当性的基本理论角度剖析，这五个基础分别包含了政策论、自然法论、激励论等法哲学视角。从功利的角度考虑，在确保为知识财产提供足够的激励层面上，知识产权确保了市场主体的投资行为能够获得及时、有效的回报。❶ 本书认为从工业品设计的法律保护历史和现实来看，其立法赋权的价值取向应当包含三个层面：其一，激励工业品外观上的创新。其二，保护产业利益及权利人的市场竞争优势，促进工业品外观上的投资。其三，应注重设计公有领域的充实，为设计专有权和自由模仿寻找合适的平衡点。

为此，工业品设计应具有下述法律特征。

1. 个性特征——由艺术表达性决定

设计作为一种美学表达反映了设计师的个性和取舍，此一点确实无异于作品，前文也曾有论及工业品设计的受限性，受限性使得一些设计难以企及版权独创性的高度。但是法律的取舍恰在此处，为激励创造，需要通过个性特征的标准促使设计师或相关产业从业者"无中生有""螺蛳壳里做道场"。强调艺术表达的个性特征也正是工业品设计激励创新宗旨的表现。

目前我国《专利法》第 2 条第 4 款将外观设计界定为"对产品的形状、图案或者其结合以及色彩与形状、图案的结合所做出的富有美感并适于工业应用的新设计"。其中"富有美感"是该定义中的一项要素，然而"富有美感"仅是对工业品设计事实属性的一个描述，并非是具有规范意义的一个要素。"美"与"不美"均是主观感受，无法进行度量，而工业品的"美"更重要的一个意义是大众消费市场能否接受，从这个角度而言，所有的工业品都是"美"的，总有消费者能够接受，因此将"富有美感"这样的事实描述放入外观设计的法律概念中并未起到其应有的作用，或者说"立法目的在事实上落空了"。❷

所谓"美感"，指的就是设计上所具有个性表达，作为法律规范应直明其义，采用个性特征这一表述。个性就是区别于普通或惯常，因此判定

---

❶ 杨明. 知识产权制度与知识财产创造者的行为选择［J］. 中外法学，2012（4）：742-760.

❷ 张晓都. 专利法外观设计定义中"富有美感"含义的修正及具体适用的建议［C］//专利法研究（2012）. 北京：知识产权出版社，2013：123.

设计是否具备个性特征是需要考虑其是否落入惯常设计、现有设计的。

工业品设计的个性特征和作品的独创性在高度上具有不同的要求。这是由工业品设计的艺术表达受到产品功能限制这一事实特征所决定的。在功能限制下，工业品设计所能采用的表达要素是有限的，取舍空间也是有限的，无法如作品一样具备自由的表达空间。如三菱重工业株式会社诉山东华盛中天机械集团股份有限公司等侵害外观设计专利权纠纷案❶的涉案产品（见图5-1），其产品的外观设计元素即圆环状凸起和凹进，这样的外观在著作权领域是无法获得原创性的。但是在外观设计领域，其具有区别于现有设计的特征，能够获得保护。

图 5-1　三菱重工业株式会社诉山东华盛中天机械集团股份有限公司等侵害外观设计专利权纠纷案涉案产品

再如国家知识产权局专利复审委员会、浙江今飞机械集团有限公司与

---

❶ 三菱重工业株式会社诉山东华盛中天机械集团股份有限公司等侵害外观设计专利权纠纷案，上海市第一中级人民法院（2014）沪一中民五（知）初字第117号。

浙江万丰摩轮有限公司专利无效行政纠纷案中，一审法院和二审法院均认为，"摩托车车轮均为轮辋、辐条和轮毂组成，受其所设定功能的限制，外观变化的空间均为有限，因此，上述区别在设计空间有限的车轮产品上已经对整体视觉效果产生显著影响"。最高人民法院则认为，"在摩托车车轮领域，摩托车辐条的设计只要符合受力平衡的要求，仍可以有各种各样的形状，存在较大的设计空间，二者区别对整体视觉效果的作用较小，涉案专利与在先设计构成相近似的外观设计"。❶

2. 非功能性

工业品设计保护的是产品外部的美学表达，和产品的技术功能、实用功能无关。有学者也曾提出外观设计法律保护应及于其实用性，❷ 这是混淆了功能性设计和非功能性设计，从工业设计的角度而言，设计的确存在功能性设计和非功能性设计之分，但是正如前所述，法律规则对保护对象是有取舍的，功能性设计的保护任务由实用新型专利或者发明专利来实现，非功能性设计的保护任务则交予外观设计制度。这种立法上的分野正是权利体系化思考的结果。

作品、工业品设计、技术三种创造性智力成果体现的是文艺独创性到实用创造性的变化，各客体中权利专有性和自由竞争之间的张力均有区别。在外观设计的制度体系中排除功能性设计的目的既是做到和其他创造性智力成果相区别，又是防止过度垄断的需要。为防止垄断，设计专有权应排除由功能决定的唯一及不可替代的设计特征，因为一旦权利延及于此，权利人就能凭借一项工业品外观设计专有权排除其他带有相应功能的全部产品，获得市场上的绝对垄断地位，这并不利于竞争。前述所及工业品设计立法赋权的价值取向中包含的自由模仿和垄断的平衡恰于此处需要体现。

---

❶ 申请再审人国家知识产权局专利复审委员会、浙江今飞机械集团有限公司与被申请人浙江万丰摩轮有限公司专利无效行政纠纷案，(2010) 行提字第 5 号行政判决书。

❷ 崔峥，传亮. 试论工业品外观设计专利的实用性——兼谈对外观设计定义中"适于工业应用"的理解与思考 [J]. 中国专利与发明，2012（2）：94-98.

对于技术功能唯一限定的设计特征的含义，我国审查实践中主要衡量设计特征是否具有可替代性，如在"超薄密封快餐盒外观设计无效请求案"❶中，无效宣告请求人提出涉案专利盒盖及盒体底部的圆台设计属于功能性设计，不应予以保护。合议组则认为判断外观设计是否属于功能性设计特征应以该设计是否存在可替换的设计方案作为标准，而不能因为设计带有功能性效果就予以排除。该案餐盒盒盖和底部的设计可以防止多个餐盒摞起时横向滑落，但并不唯一限定为涉案专利的圆台形设计，因此涉案专利的该项设计并非纯功能性设计。❷

在三星诉苹果案❸中，法官阿诺德（Arnold J.）认为，根据《欧盟理事会共同体外观设计条例》第8条第（1）款的规定，在进行外观设计判断时，不必深究设计者在设计时想些什么，而应该从一个合理的观察者的角度去评价，这个观察者还要思考，当选择某一特定设计特征时，除单纯的功能考虑外，是否还有其他考虑因素。法官 Arnold J 的上述观点还被英国法官科林·比尔斯（Colin Birss）在该案的上诉判决中所引用。此外，法官阿诺德还认同林德纳诉弗朗森案中确立的法律原则，即如果一项设计的所有特征都是出于技术考虑的，那么产品的设计就是由技术功能唯一限定的。❹

3. 用于工业品所产生的新颖性

罗丹说过，"生活中不是缺少美，而是缺少发现美的眼睛"。设计上不会缺少原创性，只缺少原创的表现方式。工业品设计的新颖性应该解释为：设计艺术的工业应用是前所未有的，未曾在同类产品中的现有工业品上体现出来，或者说将设计艺术作未曾有过的应用。因为就艺术本身而言

---

❶ 国家知识产权局第15579号无效宣告决定，2010年11月12日。

❷ 国家知识产权局专利复审委员会. 外观设计专利无效宣告经典案例评析 [M]. 北京：知识产权出版社，2013：97-98.

❸ Samsung Electronics (UK) Limited v. Apple Inc [2012] EWCA Civ339.

❹ 许媛媛，陶应磊，吴大章. 案说设计空间在外观设计专利侵权判定中的运用——戴森诉维克斯"吸尘器"外观设计侵权案评析 [J]. 中国发明与专利，2014（4）：71.

并不存在更新的艺术和陈旧的艺术，即便是史前先民的涂鸦遗迹也具有古朴的艺术价值，在这个意义上并不存在所谓的艺术创新，艺术的风潮就是周而复始，互相借鉴、吸收和融合。而对于工业品，艺术上的不同和创新唯有应用，唯有在应用上加以体现。设计之所以设权，获得知识产权领域中的一隅也就在于激励设计师或制造商为艺术找到更新的应用。

工业品设计所应具备的法律特征在规则上就表现为保护条件，以此作为取得权利的标准，实现激励外观创新、促进产业投资并实现垄断——竞争相平衡的效果。以上构成了工业品设计价值层面的认知。

第二节 工业品设计独立保护的体系价值

一、超越对象事实的知识产权类型化方法论

传统的知识产权类型化方法论完全建立在具体的智力成果对象基础之上，即事实。这一方法论的形成有着深厚的历史背景，也完全符合19世纪知识产权制度建立的客观需要，具体的对象事实有助于利益博弈团体间彼此对话和沟通，也有利于公众对当时新兴知识产权制度的理解和接受。但是，基于对象事实形成的类型化方法论已经逐渐无法对新的智力成果加以有效地覆盖和反馈，于是在知识产权的权利体系内，新型权利不断出现，如集成电路布图设计权、数据库特别权，乃至于未注册设计特别权等。现有的类型化方法论也只能笼统地将诸多权利大体以版权和工业产权相区分，所使用的仍然是基于对象事实的分析方法。这个方法如果继续应用下去，知识产权的权利体系将会越来越膨胀，相应地，各权利边界和彼此的界限会越来越交叠不清。

本书虽以工业品设计权的独立性为研究对象，但研究其独立性必然涉及分类的方法。在这一研究过程中，本书认为知识产权类型化的方法应从具体的对象事实升华至以价值为导向的思考上来。也就是前文所述的应以权利客体作为基本的类型化方法论。权利客体反映的就是权利所包含的利益诉求，知识产权的各权利所包含的利益诉求不同，利益诉求是价值涵摄

的结果，具体而言，各知识产权的价值涵摄包含了智力创造成果的市场需求和利用方式两个方面。

其中，市场需求决定了智力创造成果的利用方式，利用方式则决定了智力创造成果的利益分配。市场需求越多样，利用方式就会越多，参与利益分配的主体就越多。就作品而言，一方面，随着技术的革新，作品传播方式逐渐多样化；另一方面，作品并不对自身的有形载体有特别的要求；此外，市场追求的亦是作品的多样化和创作的繁荣。因此著作权的利用方式也就最为多样，无论中外，在知识产权体系中，著作权的权利内容都是最丰富的。尤其在新技术推动下，市场对作品的利用方式也愈加多样。著作权的历史演进已经表明了权利在沿着"有形复制—无形传播—多种演绎"的方向不断发展，利用方式是立体化的。这其中也诞生了一批邻接权主体参与分配利益，可见参与利益分配的主体也是多层次的。

在技术领域，市场追求的是最新和最难的技术，这决定了技术方案的利用方式就比较单一，即将技术方案转变为最新型、最先进的产品或方法。因此只能对技术方案进行有形利用，无论是科学研究、仿制还是改进。如果用著作权的"语言"描述的话，实际上都是"复制"——技术方案载于有形质料上。因此在专利权的权利内容中只存在和有形载体有关的权利：制造权、使用权以及一系列和销售有关（销售、许诺销售和进口）的权利。利用方式的单一决定了参与专利权利益分配的主体主要是创造人或投资人，即使是专利技术的改进人也仍然受到专利权人的控制。

工业品设计的市场需求和作品是类似的，即多样化，但这种多样化的需求受限于有形产品无法进行无形传播。因此其利用方式也是单一化的，即有形利用，其权利也就只能是制造和销售类的权利。这实际上也体现为一种"复制"，由此决定了其利益分配方式也是单一化的。

市场需求和利用方式的区别作用于各智力创造成果，经过利益和价值的取舍才产生了不同的知识产权类型，这构成了知识产权类型化的方法论。

二、自由竞争和垄断的平衡

工业品设计专有权的独立也是一个探求自由竞争和垄断相平衡的结果。设计专有权、版权和专利权作为专有权都存在和自由竞争的张力,但三种权利中的张力存在差异,强弱有别。"竞争就是复制"(Competition is Copying)。❶ 在 Bonito Boats 案中,法院一再强调"联邦专利法精确地维系着激励创新和模仿改进之间的平衡,这正是认识到模仿改进是创造之必需,也是充满竞争力的经济的命脉"。❷ 专利权是排他性最强的,如禁止重复授权使技术仅能由一个主体垄断;侵权抗辩的理由仅能援引自由公知技术抗辩,善意侵权仍需要承担侵权责任;排他权受限制的规则围绕着公益进行制订,在专利技术上的再创造均受到原有专利的制约。这些规则确保了专利权人在市场上的强垄断地位,模仿竞争几乎是不可能的。

版权排他性次之,独创性的保护条件使得侵权行为人不但可以援引公知成果作为抗辩,还可以援引独立创作作为抗辩,这也使得版权并不排斥雷同、偶合的情形;作品上的再创作在一定条件下可以不受原作的限制,如戏仿、角色演绎等❸。对版权的限制规则除了考量公益外,还将个人使用包含进来,这本身就是鼓励知识传播和再创作的表现;版权只保护表达不保护思想,因此创意完全可以模仿。可见版权在一定程度上允许自由竞争。

大众消费时代公众对工业品设计有着多元化的需求,市场欢迎多种产品形态,同时,工业品设计富于变化,紧跟时代风潮和社会需求,以 10 年为一个周期,生活中常用的产品外观已经经历了多种变化(见图 5-2)。

---

❶ Ralph S. Brown, The Joys of Copyright, Yale L. Rep., Fall-Winter 1982-1983, at 22, reprintedi n 30 J. Copyright Soc'y U. S. A. 477, 481 (1983).

❷ Bonito Boats, Inc. V. Thunder Craft Boats, Inc., 489 U.S. 141 (1989), 原文 "the federal patent laws have embodied a careful balance between the need to promote innovation and the recognition that imitation and refinement through imitation are both necessary to invention itself and the very lifeblood of a competitive economy"。

❸ 李明德. 美国知识产权法 [M]. 北京:法律出版社,2014:386.

图 5-2　2001~2013 年手机外观❶

在工业设计领域，几乎所有产品都在应用"有计划地废止制度"策略，即有计划地推出新产品，让老款过时，吸引消费者购买新产品。"有计划的废止制度"最早就是通用汽车公司总裁斯隆和设计师厄尔在通用汽车公司创造的汽车设计新模式。汽车也是外观最富变化的产品之一。那么，"变"从何来？求变一定离不开兼容并蓄，也就是需要在模仿中求变，通过模仿，人们学习借鉴经营者的经营成果，并将这些成果使用在其仿制的产品上，在消化、吸收的基础上再行创新。这种做法完全符合人类社会进步的客观规律，符合科技发展的要求。❷ 因此"变"也就是创新，而模仿是创新的必经阶段。作为激励创新的制度之一，工业品设计带有的客观属性需要对"求变"的过程放宽规则，或者说需要容忍一定程度的模仿和自由竞争。对此，著作权和专利权则予以部分和全部排斥。

知识产权领域存在所谓"公地悲剧"的认知，即认为非物质的智力创造成果上如果没有产权保护，会导致创造衰竭。和公地悲剧论相对应，知识产权领域也有"反公地悲剧"论。其认为之所以产生"反公地悲剧"是因为私有产权的存在使得产权的利用成本过高，这导致资源被低效利用、无效利用或是根本没有利用。知识产权领域的"公地悲剧"和"反公地悲剧"的博弈实际上正反映了自由竞争和垄断之间的不同张力。说到底，知识产权是人为设置的一项制度，是人为造成的资源稀缺。造成这一资源稀缺的目的在于依赖智力创造成果的产业需要以产权的确立为前提，从而通过交易对知识产权进行利益分配，产业才可能得

---

❶　网易. 10 年手机变迁史 [EB/OL]. [2015-08-25]. http：//mobile.163.com/special/mobilephonedesign/.

❷　孙鉴. 商品形态的模仿自由及限制 [D]. 武汉：华中科技大学，2007：29.

以生存，得到发展。因此"控制"是知识产权的核心。"悲剧"发生与否只与"控制"上产生的交易成本有关。成本过高的公共产品同样会发生利用不足，如古代皇室对某些知识技术的垄断；成本过低的私有产权也会发生利用过度，如网络盗版。罗纳德·科斯教授1937年在《企业的性质》一书中提出了"交易费用"的概念，它所包含的就是交易成本的内容。科斯把它定义为获得准确的市场信息所需要付出的费用以及谈判和经常性契约的费用。新制度经济学指出，无论如何，交易都是有成本的，既然交易费用不为零，制度安排努力的方向就应该是倾向于较低的交易成本。因此，知识产权交易结构的合理确定是解决自由竞争和垄断相平衡的核心，容忍自由竞争或模仿意味着在制度上需要控制专有权的数量和质量，提高授权门槛，在权利取得上增加成本，既增加申请人的成本，也增加国家管理成本。但由于授权的限缩，权利增速放缓，反而会增加模仿的空间，减少专有权领域的交易成本。在这个意义上本书是反对对工业品设计进行重叠保护的，承认多个专有权的重叠保护将极大增加交易的不确定性，使用人为避免侵权必须作好事前调查，否则就会承担侵权成本，这就是增加交易成本的体现。要么著作权、要么设计专有权、要么专利权，确权和侵权的认定只能在一个制度体系内完成。重叠保护具有的反竞争性并非我国在创新发展道路上的优选。

第三节　工业品设计独立保护的制度构想

工业品设计独立保护的整体制度应建立在其认知体系上，体现市场需求，满足设计的市场应用方式，控制他人擅自应用的行为。其整体的制度规则应通过专有权规范体系、非正式规范体系和《反不正当竞争法》的综合作用加以实现。

一、专有权规范体系

我国一直以来以《专利法》的形式保护工业品外观设计，这一模式形成的惯性影响就是从现实来看，似乎专利形式已经可以解决工业品设计保护的相关问题。事实上，目前《专利法》《专利审查指南》以及相关司法解释已经建立的工业品设计保护规则完全可以自成体系，而由于《专利法》自身条文设置上需要平衡发明、实用新型和外观设计的内容，外观设计的规则因此无法得到进一步的细化和发展，本应包含在法律中的规则只能以司法解释的形式存在。另外，《专利法》自身既要完成促进科技进步的立法任务，又要在产品外观的保护上实现国际协调，❶ 多线发展无益于知识产权科学体系的形成。因此，未来工业品外观设计的保护应当采专门法的形式，获得一项独立的知识产权。根据我国工业品设计保护的已有立法、司法和审查规则，以下仅从需要改进的方面入手，提出相应的规则建议。

（一）授权条件

1. 个性特征

本书赞成在现有的新颖性标准之外增加"个性特征"标准。实际上仅采取新颖性标准也并不违反我国所承担的国际义务。但是为了进一步激励产品式样和形态的翻新，调动企业的设计热情，提高我国整体的外观设计能力，有必要在新颖性之外规定更高的标准。这个标准不是技术专利的创造性，而是强调设计整体具有不同于现有设计的印象，即个性特征。个性特征标准在欧盟设计保护制度中早已确立，其具体规则和适用经验可供借鉴。个性特征的判定是建立在三方面的基础之上的：其一，受保护的设计所具有的个性特征是指其整体上具有不同于现有设计的印象；其二，这种整体印象是一般消费者的整体印象；其三，应当考虑到设计上自由度的大小，即产品设计部位可变化的程度。

实际上，我国的审查和司法实践已经采取了"个性特征"的有关构造，在判定外观设计的效力时国家知识产权局专利复审委员会会排除惯常设计，司法实践也会根据设计自由度或设计空间判定外观设计

---

❶ 当前进行的第4次专利法修改已经考虑了我国即将加入《工业品外观设计国际注册海牙协定》，为此外观设计的有关规则将会发生变化。

的保护范围。❶ 但是相对于立法，审查规则或司法实践无法产生相对于公众的较大影响力。当然，当前审查实践和司法实践积累的经验可以为未来立法提供支撑。

个性特征和新颖性的区别在于新颖性强调的是设计特征的对比，个性特征则强调的是整体印象。如果设计特征存在区别，产品的整体印象相对现有设计并未形成区别的话，设计无法获得授权。此外，个性特征作为授权条件也可以和侵权判定上强调的整体对比相呼应。如在 Wuxi Kipor v. Honda Motor 案❷中，法院依据"个性特征"认定即便两者的变频发动机存在多个设计区别，但是这些区别没能使得两个产品在整体上形成差异，因此被告并不构成侵权。

个性特征并非著作权中的"独创性"，大陆法系国家的独创性强调的是作者的个性表达，其中往往包含了作者的思想、情感等人格要素；英美法系的独创性标准虽然较大陆法系低，但也要求最低层次的创造性劳动。但是个性特征标准是个相对于独创性而言更具客观性的标准，其既不要求人格意义上的个性，也不要求任何美学成分，只要求"整体印象区别"的客观存在。

2. 用于工业品

"用于工业品"成为工业品设计专有权和著作权的分野，因此成品出现前的制图、建模等成果均处在版权保护范围中，一旦工业成品出现，具备了可以批量生产的特性和条件，就应当处在设计专有权的保护范围内。所谓工业上的批量生产指的是工业品可以复制，只要生产条件相同，复制出的工业品在外观表现上和设计品质上是稳定的和一致的。工业品设计专

---

❶ 如《专利审查指南 2010》第 4 部分第 5 章"无效宣告程序中外观设计专利的审查"中在对新颖性的审查。但是关于"设计空间"则只在司法实践中成为侵权判定是否成立的一项考量因素，例如：上海利拉食品有限公司与国家知识产权局专利复审委员会其他二审行政判决书，北京市高级人民法院，（2015）高行（知）终字第 3466 号；三阳机车工业公司与本田工业株式会社侵害外观设计专利权纠纷二审民事判决书，福建省高级人民法院，（2014）闽民终字第 641 号等。

❷ Wuxi Kipor Power Co., Ltd. v. Honda Motor Co., Ltd, R 860/2007-3, 2008.

有权要求设计表达和物质产品相结合这一特点有些类似于商标保护，即单纯的标识并非商标，商标专用权一定产生在标识和商品/服务发生联系之时。这一点正是作为工业品的物质载体在设计专有权中的意义所在。因此"用于工业品"要求设计专有权取得时指明产品类别。正因如此，本书认为英国的"权利转换"规则具有合理之处。

"用于工业品"对设计的新颖性判断产生影响，设计如何区别于现有设计需要考虑设计自由度的问题。《欧盟共同体外观设计条例》规定，"获得共同体外观设计保护的外观设计应当具有新颖性和个性特征"，其第6条对于个性特征的要求是："（1）如果一项外观设计给予经验用户的整体印象与现有设计给予该用户的整体印象不同，则外观设计具备独特性；（2）在评价独特性时，应当考虑到开发设计时所享有的自由度。"

"用于工业品"的设计和"工业品"的设计存在区别，前者强调的是设计在产品上的应用，因此可能是在产品的全部进行的应用，也可能是在产品的部分进行的应用；后者强调的则是工业品，那么设计只能在一个能够被称为工业品或产品的载体上体现出来。两者的区别决定了部分外观设计制度能否确立，按照前者，对产品的部分外观设计进行保护没有一点法律障碍；而依照后者，产品的部分显然不是完整的产品。如美国确立部分外观设计保护的重要案例——In re Zahn 案[1]中，设计人主张保护的就是钻头产品的钻柄部分，该案在美国关税及专利上诉法院审理时，法院指出：专利复审委员会将申请专利范围直接指向钻头工具及钻头工具钻柄部分，这种指向"产品本身"（the article itself）而不是指向"应用在产品的设计"（the design for the article）的认知是错误的。因为，外观设计专利保护的是应用在产品上的设计，设计可以应用在整个产品上或是应用在产品的部分上，而且，外观设计专利要讨论的是"应用在产品上的设计"，而不是"产品设计"。

我国学术界也曾就产品部分外观设计是否属于《专利法》保护的客体

---

[1] In re Zahn, 617 F. 2d 261, 204 USPQ 988, (CCPA, 1980).

而出现过争议。❶ 其中一个争议点就在于中国外观设计专利的客体到底是产品还是设计？一种观点认为外观设计专利保护的是产品，产品的部分不是保护客体；另一种观点则认为外观设计保护的是产品的外观设计，客体是外观设计，产品只是载体，因此产品的整体和产品的部分均可作为载体。这种争论仍然没有将外观设计保护的对象和客体相区分，因而形成的争论并无益于制度的改进。按照本书提出的观点，工业品外观设计权保护的客体是设计结合于工业品所产生的竞争优势，因此是否可以保护部分外观设计这一问题是很容易得出肯定结论的。新设计在产品上的应用如果可以产生竞争优势，那么就反映了设计持有人的创造性劳动，反映了消费者的消费选择，也满足了公众在产品上的审美需求，这本就和是应用在整体上还是部分上是不相关的。现已公布的《专利法》修改草案送审稿❷中，部分外观设计的保护已经得到立法的肯定，外观设计被重新界定为"对产品的整体或者局部的形状、图案或者其结合以及色彩与形状、图案的结合所作出的富有美感并适于工业应用的新设计"，2020年10月17日《专利法》经修改后，该内容被正式确定。

3. 非功能性

工业品设计专有权不保护产品功能唯一决定的、不可替代的设计特征。功能性设计特征即使表现在产品外观上，在确权以及侵权认定中，不能被用来作为相同或相似的比较基础。目前我国法律中对于非功能性的规定并非是空白的，如《专利审查指南2010》第4部分第5章6.1中（3）规定：由产品的功能唯一限定的特定形状对整体视觉效果通常不具有显著的影响（指对判定设计相同或相似的影响）。《最高人民法院关于审理侵犯专利权纠纷案件应用法律若干问题的解释（二）》第11条规定：人民法院认定外观设计是否相同或者近似时……对于主要由技术功能决定的设计特征以及对整体视觉效果不产生影响的产品的材料、内部

---

❶ 吴溯，陈晓，秦锋.美国部分外观设计保护制度和图形用户界面保护制度的发展及启示［J］.电子知识产权，2014（9）：58-64.

❷ 2015年12月2日公布。

结构等特征，应当不予考虑。这实际上是在由行政和司法执行立法欠缺的功能，而在立法中明确规定非功能性作为授权条件是知识产权体系化和类型化的自然结果。非功能性反映的是工业品设计的客观特征。但是，当前《专利法》却用"富有美感"这样的主观评价来界定外观设计会产生一定的误导。

实践中，非功能性的判定常需要和产品的设计空间结合起来加以考量，如北京市高级人民法院曾认定，《专利法》第 23 条第 2 款规定："授予专利权的外观设计与现有设计或者现有设计特征的组合相比，应当具有明显区别。""涉案汽车座椅类产品虽具有一定的功能性设计特征，但整体仍具有一定设计空间。"该案中，座椅的整体轮廓、组成部分的位置关系、图案和形状均是可以发挥设计的设计空间。❶ 在对整体设计空间的考量下，功能性设计主要影响的是产品的有用性和适用性。如运输半挂车案中，法院认为"原告对涉案专利形状的设计，是出于最大限度地利用空间，方便装卸物料的目的"。涉案设计的形状是出于抗压承重、运载方便的目的；放置方式是因为有国家标准的规定；6 个车辆外廓是按照国家标准进行计算得出的最优结果；车轮数量是由车辆载重决定。因此"涉案专利设计并不是为了装饰美化运输半挂车，而是由该种形状的车体能否经济、方便，即容积最大、卸料最净、抗压最强、成本最低地完成装载、运输物料任务来决定的，这既包括了运输半挂车设计的经济性功能，也包括了运输半挂车的技术性功能、作用和效果"。❷

功能性设计的判定需要考量唯一性或可替代性，在前述运输半挂车案中，法院就指出，"相同功能的产品完全可能采用不同的设计实施方案实现，产品的装饰效果和美感要求可以和产品的功用相脱离的，具有可选择

---

❶ 参见：佛山市丽江椅业有限公司诉国家知识产权局专利复审委员会专利行政管理（专利）行政判决书，北京市高级人民法院（2015）高行（知）终字第 626 号。

❷ 浦某等与营口宝迪专用汽车制造有限公司外观设计专利侵权纠纷上诉案，辽宁省高级人民法院（2007）辽民四终字第 161 号民事判决书。

性，而功能性的设计往往不具备可选择性"。❶ 最高人民法院在逻辑编程开关案❷中也作了类似的论述："功能性设计特征与该设计特征的可选择性存在一定的关联性。如果某种设计特征是由某种特定功能所决定的唯一设计，则该种设计特征不存在考虑美学因素的空间，显然属于功能性设计特征。如果某种设计特征是实现特定功能的有限的设计方式之一，则这一事实是证明该设计特征属于功能性特征的有力证据。"同时，功能性设计的唯一性仅是相对装饰性设计而言，而非针对功能性设计彼此之间的替代性。该案中，最高人民法院进一步指出，"如果把功能性设计特征仅仅理解为实现某种功能的唯一设计，则会过分限制功能性设计特征的范围，把具有两种或者两种以上替代设计的设计特征排除在外，进而使得外观设计申请人可以通过对有限的替代设计分别申请外观设计专利的方式实现对特定功能的垄断，不符合外观设计专利保护具有美感的创新性设计方案的立法目的。从这个角度而言，功能性设计特征的判断标准并不在于该设计特征是否因功能或技术条件的限制而不具有可选择性，而在于在一般消费者看来，该设计特征是否仅仅由特定功能所决定，从而不需要考虑该设计特征是否具有美感"。❸

（二）审查制度

1. 事前审查的功能

审查制度的主要功能是判定权利效力，知识产权的客体由于非物质性会导致权利边界不如有形财产权清晰，因此均需要对各自客体作基于个案的界定。为此目的，以是否发生实际纠纷为界，审查制度被分为事前审查和事后审查。事前审查由行政主体完成，决定权利是否能够取得；事后审查由司法主体承担，判定权利是否得以持续。审查标准均离不开知识产权客体的基本保护条件。是否同时建立两种审查制度在知识产权权利体系内

---

❶ 浦某等与营口宝迪专用汽车制造有限公司外观设计专利侵权纠纷上诉案，辽宁省高级人民法院（2007）辽民四终字第161号民事判决书。

❷❸ 国家知识产权局专利复审委员会与张某某、慈溪市鑫隆电子有限公司外观设计专利权无效行政纠纷再审案，最高人民法院（2012）行提字第14号行政判决书。

有别，差别主要在事前审查制度上，著作权没有建立事前审查制度，其权利效力如何均由事后审查即司法承担；除著作权外的其他工业产权基本上均建立了事前审查制度。差别的主要原因在于事前审查制度承担了两项重要功能：公示功能和禁止重复授权功能。不同的知识产权对这两项功能的需求也是不同的。

（1）公示功能。事前审查由行政主体完成，为此，各国均建立了知识产权中的申请—审查—授权制度，设置知识产权局或专利局等机构，由其中的审查人员完成核心的权利评价工作。一旦授权，权利的基本信息均向公众公示。公示作用主要有三：其一，作为知识平台便于知识的集中管理，促进知识传播；其二，初步确定权属；其三，产生推定性，权利由此具备了基本的公信力，昭示其已经满足了法定条件。

是否所有的知识产权都需要进行公示？目前来看，取得著作权无须通过公示，其中原因是历史性的。在传统的大陆法系国家看来，作者权是天赋人权的表现，是一种自然权利，因此作品一经创作完成，天然获得权利，无须任何他人的认可和界定。这种自然权利观在著作权领域通过《伯尔尼公约》产生广泛影响，因此如今世界上的主流模式是著作权自动取得。著作权无须公示的另一个原因与创作活动的广泛性及常态化有关，创作虽然并非是人人都具有的能力，但是却可以说是多数人所具有的能力，因此创作的主体比较广泛；创作活动的发生在生活中也很常见，学习、娱乐、社交和工作中都会出现。因此主体的广泛性和发生的常态化使得公示每一件创作出的作品几乎是不可能的，大众也不会就自己创作的作品一一申请权利。因此，在著作权法中建立一项如此耗费成本的公示审查制度既不可能，也很浪费。自动保护及事后审查是最经济和保险的做法。

前文有论，工业品设计既和创作具有同质性，又存在重大区别，作为一种商业行为，对产品加以设计不具有主体广泛化和发生常态化的特征，为了获得产品市场的竞争优势，企业往往对设计要进行一定期间和一定体量的投资，即所谓设计的"研发"，这就使得自动保护工业品设计的制度模式缺少了经济效益上的驱动力。

另外，对工业品设计提供多重保护的国家，承认未经审查授权的工业品设计如果满足原创性要求，可以获得著作权保护，也就是说，在这样的国家，理论上工业品设计是可以未经公示而获得权利的，当然这还需要在纠纷发生后由司法进一步审查。当然，著作权是否需要通过公示取得并非本书研究的重点，但是无须公示取得权利具有两面性，对权利人而言显然会对权利的产出产生积极作用，即取得权利的成本为零，极为便捷。潜在权利人或相关产业自然倾向于这种方式。但同时非经公示也带有一定的消极作用，即权利并不稳定，对权利效力的评价成本完全由司法负担。从审查主体的角度而言，减轻了行政负担，加大了司法负担，同时行政主体也会因此不能获得申请费、审查费、维持费等费用。

对于工业产权而言，审查授权是个普遍性要求，专利、外观设计、实用新型、商标、植物新品种、集成电路布图设计均如此。可见，工业产权的权利取得没有采取自然权利作为其哲学基础，而是通过法定主体按照法定条件进行审查，是激励政策调整的一种结果，是激励创造和公有领域的一种平衡，这样的权利取得方式既保证了公有领域不会被不当地侵夺，也保证了相应知识产权主体的市场垄断地位。与此同时，采取授权公示，使得新知识集中登记于相应的国家机关，为社会公众查询、检索信息提供便利，为再创造明确方向，具有防止重复投入和知识平台的双重作用。

工业品设计在权利取得上是否需要进行公示？笔者认为，这需要从再创造的难易以及工业品设计的市场功能角度进行分析。在知识产权的创造性客体中，作品二次创作或者说演绎是相对容易的，因为作品是作者思想、情感以及个性的一种表达。人皆有情感，只要具备一定的表达能力，安排好表达要素，都能做到二次创作。同时，作品的表达要素也为常人熟悉，可以说生活中的二次创作比较常见。作品不进行公示授权，也就少了"条条框框"的约束，这反而方便了人们的二次创作活动，丰富了新的文艺创造成果。正是表达的个性化使得文学艺术知识的集中管理并无必要。此外，文艺创作是一种个体活动，并不和市场直接相关，这也正是文学产权和工业产权的传统区别之一。即便在今天版权产业化的背景下，甚至于互联网时代个体和市场可以进行直接互动，市场也无法直接左右创作活动,因此在著作权领域,登记、发表均要遵从著作权人的意愿,公示也就成为非必要的选项。

对于技术而言,技术创新不是每个个体均具有的能力。在现代社会,即使个体的创新能力再高,也离不开合作和物质技术条件的支持。新技术固然是全人类的共同需求,但是从微观的市场活动看,新技术是企业获得竞争优势的利器。这就决定了技术领域的再创造既需要大量的在先成果为基础,也需要财力投资作保障。为此目的,发明人需要一种知识平台传达相关领域的技术发展现状。投资人也需要一种知识集中管理机制确保投资的准确性,公示也就成为必然的选择。既非技术也非纯粹文艺表达的工业品设计对公示是否有需要呢?笔者认为是有的,因为工业品设计是"用于工业品"的设计表达,工业品需要在市场中和同类产品进行竞争,设计承担的是市场功能而非个体化的"明月清风"。工业品设计的市场功能决定了它和技术方案一样需要知识平台和集中管理以保证正在开发中的工业品设计不与他人的市场利益相冲突。工业品设计的再开发同样依赖于这种知识平台以获得市场中最新颖的设计成果。因此如果单纯以著作权方式保护工业品设计显然是不合适的。

(2)禁止重复授权功能。在专利制度中,禁止重复授权是指同样的创造物不能有多项处于有效状态的专利权同时存在。禁止重复授权原则广泛见于工业产权的法律规则,适用在审查授权程序中。《专利法》第9条第1款规定,"同样的发明创造只能授予一项专利权"。其第2款规定,"两个以上的申请人分别就同样的发明创造申请专利的,专利权授予最先申请的人"。《植物新品种保护条例》第8条规定,"一个植物新品种只能授予一项品种权。两个以上的申请人分别就同一个植物新品种申请品种权的,品种权授予最先申请的人;同时申请的,品种权授予最先完成该植物新品种育种的人"。《商标法》第31条规定,"两个或者两个以上的商标注册申请人,在同一种商品或者类似商品上,以相同或者近似的商标申请注册的,初步审定并公告申请在先的商标;同一天申请的,初步审定并公告使用在先的商标,驳回其他人的申请,不予公告"。

禁止重复授权原则具有增强权利效力的作用,当然在权利取得的程序上也就更为严格。总的来说，权利产生的条件越苛刻，权利效力也就越强，❶ 工业产权正是通过禁止重复授权原则来确保权利人独占性的市场地位。市场的另一端——消费者对于技术的态度可以说和发明人以及产业是同向的，即追求最新、最好的技术产品。智能手机取代功能手机，甚至大有取代电脑之势，发动机缸内直喷产生的节油效果，无叶电风扇对比折页电风扇的优势，都是求新和求好的结果。独占权确保了最具创新性成果的垄断，这就是对权利人最有效的激励。

著作权以独创性作为权利取得条件，独创性并不排斥雷同或偶合，只要不是抄袭之作都可以受到版权保护，这是对个体张扬个性的激励。因此禁止重复授权不适用于版权。工业品设计应用于工业品，设计直接在市场上和同类产品竞争，这些特征决定了权利人会更青睐市场中的独占地位，禁止重复授权符合其利益主张。但是对于工业品设计的消费者而言，消费者的追求未必和权利人及产业是同向的，前文论证的多元性市场需求就是关键。消费者对设计的追求是多样化的，这源自审美的多样化。甲眼中的新奇设计未必是乙的心头好，丙追求的奢华大气哪及得上丁的"小清新"。既然工业品设计不是对最新和最好的追求，那么禁止重复授权就无法形成对工业品设计创新的有效激励，反而可能会阻碍多元设计的出现。由此可见，作品、技术和工业品设计对禁止重复授权的需求是不同的。

2. 实质审查和形式审查的取舍

在事前审查的程序设置上存在实质审查和形式审查的区别，实质审查由行政机构以法定条件判定申请案是否符合授权条件，形式审查则不做授权条件的实质性判断，仅审查申请文件的格式和撰写。从程序设置而言，实质审查显然更为严格，获得授权的权利在有效性上的推定效力更强，更为可信。但是实质审查耗时长、程序复杂，这需要行政机构和申请人都要负担相应的成本，包括申请成本、时间成本和行政成本，其中行政成本还包括受理成本、文献归档成本、公告成本等。形式审查则周期较短，程序简单，减轻了双方的成本。但无论如何，只要是进行审查，就会消耗

---

❶ 郭禾. 中国集成电路布图设计权保护评述 [J]. 知识产权, 2005（1）: 12.

成本。

  我国目前外观设计获得专利授权采取的是形式审查，多年的经验积累已经使得外观设计的审查周期迅速缩短，2011~2015年，外观设计专利申请的平均审查周期已经缩短为3.7个月，复审请求案件和无效案件的平均审查周期分别为14.6个月和7.2个月。❶ 总的来说，申请人从提出申请到获得专利权证书大概需要3~6个月。形式审查的低成本和高效率符合了产业利益的要求，但是同时也催生了"垃圾专利"。很多设计仅具有名义上的权利，这些设计可能鲜有人对其提出无效宣告，也不会发生侵权纠纷，有些甚至可能都不会投入生产制造，"证书上的权利"会如是持续10年。那么，获得独占权的意义何在？形式审查只会促成"外观设计投机"而非"投资"的现象大行其道，无益于产品的外观创新。另外，从外观设计的无效率来看，截至2013年，外观设计的有效量累计122.4万件，其中国内占113.2万件，国外占9.2万件，有效量占三种专利的29%。❷ 2003~2013年共授权外观设计专利245万件，❸ 可见无效率达56%。同一时间段，专利的总无效率约为27%，❹外观设计的无效率远远高出平均值。这无形中既加大了行政主体的复审成本，也加重了无效诉讼引发的司法成本。

  为改变这一现象，2014年，国家知识产权局决定对《专利审查指南2010》作出修改，在第1部分第3章第1条规定，"外观设计进行申请文件的形式审查，并审查其是否具有明显实质性缺陷"。而且第1部分第3章第8条规定：初步审查中，审查员对于外观设计专利申请是否明显不符合《专利法》第23条第1款的规定进行审查。审查员可以根据其获得的有关现有设计或抵触申请的信息，审查外观设计专利申请是否明显不符

---

  ❶ 国家知识产权局.我国专利审批能力进一步增强［EB/OL］.［2015-08-29］.http：//www.sipo.gov.cn/mtjj/2015/201505/t20150518_1118684.html.
  ❷ 国家知识产权局.2013专利统计年报［EB/OL］.［2015-08-29］.http：//www.sipo.gov.cn/tjxx/.
  ❸❹国家知识产权局.2007—2013专利统计年报［EB/OL］.［2015-08-29］.http：//www.sipo.gov.cn/tjxx/.

《专利法》第 23 条第 1 款的规定。外观设计可能涉及非正常申请的，例如明显抄袭现有设计或者重复提交内容明显实质相同的专利申请，审查员应当根据检索获得的对比文件或者其他途径获得的信息，审查外观设计专利申请是否明显不符合《专利法》第 23 条第 1 款的规定。第 11 条第 1 款规定：初步审查中，审查员对于外观设计专利申请是否符合《专利法》第 9 条的规定进行审查。审查员可以根据其获得的同样的外观设计的专利申请或专利，审查外观设计专利申请是否符合《专利法》第 9 条的规定。修改后的外观设计专利审查已经不完全是形式审查了，本书将其称为"准实审制"。准实审制下鼓励审查员积极通过各种途径进行检索，发现现有设计以及抵触申请，是对审查标准的提高。这是我国主动提高外观设计专利授权质量的表现，也是出于维持现有审查周期不受影响的考虑。形式审查和实质审查的折中是契合工业品设计的特性的。

（三）保护期

第四次《专利法》修改在外观设计制度上的一个重要变化就是拟延长外观设计的保护期。这个修改主要是为了我国加入《海牙协定》所做的准备。《海牙协定》第 7 条规定：国际保护的期间为自伯尔尼的国际局保存之日起 15 年；该期分为两期；第一期 5 年，第二期 10 年。第一保护期届满前允许权利人提出一次续展，延长保护 10 年。外观设计的保护一共是 15 年。续展制度存在的意义有三。其一，给与权利人调整其外观设计保护策略的机会，按照《工业品外观设计国际注册海牙协定日内瓦文本实施细则》第 24 条第（2）项的规定，权利人应向国际局提交一份声明，声明应"指明对于哪些缔约方或哪几件工业品外观设计不续展国际注册"。权利人可以借此审视其产品外观设计的市场效果、同类产品设计上的竞争变化以及变化趋势。淘汰在竞争中表现平平的设计。其二，加快设计专有权进入公有领域的周期，更好地促进模仿基础上的竞争。某些不再续展的设计在 5 年后即进入公有领域，成为产品设计再次开发的基础。其三，增加外观设计制度的灵活性，适应多种类产品的不同需求。由此，通过续展制度，权利人可以更好地认识自己所持有的设计在市场竞争中的地位，认识产品本身的市场周期，从而择优进行较长时间的保护，续展制度成为对于具有高度创新性和价值性设计加以筛选的制度。欧盟的外观设计保护期同样采取的是续展制，《欧盟共同体外观设计保护条例》第 12 条规定：注册外观设计保护期限自申请日起 5 年，期满后可以续延，每次 5 年，最长保护期限为 25 年。可见期限多长并非是个必然性的问题，15 年和 25 年并不存在本质的区别，对保护期产生实质影响的恰恰是续展制度。

在《专利法》修法的过程中，也有专家提及现有的 10 年保护期太短，如"这个期限虽然达到了 TRIPs 规定的下限，但是看来是太短了一点。有些名酒的瓶子外观很独特，如果申请外观设计专利，10 年以后任何人就可以仿制，恐怕保护是太不够了"。[1] 实际上对于权利人而言，法律给予多长的保护期都是不够的，保护期一定是越长越好。对于所谓名酒、名表、名牌箱包等设计经典的商品，完全可以在外观设计的保护期间通过宣传扩展知名度，使其产生前文所论述的衍生利益——以商业标识的形式获得法律保护。这种方式不但能够使权利人获得相对永久的法律保护，还会督促权利人注意维护商品外观上的利益，而不是"睡"在既有的外观设计权利上不知建树。

本书认为工业品设计权利期限如果采用单独立法的形式，续展制度应加以考量。而依据现状，我国专利制度中的年费制度在效果上和续展制度类似。按时缴纳年费实际上成为专利权得以延续的保证。但是因为存在权利恢复的制度补救，以及单纯缴费并不审查权利本身，年费制度和续展制度相比还是存在一定差距的。续展制度是能够督促权利人在实质上审视设计价值的更为合理的模式。总之，应慎用一次性 15 年或更长保护期的规定。毕竟如果延续目前的形式审查制度模式，依然会有相当数量的、不值得保护的设计获得专有权。在"徒有其名"的权利之下获得一次性 15 年的保护期，使得专有权的效用大为降低，也未必有利于产品式样的翻新。

---

[1] 张伟君. 实用艺术作品著作权法保护与外观设计专利法保护的协调 [J]. 知识产权，2013（9）：51-54.

（四）侵权判定方法

外观设计专利侵权诉讼中，整体视觉效果上的相同或相似目前已经被司法实践和审查实践予以认可，因此，本书在此讨论的是"新颖点"——工业品外观设计专利侵权诉讼中专利设计与现有设计相区别的设计特征——在侵权判定中是否应加以考量以及如何考量。

整体外观判断和"新颖点"判断同时涵盖了侵权判定中采取的不同主体判定标准，前者指向"一般消费者"，后者指向"专家"。在承认工业品外观设计权的权利客体是设计结合于产品所产生的市场竞争优势这一基础上，申请外观设计专有权保护即可被视作企业拟通过工业品设计垄断产品市场，因此，消费者必然是产品市场的关注对象，产品设计的非法模仿也就是通过吸引消费者损害权利人的市场垄断。而"新颖点"或者说以"专家"作为相同、相似与否的主体标准均是仅着眼于产品自身，而非产品设计所形成的市场利益。这恰是本书一直强调的工业品设计专有权保护制度应从事实层面的关注转移至价值层面的关注上来。

因此，整体视觉效果的相同或相似或者一般消费者标准应是外观设计侵权判定的基本方法。但"新颖点"标准同样在侵权判定中起到作用，本书认为其作用首先是从属、支撑整体视觉效果判断，即"新颖点"的评判仅在对整体视觉效果存在影响的前提下才予以考量，并非所有的"新颖点"均能起到整体上影响视觉效果的作用，本书在第一章中提及的"手持淋雨喷头案"中，最高人民法院认为，"由于设计特征的存在，一般消费者容易将授权外观设计区别于现有设计，因此，其对外观设计产品的整体视觉效果具有显著影响"❶。显然是认为只要是"新颖点"就会影响整体视觉效果，这一论断值得商榷。细微之处的新设计可以构成"新颖点"，但未必对整体视觉效果产生影响。因为作为一般消费者，很少能做到仔细观察细节之处，但设计专家在进行产品设计和比对时往往不会忽视细部。其次，对于能够产生影响整体视觉效果的"新颖点"需要重点加以比较，因为毕竟激励创新是知识产权制度的目标之一，"新颖点"体现创新上的

---

❶ 设计特征即新颖点。

努力和投资，在侵权判定中如果全然否认，则会无从引导企业的设计研发。此时，应考量被控侵权的产品设计包含"新颖点"的比例或比重，及其在被控侵权设计整体中的影响程度，也就是说，即使包含了全部对整体视觉产生影响的"新颖点"也未必构成侵权；同理，即使没有包含全部的"新颖点"，也未必不侵权。对比重或影响程度的考量正体现了法律对创新的指引，只有真正能对产品市场产生实质影响的外观创新才是值得保护的创新。

（五）局部外观设计保护制度

《专利审查指南2010》第1部分第3章第7.4节的（3）提出，产品的不能分割或者不能单独出售且不能单独使用的局部设计，例如袜跟、帽檐、杯把等，属于不授予外观设计专利权的情形。这是目前认为我国不保护局部外观设计的主要法律依据。当然，也有学者指出《专利法》的现有规则并没有明确排除局部外观设计，❶ 即外观设计指的是对产品的形状、图案或者其结合以及色彩与形状、图案的结合所作出的富有美感并适于工业应用的新设计。固然从目前的概念中确实不能说局部外观设计不受保护，但是《专利审查指南2010》作为专利申请和审查的重要规范性文件直接决定了何者可申请而何者不能，因此，总的来说，局部外观设计从法律规定到申请实践均属于被排除对象。

对于怎样确定局部外观设计，《专利审查指南2010》和司法实践均强调设计和产品整体的不可分性。如潍坊百适和艾默生电气关于垃圾处理器外观设计再审案❷中，原告主张保护的外观设计产品在申请文件中的图片如图5-3所示。

在确定原告外观设计保护范围时，最高人民法院认为：涉案外观设计专利权的保护范围应是图片中所表示的废弃食物处理机修整壳的外观设

---

❶ 李青文. 我国局部外观设计专利保护之必要性探讨［J］. 电子知识产权，2019（5）：50.

❷ 潍坊百适精密机械制造有限公司、艾默生电气公司侵害外观设计专利权纠纷再审审查与审判监督民事裁定书，最高人民法院（2018）最高法民申2475号。

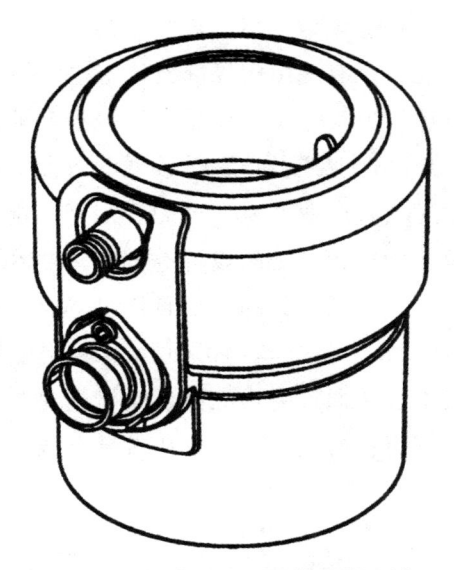

图 5-3　涉案垃圾处理器外观设计

计，比对对象应是被诉侵权产品食物垃圾处理器外壳体，而不是食物垃圾处理器的整体外观。最高人民法院指出，所谓不受保护的局部设计指的是产品中不能分割或者不能单独出售且不能单独使用的局部设计。而该案中的外观设计图片所展示的并非是和食物垃圾处理器不能分割的部分，而是可以单独存在的外壳体。因此其权利保护范围和侵权认定以这一对象为准。

1. 保护局部外观设计的必要性

建立局部外观设计制度势在必行，这不但是将来我国加入《海牙协定》后必然面临的问题，❶ 也是现实的需要。

外观设计法律保护目的是促进设计和产品结合的创新，设计和产品缺一不可，法律保护的既不是设计本身，更不是某种产品，只有两者结合才能发挥出设计在产品市场上的竞争优势。整体产品可以开发新设计，产品的局部当然也可以进行设计开发，保护局部外观设计的正当性就在于：局

---

❶ 见本书第四章。

部创新依然属于创新，局部设计依然需要和产品结合，并能够产生新的竞争优势。从这一点来说，没有理由将局部设计拒之门外。

保护局部外观设计的现实意义主要是：科技型产业的竞争优势在于技术的开拓和创新，但成熟产业或科技含量较低的行业竞争优势主要在产品质量和产品外观。对于成熟产业而言，产品受限于功能，整体外形基本已经确定，而随着竞争的加剧，外观的设计空间越来越小，如家电、数码产品、卫浴产品，甚至可以包括常见的生活日用品等，这类产品外观的革新均会着眼于局部发力。如冰箱，其局部设计主要体现在把手、控制面板上；壁挂式空调的局部设计通过装饰纹路、按键造型加以体现；再如游戏手柄，整体造型基本固定，游戏厂商主要在按键和摇杆的位置即形状上彼此区分（见图5-4）。

图5-4　产品整体造型和局部变化

在缺乏局部外观设计保护的情况下，申请人需要将局部设计和产品整体常规的惯常设计相结合提出申请。这种申请方式带来较大的不确定性，一旦局部的设计特征没能使得产品整体视觉效果和现有设计区分开来，申请很可能被驳回或被宣布无效。这对于在局部设计领域有较大需求的成熟产品行业来说，不能完全满足其创新发展的需要。另外，由于局部外观设计没能被明确保护，因此抄袭他人产品局部设计的行为也很难被禁止，这显然是不利于权利人的。

局部外观设计的保护有利于我国外观设计专利的国际布局。1976年的 In re Zahn 案，扎恩（Zahn）采用虚实线绘图的方法对钻头工具钻柄部分的外观设计提出专利申请，但被美国专利商标局驳回，且美国复审委员会以"其申请专利范围不是整个钻头工具"为由维持驳回决定，最后美国关税及专利诉讼法院认为"外观设计专利保护的是应用在产品上的设计，设计可以应用在整个产品或是应用在产品的部分上，而且，外观设计专利要讨论的是应用在产品的设计，而不是产品本身"，从而撤销了复审委员会的决定。美国专利商标局修改了《美国专利审查指南》第1502条关于外观设计定义的补充，即"外观设计是指包含于或应用于工业产品（或其部分）的外观设计而非产品本身"，从而在外观设计保护的客体中加入了产品某一部分的设计，于20世纪80年代正式明确了部分外观设计的保护地位。1999年日本修改《日本外观设计法》提出保护部分外观设计，韩国随后在2001年对部分外观设计实施专利保护。2001年12月，欧盟理事会通过了《欧盟理事会共同体外观设计保护条例》，也确认了部分外观设计可受专利保护的地位。

另外，局部设计可以打破类别限制，一个局部设计可能会在多类产品上进行应用，这使得外观设计的权利有了更多的延展空间。

2. 局部外观设计制度的不可替代性

实际上，从当前的立法规定和司法实践来看，局部的设计特征并非完全得不到保护或发挥不了作用。

首先，局部外观设计在新颖性的判断上只有达到实质上影响整体视觉效果时才会破坏新颖性。

在美的诉国家知识产权局专利复审委员会案❶中，关于涉案设计和对比设计是否构成近似，法院在判决书中指出：该案专利的产品名称为"圆形豪华多功能电饭煲"，而且该案专利授权公告的图片所反映出的也是这种电饭煲的整体外观形状，控制面板仅仅是设置在电饭煲锅体侧面的部件，其并未给一般消费者强烈的视觉影响。在判断该案专利的外观设计和对比文件1的外观设计（见图5-5）是否相近似时应采用整体观察、综合判断的方式，即由对比文件1的外观设计的全部来确定是否与该案专利的外观设计相近似，而不是从该案专利外观设计的部分或局部出发得出与对比文件1外观设计相近似的结论，也不能将该案专利外观设计的各个部分分割开来与对比文件1外观设计进行对比判断。该案虽然最终宣告了美的公司的该项外观设计专利权无效，但无效理由恰恰是两者在整体上构成近似，控制面板的局部差异并未影响整体上的视觉效果。从上述判决的说理来看，局部外观设计无法起到破坏新颖性的作用（该案是依据先申请原则作出的判决，即涉及"同样的发明创造"的判定，其实质和新颖性中的"相同或相近似"的判断是一致的）。

涉案设计　　　　　　　　　对比文件1

图 5-5　美的案中的电饭煲外观设计

---

❶ 广东美的集团股份有限公司诉国家知识产权局专利复审委员会专利无效行政纠纷，北京市第一中级人民法院（2003）一中行初字第19号判决书。

但在外观设计的创造性判断中，局部设计是可以起到一定作用的。

如在"LED 软管夹灯"案❶中，一审和二审法院均认可涉案设计和对比设计 1 及对比设计 2（见图 5-6）中局部构成近似，法院认可专利复审委员会将对比设计 1 的局部与对比设计 2 的局部形状外观组合后与涉案外观进行比对的方式，认为：涉案专利的灯头部分与对比设计 1 基本相同，连接管和灯座部分与对比设计 2 基本相同，对比设计 1、对比设计 2 同属台灯类产品，存在相互组合的启示。将对比设计 1 中金属软管以上的部分用对比设计 2 中的灯管替换，所得到的外观设计与涉案专利相比，区别在于：涉案专利灯管的长度与连接管的长度约为 1∶1，而对比设计 1 灯管的长度比连接管的长度要长；涉案专利灯管两端的端帽加起来的长度只是半透明部分的约 1/7，端帽的长度在灯管中所占的比例比对比设计 1 中端帽的长度所占的比例小；对比设计的底座与涉案专利的底座在夹子边与垂直边的宽度上略有区别。

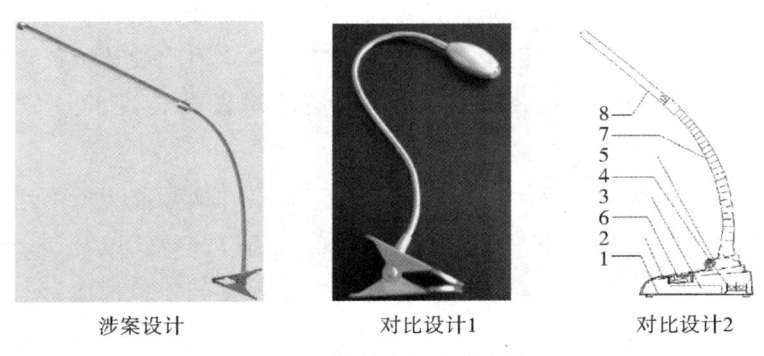

图 5-6 软管夹灯外观设计

但上述区别在整个台灯中所占比例很小，属于局部细微差别，不足以对整体视觉效果产生显著影响，将对比设计 1、对比设计 2 的相关设计特征经过细微变化组合后即可形成涉案专利的外观设计，且组合后也未产生独特的视觉效果，涉案专利与现有设计特征的组合相比不具有明显区别。

---

❶ 深圳市正禾实业有限公司、李某某与国家知识产权局专利复审委员会二审行政纠纷，北京市高级人民法院（2017）京行终 2129 号判决书。

从上述判决说理来看，局部设计特征的组合可以起到评价外观设计专利创造性的作用，但是即使涉案专利被宣告无效，对比设计1和对比设计2的专利权无法起到阻止该无效专利继续生产制造的作用，因为侵权判定只能基于专利和被控侵权的产品两相对比进行整体判断，不能将所有现有设计的设计特征组合后和被控侵权的设计作对比。从这个意义上来说，局部特征在目前对专利权人能起到的实际作用有限。

另外，设计特征或设计要点实际上也会涉及局部设计的问题。无论是判定外观设计专利权的效力还是侵权比对，总结争议设计的设计特征均是个必经步骤。设计特征并非外观设计申请和审查必须要提交的文件，仅在简要说明中就可以进行一定描述，多数文件对此仅作简单陈述，如"设计要点在图案""设计要点在于形状与图案的结合""设计要点在于线条"等。事实上文字也很难精确地描述设计要点，因此在确权和侵权案件中，设计特征均需要基于具体情况由审理主体来加以把握和总结。然而设计特征的把握因人而异、因案而异，具有较大的不确定性，如高仪手持淋浴喷头案中，原告并未在简要说明中明确保护的要点，因此设计特征全赖法院的认定，但一审法院、二审法院和再审法院对设计特征的认定就完全不同。

一审法院认为：根据一般消费者的知识水平和认知能力，淋浴喷头产品应包括头部和手柄两个主要部分，两者各自的设计特征以及两者的连接方式和比例大小，在产品使用时均容易被直接观察到，是构成淋浴喷头产品整体视觉效果的基础，赋予该类产品设计美感。因此，应认定被诉侵权产品与涉案外观设计专利在整体视觉效果上存在实质性差异，两者并不构成近似（见图5-7）。

二审法院则认为：首先，就涉案专利而言，高仪公司明确其跑道状的出水面为专利的设计特征和视觉要部，而该部分确为涉案专利最具可识别度的设计，且占据了主要的视域面积，并能带来较为独特的设计美感；故涉案专利中跑道状的喷头出水面设计，应作为区别于现有设计的设计特征予以重点考量，而被诉侵权设计正是采用了与之高度相似的出水面设计，具备了涉案专利的该设计特征。其次，被诉侵权设计与涉案专利设计相

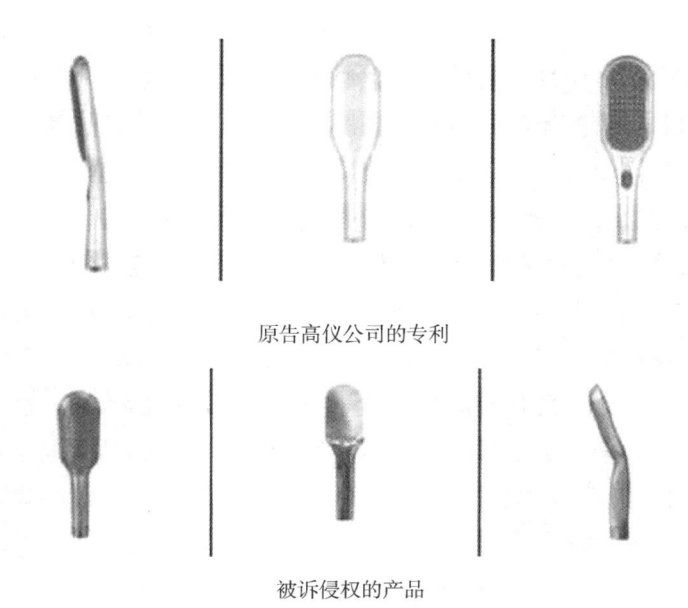

第五章　工业品设计独立保护之模式与规制

原告高仪公司的专利

被诉侵权的产品

图 5-7　淋浴喷头外观设计

比，在淋浴喷头的整体轮廓、喷头与把手的长度分割比例等方面均非常相似。最后，被诉侵权设计与涉案专利设计的主要区别在于前者缺乏后者在手柄位置具有的一类跑道状推钮设计。推钮固然可有不同的形状设计，但其在手柄上设置主要仍系基于功能性的设计，对产品的整体视觉效果并未产生显著影响。被诉侵权设计与涉案专利设计构成近似，落入了涉案外观设计专利权保护范围。同时二审法院认为一审判决归纳的其他区别点，如喷头头部的周边设计及与出水面的分隔方式、手柄形状、手柄与头部的连接方式等存在的差别均较为细微，亦未能使被诉侵权设计与涉案专利设计在产品的整体视觉效果上产生实质性差异。

再审法院认为：涉案授权外观设计是淋浴喷头产品外观设计，淋浴喷头产品由喷头、手柄构成，二者在整个产品结构中所占空间比例相差不大。淋浴喷头产品可以手持，也可以挂于墙上使用，在其正常使用状态下，对于一般消费者而言，喷头、手柄及其连接处均是容易被直接观察到的部位。涉案授权外观设计的手柄上设置有一类跑道状推钮，而被诉侵权产品无此设计，因该推钮并非功能性设计特征，推钮的有无这一区别设计特征会对产品的整体视觉效果产生影响；涉案授权外观设计的喷头与手柄连接产生的斜角角度较小，而被诉侵权产品的喷头与手柄连接产生的斜角角度较大，从而使得两者在左视图上呈现明显差异。正是由于被诉侵权产品外观设计未包含涉案授权外观设计的全部设计特征，以及被诉侵权产品外观设计与涉案授权外观设计在手柄、喷头与手柄连接处的设计等区别设计特征，使得两者在整体视觉效果上呈现明显差异，两者既不相同也不近似，被诉侵权产品外观设计未落入涉案外观设计专利权的保护范围。❶

涉案专利设计最具有创新性的部分就在于头部的出水面，这也是其在二审中特别明确的，出水面的设计就是整个淋浴喷头产品的局部设计，其能否被加以保护完全取决于设计特征被如何总结。二审仅考虑喷头头部，则被告出水面的设计和原告近似，但一审和再审均将喷头头部和手柄一并进行了考虑，尤其是再审还考虑了手柄上的按钮对普通消费者所产生的视觉影响，出水面的设计所产生的视觉效果在这样的整体考量下就被消解了。

在康贝童车外观设计案❷中，二审法院指出：即使是相同的局部外观设计，其所在的整体外观设计不相同的情况下，该局部外观设计对整体外观所起到的区别作用有可能是不相同的。换言之，相同的局部特征，在不同整体上的区分作用、显著性可能是不相同的。

因此虽然不能说局部设计目前完全不受保护，但能否得到正面的答案是不太容易预测的。

事实上，专利既是法律武器，也是商业利器，专利在商业实践中的作用涵盖两个方面，一方面起防守的作用，即已经获得授权的外观设计专利能阻止与其外观相同或近似的设计再获得授权，这相当于圈出一块保留地；另一方面专利也要起到进攻的作用，即面对侵权行为专利能克敌制

---

❶ 浙江健龙卫浴有限公司、高仪股份公司与浙江健龙卫浴有限公司、高仪股份公司侵害外观设计专利权纠纷，最高人民法院（2015）民提字第 23 号民事判决书。

❷ 康贝（上海）有限公司诉国家知识产权局专利复审委员行政纠纷，北京市高级人民法院（2013）高行终字第 490 号判决书。

胜，禁止侵权的发生，两方面作用缺一不可。但是，在缺少局部外观设计保护的情况下，外观设计专利可能能起到防守圈地的作用，但却对他人在局部进行模仿的侵权行为无还击之力，这种制度安排显然没起到应有的作用。

3. 局部外观设计用以解决 GUI 保护依然存在问题

GUI 即图形用户界面，是我国《专利审查指南 2010》在 2014 年经修改后允许提出外观设计申请的一个新对象，即"就包括图形用户界面的产品外观设计而言，应当提交整体产品外观设计视图。图形用户界面为动态图案的，申请人应当至少提交一个状态的上述整体产品外观设计视图，对其余状态可仅提交关键帧的视图，所提交的视图应当能唯一确定动态图案中动画的变化趋势"。❶ 到 2020 年 3 月 26 日以"图形用户界面"为名称关键字检索搜到外观设计申请达 44000 余条。允许 GUI 申请外观设计当然适应了数字产业发展的需求，但是目前仍然存在不少的问题。

首先就是 GUI 申请中的问题，外观设计的申请需要按类别提出，需要在同类产品的前提下进行现有设计的排查，那么显示或安装了某 GUI 的就应是相应产品。从获得授权的角度来说，确定一项 GUI 的依托产品并不难，问题出在能否并案申请上。GUI 作为人机互动的重要工具，"机"可以有很多形式，电脑可以、手机可以、工业设备控制台也可以，未来还可能是各种家电、汽车、智能马桶和医疗设备等产品。对申请人来说，如果其终端设备不止一类产品，则一般会根据相似外观设计的规则一并提出合案申请，但是由于上述产品往往属于不同类产品，按照现有规定，申请人会被要求分案，并以"带图形用户界面的……产品""应用于……产品的界面"等包含物理产品的名称命名，因此申请人只能对同一个 GUI 外观设计结合不同的物理产品进行逐一申请，这样当然增加了很多麻烦。如果说申请中的麻烦还属于可以克服的话，那么 GUI 侵权认定的问题则是更为重要的。

外观设计的侵权认定也必须以同类产品为前提，在奇虎诉江民案中，

---

❶ 《专利审查指南 2010》第 1 部分第 3 章 4.2。

法院特别指出，原告主张的"产品不应对外观设计起限定作用，在外观设计保护范围的确定上仅需要考虑设计要素，而无需考虑产品要素"是和现行法律相悖的，基于此，法院认为被诉侵权行为是被告向用户提供被诉侵权软件的行为，而被诉侵权软件并不属于外观设计产品的范畴，相应地，其与涉案专利的电脑产品不可能构成相同或相近种类的产品。据此，即便被诉侵权软件的用户界面与涉案专利的用户界面相同或相近似，被诉侵权软件亦未落入涉案专利的保护范围，侵权不成立。❶ 因此，对于 GUI，只要将 GUI 应用于不同类的其他产品或虚拟产品上，侵权是不会成立的。这对于数字产业中的界面设计、图标设计来说是个重大打击。如前所述，未来万物互联，GUI 可应用的产品和场景极为广阔，如果抱定实物产品的概念不放，即使允许 GUI 获得外观设计授权也无实际意义。

将 GUI 理解为产品的局部设计，建立局部外观设计制度是否就可以解决问题了呢？实际上认为实物产品具有某种 GUI 形式的外观设计这种看法本身就是脱离实际的。因为很多 GUI 在程序不运行的时候是看不到的，甚至还需要程序在特定的指令下执行时才看得到其状态，如安装时、下载时或卸载时，既然视觉都无法直接地观察到，又怎么能认为其属于产品的外观哪怕是局部的外观呢？

可见局部外观设计无法解决 GUI 保护的问题，GUI 是程序运行时显示出来的，是对程序的美化，因此是程序所具有的外观，正确的解决方式应该是突破"产品"观念，建立虚拟产品的新类别。

二、《反不正当竞争法》的支持作用

（一）抄袭、仿冒有违诚信竞争的道德基础

《反不正当竞争法》是市场秩序的保护法，在维护知识产权竞争方面起到"补遗"的作用。那么，未获得授权的工业品设计、过期的设计或某

---

❶ 奇智软件（北京）有限公司、北京奇虎科技有限公司与北京江民新科技有限公司侵害外观设计专利权纠纷，北京知识产权法院（2016）京73民初276号民事判决书。

些产品生命周期较短的设计以《反不正当竞争法》保护是否可行？《反不正当竞争法》以禁止性规定规制一切违反诚实信用竞争原则的不当行为，是诚信这一"帝王条款"在市场秩序保护上的表现。诚信是一切交易的基础，是竞争领域的基本道德原则。工业品设计的道德是强调原创，反对抄袭，相关产业的道德是鼓励多样性的创造和有序竞争，这些都合乎诚信的本质，而抄袭显然损害了诚信的道德基础。

此外，抄袭使得产品千人一面，不利于市场发育的多样性。我国在产品设计上本就处在低端市场，在国际设计舞台上难以发出有力的声音，在这样的产业发展阶段上，容忍抄袭和"山寨货"从长久来看只能使我国的产品设计走向贫弱，继续停留在创造的底层和产业链的低端。

(二)《反不正当竞争法》对工业品设计保护的适用

《反不正当竞争法》保护三种层次的利益，包括：诚信的市场竞争秩序，特定的竞争利益，以及促进自由竞争。用《反不正当竞争法》来规制商品形态的仿冒旨在彰显诚信经营的市场价值，当这一价值遭到破坏时，《反不正当竞争法》需要借相应规则恢复市场秩序、重建市场自律，因此诚信的市场竞争秩序是《反不正当竞争法》首要保护的利益。与之相比，保护特定人产品外观上的利益处于第二位阶。促进竞争也是《反不正当竞争法》保护的利益，促进竞争、允许模仿自由应处在第三位阶上。目前我国《反不正当竞争法》第5条第（2）项为"知名商品的特有包装、装潢"提供禁止仿冒的保护，知名商品的认定参照了驰名商标的认定要素，特有包装、装潢则准用了商标的显著性特征，可见现行的商品仿冒和《商标法》的基础基本一致。在2016年2月25日公布的《反不正当竞争法》修订草案征求意见稿中，第5条将"知名商品的特有商品形状"列为"商业标识"的一种，与原先的"商品包装、装潢"并列，一并禁止他人擅自使用或突出使用。这一修改更加明确了工业品外观设计在获得识别利益的情况下可以援引《反不正当竞争法》进行禁止仿冒保护，与本书的观点是一致的。

如前所述，工业品设计在产生了识别利益之后就获得了以禁止商品装潢仿冒为目的、甚至是商标保护的基础。因《反不正当竞争法》不设定权利，也就不会设定授权条件，因此以《反不正当竞争法》禁止工业品外观设计的仿冒行为需要由法院来判断请求保护的外观设计是否值得给与保护，这是一种事后审查，法院应在惯常外观设计排除保护基础上衡量是否应予保护。在我国司法实践中，《反不正当竞争法》保护工业品设计的两个重要基础是：其一，设计必须产生识别商品或服务来源的作用，前述的"晨光笔"案中，最高人民法院已经给出了清晰的说理；其二，行为人的使用行为使得消费者产生了混淆。这一点也在《反不正当竞争法》修订草案征求意见稿第 5 条中进行了强调，"市场混淆，是指使相关公众对商品生产者、经营者或者商品生产者、经营者存在特定联系产生误认"。❶ 但除此之外，还有四个方面是司法实践中适用《反不正当竞争法》保护工业品设计需要加以分析的。

（1）商品外观设计相同、近似的认定。商品外观设计的相同、近似应该进行商品的整体对比，达到实质相同的程度就可以构成相同或近似。在判定时可以适当考虑行为人是原封不动地复制，还是有所改动；在有所改动的情形，应当考虑改动的程度是否使得被诉的设计实质区别于请求保护的设计。但是，由于产品都具有实用功能，因此，为产生必不可少的实用功能或因商品属性而自然形成的形态不在禁止仿冒的范畴内❷。这恰是考虑了促进自由竞争这一利益。

（2）行为人主观心态应界定为过错。《反不正当竞争法》的保护缺乏工业产权领域中的授权登记程序，也即缺少公开程序，因此，不能要求善意的行为人承担不得仿制的义务❸，也不能规制他人的原创设计"偶合"于自己设计的情形。只有明知是他人设计的情况下还进行商业仿冒属于规制范围。其中，对于证明设计是否"偶合"，应当由行为人负举证责任，

---

❶ 指 2016 年 2 月 25 日公开征求意见的《反不正当竞争法（修订草案送审稿）》。
❷ 田村善之. 日本知识产权法 [M]. 4 版. 周超，李雨峰，李希同，译. 北京：知识产权出版社，2011：30.
❸ 田村善之. 日本知识产权法 [M]. 4 版. 周超，李雨峰，李希同，译. 北京：知识产权出版社，2011：26.

同时参照著作权领域的"接触+实质相似"作为认定标准。

（3）责任承担以实际损害的产生为前提。这是不设权的《反不正当竞争法》和设权的《知识产权法》的重要区别。《反不正当竞争法》在对知识产权进行补充保护时，也起着激励作用，但这种激励是通过恢复正常的市场秩序而实现的。《知识产权法》的激励作用则是通过设权来增加和鼓励更多的创造成果，用专有权的方式肯定创造成果的价值而实现的。激励机制的区别决定了在责任的承担上，侵犯知识产权的行为不以损害结果的出现为前提，因此停止侵权成为责任承担的一种方式，这是知识产权请求权的效力。当然，如果造成损失了，则还要赔偿损失。而违反《反不正当竞争法》的禁止仿冒规定，法律只规定"给被侵害的经营者造成损害的，应当承担损害赔偿责任"❶，停止侵害并未为立法所规定。原因就在于通过实际损失的损害赔偿可以使《反不正当竞争法》所维护的诚信竞争道德和市场秩序得到恢复，而若规定停止侵害责任很可能会误将正当竞争下的"偶合"也纳入其中，无异于过多地干预了市场的运作，反而不利于激励。

《反不正当竞争法》修订草案征求意见稿第17条增加了"停止侵害"作为责任方式之一，行文表述为，"经营者违反本法规定，损害他人合法权益的，应当停止侵害；给他人造成损害的，应当承担损害赔偿责任。"其中"损害"一词前后出现两次，如果加以文义解释的话，那就是，经营者违反该法规定，承担停止侵权和损害赔偿的前提都是"有损害"。但是，"有损害"恰恰产生的是债，是侵权之债，由此承担的责任传统上就是损害赔偿。停止侵害则是传统上物权请求权的效力，在知识产权权利体系中，可以被视为知识产权请求权的效力。总之，专有权才能产生停止侵害的效力。不设权的《反不正当竞争法》要求在损害出现时由行为人承担停止侵害的责任于法理上是说不通的。

（4）禁止仿冒的期限。《反不正当竞争法》对市场秩序的维护起到激励创造性成果利用的作用，但是如果永远禁止仿冒的话同样会抵消市场中其他经营者的创造动力，因为模仿本就是创造的一部分。甚至《反不正

---

❶ 参见《反不正当竞争法》第20条。

竞争法》给知识产权及相关对象提供的保护期还会远远长于设权的《知识产权法》。因此，给禁止仿冒的行为加诸期限是必要的。在期限的施加方式上，有在法律中明文规定禁止期限的，这个期限通常是个短期期限，这是出于市场竞争淘汰新产品的自然周期的考虑。如《日本反不正当竞争法》第19条第1款第5项规定了"对已经销售3年的商品之仿冒行为，不属于该项的规制对象"❶。也可以在司法实践中由法院加以把握，当然并不是要求法院在个案中确定禁止期限，而是可以对产品外观的特有性、通用性作判断，曾经特有通过流行而淡化的、通用的不再给与禁用保护。

三、非正式规范体系——集体自治机制

工业品种类众多，不同类别上的设计空间、个性程度以及设计活跃度都有很大差别，制度规则难免无法应对多变的行业实践。工业品设计的法律保护规则事实上也是无法做到对所有种类的产品设计均提供周到、全面的法律保护的。拉伦茨曾论述："将各种多样法律上重要的生活事件，逐一分配到一个——被精细思考出来，由彼此相互排斥而不会变更的抽屉所构成的——体系上，而只要将该当的抽屉抽出，就可以发现该当的事件，这种构思是不可能实现的。"❷ 因此保护工业品设计的思路不能仅停留在法律规范的层面上，行业实践也可以提供一定程度的保护手段。因此，可以尝试在正式的法律规范体系之外建立非正式的规范体系，形成行业监督机制。作为自主保护的一种方式，行业实践甚至可以比立法和司法提供更为有效和及时的保护。❸

知识产权领域内其实存在不少自治性的行业实践活动，这些自治活动可以起到降低知识产权交易成本，提高交易效率的作用，因此获得了从业者乃至立法的肯定。其中最为典型的就是著作权的集体管理制度，这个从

---

❶ 田村善之. 日本知识产权法 [M]. 4版. 周超, 李雨峰, 李希同, 译. 北京：知识产权出版社，2011：33.

❷ 拉伦茨. 法学方法论 [M]. 陈爱娥, 译. 北京：商务印书馆，2003：330.

❸ Robert P. Merges, Contracting into Liability Rules: Intellectual Property Rights and Collective Rights Organizations, 84 Cal. L. Rev. 1293 (1996). 1364.

前的非正式规范体系已经变为一项正式的著作权法制度。在专利体系中，集中管理、集中经营的模式也成为一项正在进行的实践，如英国的 BTG 公司（British Technology Group）、美国的高智发明公司（Intellectual Ventures）、合理专利交易公司（Rational Patent Exchange）、安全信托联盟公司（Allied Security Trust）等。❶ 互联网领域的知识共享活动（Creative Commons）都是知识产权自治的有益探索。这种集体性的自治活动可以高效管理知识财产，并有利于保存和促进团结合作的社会价值。同时集体性的非正式规范体系一般都会涉及知识产权权利人和使用人两类主体，两方以交易为目的确定交易结构是私权自治的充分体现，可以展开充分的博弈。可以说立法形成的正式规范体系往往是利益团体游说的结果，但是非正式规范体系则更能集中反映竞争者和使用者一方的利益诉求。

本书第二章提及美国在 20 世纪 30 年代建立的美国时尚原创者协会就是非正式规范体系的一个实践。虽然其因为所处的时代原因最终失败，但是，其在反抄袭的制度安排和交易效率上是有成效的。有评论者指出，法院实际上并没有在此案中进行效率和成本上的分析，而这一点在反垄断纠纷中至关重要，"一次知识产权之外的有趣实践就此被扼杀"。❷ 但是，至少法院建立了一个明确的界限，即只有正式在立法上确定的权利才可以建立自治规范。至少如今的工业品设计，无论是采取独立保护的方式，还是继续合并于《专利法》中都是符合这个准线的。在立法上，可以以有效激励为宗旨引导类似集体自治机制的建立。❸

工业品设计权利的集体自治机制应当以法定专有权体系为前提，利用既有的外观设计注册体系，建立抄袭审查制度、许可费收取和分配制度、成员自律制度、责任制度和纠纷解决制度。这种集体自治制度的正当性首

---

❶ 刘汉霞. 域外专利集中经营模式的兴起及对中国的启示 [J]. 暨南学报：哲学社会科学版，2014（5）：49-56.

❷ Robert P. Merges，Contracting into Liability Rules：Intellectual Property Rights and Collective Rights Organizations，84 Cal. L. Rev. 1293（1996）. 1365.

❸ Robert P. Merges，Contracting into Liability Rules：Intellectual Property Rights and Collective Rights Organizations，84 Cal. L. Rev. 1293（1996）. 1370.

先在于自治性，其次在于其建立了一个相对来说"公认"的行业利益，那么，这个"公认"的行业利益就有可能通过《反不正当竞争法》来追究抄袭者的责任。❶

综上所述，工业品外观设计上所承载的利益具有独立性，商业实施是其交易和利用方式。设计的美学表达通过产品带给大众，产品的实用功能通过设计的桥梁作用传递给消费者，这些独特品性足以使工业品设计获得独立的专有权保护。其专有权的制度规则应当反映和回馈工业品设计在市场中所承载的这些价值。工业品设计的专有权必须处理好和著作权的边界，从促进竞争、加速产品式样更新的角度来说，工业品设计专有权和著作权的重叠保护并非最优的政策选择。在具体的保护模式上，我国可以仍然以《专利法》的模式作为其正式规范体系的主体，同时辅之以《反不正当竞争法》，但是专门法的模式一定是未来发展的方向。在非正式的规范体系内，倡导集体自治、抵制产品设计抄袭、鼓励原创是个可以加以引导的方向。

---

❶ 如目前互联网中"免费+广告"、普遍使用爬虫协议的商业模式已经在很多判决中获得认可，成为《反不正当竞争法》用其原则性条款加以保护的一种商业利益。这种保护方式可以为自治规范组织所借鉴。相关判决参见爱奇艺诉优视科技与广州动景科技不正当竞争案，北京市海淀区人民法院（2014）海民（知）初字第21694号民事判决书，北京知识产权法院二审；贝壳网际（北京）安全技术有限公司等与合一信息技术（北京）有限公司等不正当竞争纠纷案，一审：北京市海淀区人民法院（2013）海民初字第13155号民事判决书，二审：北京市第一中级人民法院（2014）一中民终字第3283号民事判决书；北京百度网讯科技有限公司、百度在线网络技术（北京）有限公司诉北京奇虎科技（北京）有限公司"爬虫协议"不正当竞争案，北京市第一中级人民法院（2013）一中民初字第2668号民事判决书。

结　　论

本书得出的主要结论如下：

（1）工业品设计的法律保护应当独立于著作权，也独立于技术类专利权。三者都是对创造性智力成果的保护，各有自身的权利边界，彼此并不重合，也不应对工业品设计采取重叠保护。工业品设计专有权的权利对象是工业品所具有的装饰性外观，可以由线条、色态、形状或符号等组成。工业品设计专有权的权利客体是设计应用于产品所产生的市场竞争优势。这个优势是对设计权利人投资和智力劳动的回馈，是对市场中多元消费需求的回应，也是工业品设计再次创新的基础。

基于权利对象和权利客体的区分，知识产权权利类型化方法论应该从事实的认知升华至价值的认知，对创造物上产生的市场利益需求和利用方式进行分析和取舍才能得出适合于当代社会发展的知识产权类型，从而避免知识产权权利体系在不断扩张过程中出现的边界不清问题。

（2）工业品设计专有权的保护模式应当逐渐过渡到专门法的模式上去。其规则要件除去现有制度已经确立的审查制、新颖性标准、整体对比观察和一般消费者标准外，还应该确立个性特征和非功能性的授权标准，重视设计空间在授权和侵权判定中的作用，建立灵活的保护期续展制度，以及逐渐向实质审查过渡。

鉴于工业品设计涉及的产业门类众多，各产业之间在设计自由度和设计流变上的差异极大，本书建议在专有权的前提下由行业开展自治性的实践，通过自律、监督鼓励原创，减少抄袭。

参考文献

一、专著

[1] 斯密德. 财产、权力和公共选择——对法和经济学的进一步思考 [M]. 黄祖辉, 等译. 上海: 上海三联书店, 上海人民出版社, 1999.
[2] 梅迪库斯. 德国民法总论 [M]. 邵建东, 译. 北京: 法律出版社, 2001.
[3] 何炼红. 工业版权研究 [M]. 北京: 中国法制出版社, 2007.
[4] 黄海峰. 知识产权的话语与现实——版权、专利与商标史论 [M]. 武汉: 华中科技大学出版社, 2011.
[5] 黄茂荣. 法学方法与现代民法 [M]. 5版. 北京: 法律出版社, 2011.
[6] 拉伦茨. 德国民法通论 [M]. 王晓晔, 等译. 北京: 法律出版社, 2003.
[7] 拉伦茨. 法学方法论 [M]. 陈爱娥, 译. 北京: 商务印书馆, 2003.
[8] 孔祥俊. 反不正当竞争法的创新性适用 [M]. 北京: 中国法制出版社, 2014.
[9] 李琛. 论知识产权法的体系化 [M]. 北京: 北京大学出版社, 2005.
[10] 李琛. 著作权基本理论批判 [M]. 北京: 知识产权出版社, 2013.
[11] 李明德. 美国知识产权法 [M]. 北京: 法律出版社, 2014.
[12] 南比桑, 索尼. 全球借脑: 让更多聪明人为你的公司工作 [M]. 时启亮, 张鹏群, 译. 北京: 中国人民大学出版社, 2009.
[13] 史尚宽. 民法总论 [M]. 北京: 中国政法大学出版社, 2002.
[14] 贝克特. 棉花帝国 [M]. 徐轶杰, 杨燕, 译. 北京: 民主与建设出版社, 2019.
[15] 田村善之. 日本知识产权法 [M]. 4版. 周超, 李雨峰, 李希同,

译． 北京： 知识产权出版社，2011．

[16] 王莲峰．商业标识立法体系化研究［M］．北京：北京大学出版社，2009．

[17] 王迁．知识产权法教程［M］．4版．北京：中国人民大学出版社，2014．

[18] 王泽鉴．民法总则［M］．北京：中国政法大学出版社，2001．

[19] 吴大章．外观设计专利实质审查标准新讲［M］．北京：知识产权出版社，2013．

[20] 吴溯，孟宇，谢怡雯，等．设计之战——移动终端工业设计的知识产权博弈［M］．北京：知识产权出版社，2014．

[21] 哈尔彭，纳德，波特．美国知识产权法原理［M］．宋慧献，译．北京：商务印书馆，2013．

[22] 谢尔曼·本特利．现代知识产权法的演进：英国的历程（1760—1911）［M］．金海军，译．北京：北京大学出版社，2012．

[23] 谢铭洋．智慧财产权之基础理论［M］．台北：翰芦图书出版有限公司，2001．

[24] 应振芳．外观设计研究［M］．北京：知识产权出版社，2008．

[25] 张广良．外观设计的司法保护［M］．北京：法律出版社，2008．

[26] 赵元果．中国专利法的孕育与诞生［M］．北京：知识产权出版社，2003．

[27] 国家知识产权局专利复审委员会．外观设计专利无效宣告经典案例评析［M］．北京：知识产权出版社，2013．

[28] 何敏．知识产权法总论［M］．上海：上海人民出版社，2011．

[29] 胡长清．中国民法总论［M］．北京：中国政法大学出版社，1997．

[30] 刘春田．知识产权法［M］．3版．北京：高等教育出版社，北京大学出版社，2007．

[31] 全国人大常委会法制工作委员会．《中华人民共和国专利法》释解及实用指南［M］．北京：中国民主法制出版社，2009．

[32] 王利明．民法学［M］．3版．北京：法律出版社，2011．

[33] 张夫也．外国工艺美术史［M］．北京：中央编译出版社，1999．

[34] 张俊浩. 民法学原理 [M]. 北京：中国政法大学出版社，1997.
[35] 最高人民法院. 中华人民共和国最高人民法院公报 [M]. 北京：人民法院出版社，1999：02.

二、期刊

[1] 曹博. 著作人格权的兴起与衰落 [J]. 西南政法大学学报，2013（2）：96-103.
[2] 陈贤凯. 计算机字体著作权保护的困局——方正诉宝洁案的法理思考 [J]. 中山大学研究生学刊（社会科学版），2012（2）：82-93.
[3] 程永顺. 外观设计授权审查标准及方式的质疑 [J]. 知识产权，2003（1）：40-48.
[4] 崔国斌. 知识产权确权模式选择理论 [J]. 中外法学，2014（02）：130-152.
[5] 崔峥，路传亮. 试论工业品外观设计专利的实用性——兼谈对外观设计定义中"适于工业应用"的理解与思考 [J]. 中国专利与发明，2012（2）：94-98.
[6] 方新军. 权利客体的概念及层次 [J]. 法学研究，2010（2）：36-58.
[7] 郭禾. 外观设计与专利法的分野 [J]. 知识产权，2015（4）：9-13.
[8] 郭禾. 中国集成电路布图设计权保护评述 [J]. 知识产权，2005（1）：9-13.
[9] 何炼红，邓文武. 商品化权之反思与重解 [J]. 知识产权，2014（8）：3-9，31.
[10] 何炼红，晏亮敏. 计算机字库单个字体不宜受著作权法保护 [J]. 政治与法律，2012（6）：113-120.
[11] 何炼红. 知识产权的重叠保护问题 [J]. 法学研究，2007（3）：59-70.
[12] 何敏. 知识产权客体新论 [J]. 中国法学，2014（6）：123-139.
[13] 胡充寒. 外观设计侵权判断"一般消费者"标准的反思与修正 [J]. 法学杂志，2013（12）：60-66.
[14] 黄汇. 计算机字体单字的可著作权问题研究——兼评中国《著作权

法》的第三次修改［J］．现代法学，2013（3）：106-116．

［15］黄武双．汉字字体及其单字字形、字库法律保护之辩——实用功能排除了计算机字体著作权保护的可能性［J］．法学，2011（7）：39-45．

［16］康添雄．私权逻辑的否定：专利法史的公共政策线索［J］．河北科技大学学报（社会科学版），2011（4）：52-56．

［17］李琛．对智力成果权范式的一种历史分析［J］．知识产权，2004（2）：10-14．

［18］李琛．质疑知识产权之"人格财产一体性"［J］．中国社会科学，2004（2）：68-78．

［19］李琛．计算机字库中单字著作权之证伪［J］．知识产权，2011（5）：28-31．

［20］李青文．我国局部外观设计专利保护之必要性探讨［J］．电子知识产权，2019（5）：48-58．

［21］李秀娟．外观设计相近似之比较研究——欧洲共同体与美国外观设计案例比较［J］．知识产权法研究，2013（1）：267-293．

［22］李杨．经验抑或逻辑：对知识产权客体与对象之争的反思［J］．大连理工大学学报：社会科学版，2011（2）：108-113．

［23］林笑跃，吴殷，吴溯．工业设计与知识产权战略研究［J］．全球化，2013（9）：88-99．

［24］凌宗亮．失效的外观设计专利仍受著作权法保护［J］．人民司法，2010（4）：86-89．

［25］刘春田．知识财产权解析［J］．中国社会科学，2003（4）：109-121．

［26］刘德良．民法学上权利客体与权利对象的区分及其意义［J］．暨南学报：哲学社会科学版，2014（9）：1-13．

［27］刘汉霞．域外专利集中经营模式的兴起及对中国的启示［J］．暨南学报：哲学社会科学版，2014（5）：49-56．

［28］木易．工业设计促材料企业创新——访北京工业设计促进中心主任陈冬亮［J］．新材料产业，2006（7）：67-69．

[29] 彭学龙, 赵小东. 外观设计保护与立法模式比较及对我国的启示 [J]. 知识产权, 2007 (6): 74-79.

[30] 钱亦俊. 论外观设计专利性判断主体———般消费者的能力 [J]. 知识产权, 2011 (8): 39-44.

[31] 任俊琳, 王晓玲. 后现代主义对著作权法的冲击及理论新读 [J]. 知识产权, 2014 (1): 44-49.

[32] 苏玉峰. 由三星和苹果侵权案看如何评价外观设计的设计特征 [J]. 中国发明与专利, 2013 (2): 14-18.

[33] 孙山. 法律思维基本特征新论——以知识产权法诸问题为例证 [J]. 知识产权, 2013 (3): 20-30.

[34] 谭华霖. 究本与溯源: 知识产权权利冲突原因考 [J]. 暨南学报 (哲学社会科学版), 2011 (3): 61-66.

[35] 王洪斌. 18 世纪英国服饰消费与社会变迁 [J]. 世界历史, 2016 (6): 15-29.

[36] 王迁. 论著作权法保护工业设计图的界限——以英国《版权法》的变迁为视角 [J]. 知识产权, 2013 (1): 19-33.

[37] 王迁. 论等比例模型在著作权法中的定性——兼评"首例飞机模型著作权侵权案"[J]. 中国版权, 2015 (4): 5-8.

[38] 王太平. 工业品外观设计的法律保护模式 [J]. 科技与法律, 2002 (3): 28-35.

[39] 吴汉东. 财产的非物质化革命与革命的非物质财产法 [J]. 中国社会科学, 2003 (4): 122-133.

[40] 吴汉东. 知识产权理论的体系化与中国化问题研究 [J]. 法制与社会发展, 2014 (6): 107-117.

[41] 吴溯, 陈晓, 秦锋. 美国部分外观设计保护制度和图形用户界面保护制度的发展及启示 [J]. 电子知识产权, 2014 (9): 58-64.

[42] 吴伟光. 中文字体的著作权保护问题研究——国际公约、产业政策与公共利益之间的影响与选择 [J]. 清华法学, 2011 (5): 57-82.

[43] 夏东. 棉纺织业成为英国工业革命起点原因探究 [J]. 合作经济与

科技，2013（2）：14-15.

[44] 谢怀栻. 论民事权利体系[J]. 法学研究，1996（2）：67-76.

[45] 熊文聪. 超越称谓之争：对象与客体[J]. 交大法学，2013（4）：116-127.

[46] 熊文聪. 知识产权权利冲突：命题的反思与检讨[J]. 法制与社会发展，2013（3）：61-72.

[47] 徐海燕. 1944年《中华民国专利法》的立法思路[J]. 知识产权，2010（5）：28-35.

[48] 许媛媛，陶应磊，吴大章. 案说设计空间在外观设计专利侵权判定中的运用——戴森诉维克斯"吸尘器"外观设计侵权案评析[J]. 中国发明与专利，2014（4）：69-73.

[49] 杨慧林. 中国思想何以进入西方的概念系统[J]. 中国文化研究，2013（1）：23-25.

[50] 杨明. 知识产权制度与知识财产创造者的行为选择[J]. 中外法学，2012（4）：742-760.

[51] 易力. 求解休谟问题的新尝试——《事实与价值》评介[J]. 哲学动态，2001（8）：38-40.

[52] 袁博. 失效外观设计进入公有领域的权利限制[J]. 河南司法警官职业学院学报，2011（3）：81-83.

[53] 岳俊杰. 设计批评标准历史性的演进分析[J]. 决策探索月刊，2007（2B）：78-80.

[54] 曾志超. 集成电路布图设计独立保护制度存废之辩——以海峡两岸相关法律制度为例[J]. 科技与法律，2012（5）：20-23.

[55] 张爱国. 我国外观设计保护创造性要求之检讨与重设[J]. 法商研究，2014（3）：110-117.

[56] 张伟君. 实用艺术作品著作权法保护与外观设计专利法保护的协调[J]. 知识产权，2013（9）：51-54.

[57] 张玉敏，凌宗亮. 三维标志多重保护的体系化解读[J]. 知识产权，2009（6）：10-19.

[58] 张玉瑞. 论计算机字体的版权保护 [J]. 科技与法律, 2011 (1): 59-66.

[59] 赵小东. 外观设计保护专门立法模式再论 [J]. 湖北警官学院学报, 2012 (2): 165-168.

[60] 郑成思, 朱谢群. 信息与知识产权 [J]. 西南科技大学学报（哲学社会科学版）, 2006 (1): 1-14.

[61] 朱楠. 外观设计权的扩张——以美国和欧盟时尚设计知识产权保护变化为例 [J]. 科技与法律, 2013 (2): 1-6.

[62] 朱楠. 我国时尚设计的法律应对 [J]. 上海政法学院学报（法治论丛）, 2013 (6): 27-32.

[63] 马克·兰姆利. 财产权、知识产权和搭便车 [J]. 私法, 杜颖, 兰振国, 译. 2012 (1): 123-162.

[64] WIPO 文件 SCT/35/6 REV: 工业品外观设计和新兴技术: 新技术外观设计保护的异同.

[65] WIPO 文件 SCT/36/2 REV. 2: 图形用户界面（GUI）、图标和创作字体/工具字体外观设计调查问卷答复汇编.

[66] WIPO 文件 SCT/41/2 REV: 图形用户界面（GUI）、图标和创作字体/工具字体外观设计调查问卷第二轮答复汇总.

[67] WIPO 文件 SCT/43/2: 图形用户界面（GUI）、图标和创作字体/工具字体外观设计调查问卷 第二轮答复分析.

三、文集

[1] 方新军. 财产死亡了吗？[C] //华东法律评论, 2003 年 2 卷. 北京: 法律出版社, 2003.

[2] 胡雪莹. 新《专利法》下外观设计侵权判定体系的架构——兼论"混淆理论"的扬弃 [C] //专利法研究（2010）. 北京: 知识产权出版社, 2012.

[3] 刘春田. 知识产权的对象 [C] //中国知识产权评论（第一卷）. 北京: 商务印书馆, 2002.

［4］刘悦，皇夏露，白茹，等．加入《海牙协定》相关研究［C］//专利法研究（2015）．北京：知识产权出版社，2018．

［5］王美芳．外观设计保护单独立法之我见［C］//专利法研究2012．北京：知识产权出版社，2013．

［6］张晓都．外观设计专利的侵权判断主体与授权条件判断主体［C］//专利法研究（2010）．北京：知识产权出版社，2012．

［7］张晓都．专利法外观设计定义中"富有美感"含义的修正及具体适用的建议［C］//专利法研究（2012）．北京：知识产权出版社，2013．

四、学位论文

［1］芮松艳．外观设计法体系化研究［D］．北京：中国社会科学院，2015．

［2］孙鉴．商品形态的模仿自由及限制［D］．武汉：华中科技大学，2007．

［3］朱虎．权利客体的解释框架研究——逻辑和价值的区分［D］．北京：中国政法大学，2005．

五、电子文献

［1］国家知识产权局．知识产权强国基本特征与实现路径研究报告.2015年［EB/OL］.［2016-08-02］.http：//www.sipo.gov.cn/ztzl/qtzt/zscqqgjs/yjcg/201512/t20151223_1220737.html．

［2］王康．我国外观设计专利权评价报告请求量突破1万件［N/OL］.［2015-08-31］.知识产权报,http：//www.cipnews.com.cn/showArticle.asp？Articleid=37643．

六、中文案例

［1］爱奇艺诉优视科技与广州动景科技不正当竞争案，北京市海淀区人民法院（2014）海民（知）初字第21694号民事判决书，北京知识产权法院二审。

［2］北京百度网讯科技有限公司、百度在线网络技术（北京）有限公司

诉北京奇虎科技（北京）有限公司"爬虫协议"不正当竞争案，北京市第一中级人民法院（2013）一中民初字第2668号民事判决书。

［3］北京北大方正电子有限公司诉暴雪娱乐股份有限公司、上海第九城市信息技术有限公司著作权侵权案，最高人民法院（2010）民三终字第6号判决书。

［4］北京中航智成科技有限公司诉深圳市飞鹏达精品制造有限公司著作权侵权案，北京市最高人民法院民事判决书（2014）高民（知）终字第3451号，一审北京市第一中级人民法院（2013）一中民初字第7号。

［5］贝壳网际（北京）安全技术有限公司等与合一信息技术（北京）有限公司等不正当竞争纠纷案，一审北京市海淀区人民法院（2013）海民初字第13155号民事判决书，二审北京市第一中级人民法院（2014）一中民终字第3283号民事判决书。

［6］本田技研工业株式会社与石家庄双环汽车股份有限公司、石家庄双环汽车有限公司等侵害外观设计专利权纠纷，最高人民法院民事判决书（2014）民三终字第8号。

［7］长沙市昊成贸易有限公司与弓箭国际（Arc International）侵害外观设计专利权纠纷，（2016）粤民终字第1236号判决书。

［8］常州淘米装饰材料有限公司诉北京特普丽装饰装帧材料有限公司著作权权属、侵权纠纷，一审常州中院（2014）常知民初字第85号民事判决书，二审江苏高院（2015）苏知民终字第00037号民事判决书。

［9］佛山市丽江椅业有限公司诉国家知识产权局专利复审委员会专利行政管理（专利）行政判决书，北京市高级人民法院（2015）高行（知）终字第626号。

［10］广东美的集团股份有限公司诉国家知识产权局专利复审委员会专利无效行政纠纷，北京市第一中级人民法院，（2003）一中行初字第19号判决书。

［11］贵阳南明老干妈风味食品有限责任公司诉湖南华越食品有限公司不正当竞争纠纷案，北京市高级人民法院（2000）高知终字第85号民

事判决书。

[12] 国家知识产权局第 15579 号无效宣告决定，2010 年 11 月 12 日。

[13] 国家知识产权局专利复审委员会与张某某、慈溪市鑫隆电子有限公司外观设计专利权无效行政纠纷再审案，最高人民法院（2012）行提字第 14 号行政判决书。

[14] 杭州舒奈尔天然纤维科技有限公司、南京朝日儿童用品有限公司等著作权权属、侵权纠纷，江苏省南京市中级人民法院（2019）苏 1 民终 3128 号判决书。

[15] 君豪家具诉佳艺家具侵害外观设计专利权纠纷申请再审案，最高人民法院民事裁定书（2011）民申字第 1406 号。

[16] 康贝（上海）有限公司诉国家知识产权局专利复审委员行政纠纷，北京市高级人民法院（2013）高行终字第 490 号判决书。

[17] 林某某与被告烟台巨先药业有限公司宁海路分店著作权侵权纠纷，江苏省南京市鼓楼区人民法院（2018）苏 106 民初 8022 号判决书。

[18] 某制笔有限公司与被申请人某文具制造有限公司、原审被告某文具有限公司、原审被告某工贸有限公司擅自使用知名商品特有装潢纠纷案，最高人民法院（2010）民提字第 16 号民事裁定书，上海市高级人民法院（2008）沪高民三（知）终字第 100 号民事判决书，上海市第二中级人民法院（2008）沪二中民五（知）初字第 112 号民事判决书。

[19] 浦某等与营口宝迪专用汽车制造有限公司外观设计专利侵权纠纷上诉案，辽宁省高级人民法院（2007）辽民四终字第 161 号民事判决书。

[20] 奇智软件（北京）有限公司、北京奇虎科技有限公司与北京江民新科技术有限公司侵害外观设计专利权纠纷，北京知识产权法院（2016）京 73 民初 276 号民事判决书。

[21] 三菱重工业株式会社诉山东华盛中天机械集团股份有限公司等侵害外观设计专利权纠纷案，上海市第一中级人民法院（2014）沪一中民五（知）初字第 117 号民事判决书。

[22] 上海迪比特实业有限公司诉摩托罗拉（中国）电子有限公司、上海百联集团股份有限公司著作权纠纷案，上海市第二中级人民法院民事判决书（2002）沪二中民五（知）初字第 132 号。

[23] 上海发勋帝贺商贸有限公司诉广州万想贸易有限公司著作权权属、侵权纠纷，广州市南沙区人民法院（2013）穗南法知民初字第 423 号民事判决书。

[24] 上海利拉食品有限公司与国家知识产权局专利复审委员会其他二审行政判决书，北京市高级人民法院，（2015）高行（知）终字第 3466 号。

[25] 上海市卢湾区人民法院（2010）卢民三（知）初字第 118 号民事判决书。

[26] 申请再审人国家知识产权局专利复审委员会、浙江今飞机械集团有限公司与被申请人浙江万丰摩轮有限公司专利无效行政纠纷案，最高人民法院行政判决书（2010）行提字第 5 号。

[27] 申请再审人国家知识产权局专利复审委员会、浙江今飞机械集团有限公司与被申请人浙江万丰摩轮有限公司专利无效行政纠纷案，最高人民法院行政判决书（2010）行提字第 5 号。

[28] 三阳机车工业公司与本田工业株式会社侵害外观设计专利权纠纷二审民事判决书，福建省高级人民法院，（2014）闽民终字第 641 号。

[29] 深圳市王三茂食品油脂有限公司与深圳市福田区永隆商行著作权侵权纠纷案，一审判决深圳市中级人民法院（2004）深中法民三初字第 670 号，二审判决广东省高级人民法院（2005）粤高法民三终字第 236 号。

[30] 深圳市正禾实业有限公司、李某某与国家知识产权局专利复审委员会二审行政纠纷，北京市高级人民法院（2017）京行终 2129 号判决书。

[31] 苏菲吉哈夫公司与东莞市童兴实业有限公司、张某某著作权权属、侵权纠纷，东莞市第三人民法院（2018）粤 1973 民初 3093 号判决书。

[32] 潍坊百适精密机械制造有限公司、艾默生电气公司侵害外观设计专利权纠纷再审审查与审判监督民事裁定书，最高人民法院（2018）最高法民申 2475 号。

[33] 西安秦唐尚品文化发展有限责任公司诉白某某著作权纠纷案，陕西省西安市中级人民法院民事判决书（2008）西民四初字第 28 号。

[34] 叶某某与浙江冠素堂食品有限公司著作权权属、侵权纠纷，浙江省高级人民法院（2016）浙民终 118 号判决书。

[35] 意大利费列罗公司诉蒙特莎（张家港）食品有限公司、天津经济技术开发区正元行销有限公司不正当竞争纠纷案，最高人民法院（2006）民三提字第 3 号。

[36] 英特莱格公司诉可高（天津）玩具有限公司等侵犯实用艺术作品著作权案，北京市第一中级人民法院（1999）一中知初字第 132 号，北京市高级人民法院（2002）高民终字第 279 号，最高人民法院（2013）民申字第 1358 号民事裁定书等。

[37] 浙江健龙卫浴有限公司、高仪股份公司与浙江健龙卫浴有限公司、高仪股份公司侵害外观设计专利权纠纷申请再审案，最高人民法院民事判决书（2015）民提字第 23 号。

[38] 震旦（中国）有限公司诉北京世纪京泰家具有限公司著作权权属、侵权纠纷，北京市高级人民法院（2012）高民终字第 4679 号判决书。

[39] 株式会社普利司通与浙江杭廷顿公牛橡胶有限公司、北京邦立信轮胎有限公司侵害外观设计专利权纠纷申请再审案，最高人民法院（2010）民提字第 189 号。

七、外文文献

[1] BARTON R. KEYES, ALIVE AND WELL. The (still) ongoing debate surrounding conceptual separablility in American Copyright Law [J]. Ohio state. Law journal, 2008, (109): 115-143.

[2] BENTLY, LIONEL A. F. The return of industrial copyright? [J].

European intellectual property review, 2012, 10. University of Cambridge Faculty of Law Research Paper No. 19/2012.

［3］ CHRISTOPHE GEIGER. Constructing european intellectual property: achievementsand new perspectives ［M］. Edward Elgar Publishing, 2013.

［4］ CLARISA LONG. Information costs in patent and copyright ［J］. Virginia law review, 2004, 90. DO: 10. 2307/3202440.

［5］ C. OWENPAEPKE. Economic interpretation of the misappropriation doctrine: common law protection for investments in innovation ［J］. Berkeley technology law journal, 19879 (2).

［6］ DAN L. BURK & MARK A. LEMLEY. Policy levers in patent law ［J］. Virginia law review, 2003, 89 (7): 1575, 1650 - 51. DOI: 10. 2307/3202360.

［7］ DAVID GOLDENBERG. the long and winding road, a history of the fight overindustrial design protection in the United States ［J］. Journal of the copyright society of the U. S. A, 1997.

［8］ DAVIS T. A missed opportunity: the supreme court's new separability test in starathletica ［J］. Berkeley technology law journal, 2019, 33 (4): 1091-1114.

［9］ DEAZLEY, R. Commentary on the Calico Printers'Act 1787', in primary sources on copyright (1450-1900) ［OL］, eds L. 2008. www. copyrighthistory. org.

［10］ E. BAINES. History of the cotton manufacture in great britain ［M］. London: Fisher & Co. , 1835; reprinted in S. Chapman, ed. , The cotton industry: its growth and impact, 1600-1935 ［M］. Bristol: Thoemmes Press, 1999.

［11］ EDDY D. VENTOSE. ECJ rules on legislative limitations on copyright protection for designs in Europe ［J］. Journal of intellectual property law & practice, 2011, 6: No. 6.

［12］ ERICSETLIFF. Copyright and industrial design: an "alternative design" alternative [J]. Columbia journal of law. & arts, 2006, 30.

[13] DERCLAYE, ESTELLE. EU design law: transitioning towards coherence? 15 years of national case law [OL]. N. BRUUN, G. DINWOODIE, M. LEVIN & A. OHLY, transition and coherence in intellectual property law [OL], Cambridge University Press, Forthcoming, https://ssrn.com/abstract=3355353 or http://dx.doi.org/10.2139/ssrn.3355353.

[14] G. FINIISS. Theory of unity of art and the protection of designs and models in French law [J]. Journal of the patent office society, 1964, 615.

[15] GILES S. RICH. Laying the ghost of the " invention" requirement [J]. The federal circuit bar journal, 2004/2005, 163.

[16] GINSBURG J C. Courts have twisted themselves into knots: U.S. copyright protection for applied art [J]. Columbia journal of law. & arts, 2016, 40 (1): 1-52.

[17] G SCANLAN AND SARAH GALE. Industrialdesign and the Design Directive: continuing and future problems in design rights? [J]. Journal of business law, 2005: 91-112.

[18] HARVARD UNIVERSITY. Starathletica, l.l.c. v. varsity brands, inc [J]. Harvard law review, 2017, 131 (1): 363-372.

[19] HENRY L. ELLSWORTH. Report from the Commissioner of Patents, H.R. [R]. Doc. No. 74, at 2, 1842.

[20] THE MARY DUCKBIDDLE LECTURES. Ideas of Progress and Their Impact on Art: I. From Classicism to Primitivism; II. From Romanticism to Modernism [C]. New York, Cooper Union, 1971.

[21] JANICE M. MUELLER, DANIEL H. BREAN. Overcoming the "impossible issue" of nonobviousness in design patents [J]. Legal Studies Research Paper Series Working Paper No. 2009-30, November 2009, Kentucky Law Journal, 2010-2011, 99: 3.

[22] JASON J. DU MONT, MARK D. JANIL. Functionality in design protection systems [J] Journal of intellectual property law, 2011-2012, 19: 261.

[23] J. C. LAHORE. Art and Function in the Law of Copyright and Design [J/OL]. Adelaide law review, 1971. http://www.austlii.edu.au/au/journals/AdelLawRw/1971/9.pdf.

[24] J. H. REICHMAN. Design protection after the Copyright Act of 1976: a comparative view of the emerging interim models [J]. 31 Journal of copyright society of the U.S.A, 1983, 31: 267, 350-65.

[25] J. H. REICHMAN. Design protection in domestic and foreign copyright law: from the berne revision of 1948 to the Copyright Act of 1976 [J]. Duke Law Journal, 1983, 6.

[26] J. H. REICHMAN. Design protection and the new technologies: the united states experience in a transnational perspective [J]. Baltimore law review, 1989, 19.

[27] J. H. REICHMAN. Design protection and the legislative agenda [J]. Law and contemporary problems, 1992, 55: 281-296.

[28] J. H. REICHMAN. Past and current trends in the evolution of design protection law [J]. Fordham intellectual property media & entertainment law journal, 1993, 4: 357.

[29] J. H. REICHMAN. Legal hybrids between the patent and copyright paradigms [J]. Columbia law review, 1994, 94: 2432.

[30] J. H. REICHMAN. Charting the collapse of the patent copyright dichotomy: premises for a restructured international intellectual property system [J]. Cardozo art & entertainment law journal, 1995, 13: 475.

[31] JACQUES DERRIDA. The Work of Mourning [M]. edited by PASCALE-ANNE BRAULT AND MICHAEL NAAS. Chicago: The University of Chicago Press, 2001.

[32] JASON J. DU MONT. A non-obvious design: remixing the origins of the design patent standards [J]. Gonzaga law review, 2009-2010, 45: 3, 531.

[33] JEANNE C. FROMER & MARK A. LEMLEY. The audience in intellectual

property infringement [J]. Michigan Law Review, 2014, 112: 1251.

[34] JOHANNA GIBSON. The Logic of Innovation [M]. Ashgate Publishing, Ltd, 2014.

[35] JORDAN L. MOTT ET AL. Petition of a number of manufacturers and mechanics of the united states, praying the adoption of measures to secure to them their rights in patterns and designs [R]. DOC. NO. 154, 1841.

[36] KATRINE A. LEVIN AND MONICA B. RICHMAN. A Survey of industrial design protection in the European Union and the United States [J]. European intellectual property review, 2003, 25 (3): 111-124.

[37] K. HODKINSON. Protecting and Exploiting New Technology and Designs [M]. Routledge, 1987.

[38] LIONELBENTLY. Lords design constraints [J]. The modern law review, 1996, 59 (3): 453 - 460. DOI: 10.1111/j.1468 - 2230.1996. tb02091.x.

[39] MARK A. LEMLEY. A Rational system of design patent remedies [J]. Stanford technology law review, 2013, 17: 219.

[40] MARIOFRANZOSI. Design protection italian style [J]. Journal of intellectual property law & practice, 2006, 1 (9).

[41] MARK MCKENNA, KATHERINE J. STRANDBURG. Progress and competition in design [J]. Stanford technoogy law review, 2013, 17 (01): 962.

[42] MASCHIETTO MAGGIORE AND AURELIO ASSENZA. Copyright protection of industrial designs in Italy: taking stock of recent case-law developments [OL]. March 4 2013. https://www.lexology.com/library/detail.aspx?g=6844f71a-9338-466d-8bf0-fb4dc57cc97b.

[43] MICHAEL DAVIS-HALL. Copyright and the design of useful articles: a functional analysis of "separability" [J]. Copyright law symposium. (ASCAP). 1990-1991, 40: 37.

[44] OLIVER CHURCH. ESTELLEDERCLAYE. GILLES STUPFLER. An em-

pirical analysis of the design case law of the EU member states [J]. International Review of Intellectual Property and Competition Law, 2019, 50 (6): 685-719.

[45] ORIT FISCHMAN AFORI. Reconceptualizing property in designs [J]. Cardozo arts & entertainment law journal, 2007, 25: 3.

[46] PAUL GOLDSTEIN. Copyright, Principles, Law and Practice [M]. Little, Brown and Co., 1989.

[47] PAUL GOLDSTEIN, P. BERNT HUGENHOLTZ. International Copyright: Principles, Law, and Practice [M]. Oxford University Press, 2012.

[48] PERRY J. SAIDMAN, THERESA ESQUERRA. A manifesto on industrial design protection: resurrecting the design registration league [J/OL]. Journal of Copyright Society U. S. A. 2007, 55: 423. http://www.protectdesigns.org/images/Manifesto.pdf.

[49] PETER LEE, MADHAVI SUNDER. Design patents: law without design [J]. Stanford technology law review, 2013, 17: 277.

[50] RALPH S. JR., BROWN. The Joys of Copyright [J]. Journal of Copyright Society U. S. A, 1983, 30: 477-481.

[51] RALPH S. JR., BROWN. Design protection: an overview [J]. Faculty Scholarship Series. Paper 2692. UCLA Law Review, 1987, 34: 134.

[52] RALPH S. JR., BROWN. Copyright-like protection for designs [J]. Faculty Scholarship Series. Paper 2693. Unoverisity of Baltimore law review, 1989-1990, 19: 308.

[53] REGAN E. KEEBAUGH. Intellectual property and the protection of industrial design: are sui generis protection measures the answer to vocal opponents and a reluctant congress [J]. Journal of intellectual property law, 2005, 13: 255.

[54] RICHARD W. POGUE. Borderland: where copyright and design patent meet [J]. Michigan Law Review, 1953, 52 (01).

[55] ROBERT CDENICOLA. Applied art and industrial design a suggested ap-

proach to copyright in useful articles [J]. Minnesota Law Review, 1983, 67: 707.

[56] ROBERT C. DENICOLA. Freedom to copy [J]. The Yale law journal, 1999, 108 (07).

[57] ROBERT P. MERGES. Contracting into liability rules: intellectual property rights and collective rights organizations [J]. California law review, 1996, 84: 1293.

[58] ROCHELLE COOPER DREYFUSS, & JANE C. GINSBURG. Intellectual property at the edge: the contested contours of IP [M]. Cambridge University Press, 2014.

[59] RUTH LONA, BURSTALL SILVERMAN. Designers face uncertainty in Europe [J]. Managingintellectual property, 2014, 239: 34.

[60] SARAHBURSTEIN. Moving beyond the standard criticisms of design patents [J]. Stanford technology law review, 2013-2014, 17: 305.

[61] SHIRA PERLMUTTER. Conceptual separability and copyright in the designs of useful articles [J]. Journal of copyright society U. S. A, 1990, 37: 339.

[62] STEPHEN P. LADAS. Patents, Trademark, and Related Rights: National and International Protection [M]. Harvard University Press, 1975.

[63] THOMAS B. LINDGREN. The sanctity of the design patent: illusion or reality? twenty years of design patent litigation sinceCompco v. Day-Brite Lighting, Inc., and Sears, Roebuck & Co. v. Stiffel Co. [J]. Oklahoma City University law review, 195 1985, 10: 195.

[64] TINAGAUSLING. German federal supreme court expands design protection: 'birthday train' [J]. Journal of Intellectual Property Law & Practice, 2014, 9 (07).

[65] VERGANTI ROBERTO. Design as brokering of languages: The role of designers in the innovation strategies of italian firms [J]. Design Management Journal, 2010, 14 (3): 34-42.

[66] VIVA R. MOFFAT. Mutant copyrights and backdoor patents: the problem of overlapping intellectual property protection [J]. Berkeley technology law journal, 2004, 19: 1473.

[67] WILLIAM FPATRY. Patry on Copyright [M]. Thomson West, 2007.

[68] WILLIAM T. FRYER. III Report on Hague Agreement (industrial designs) Second Meeting of Experts, held April 27-30, 1992, at WIPO in Geneva, Journal of Patent &TM Office Society, 1992, 74: 923.

八、外文案例

[1] Amp v. Utilux, (1972) RPC 103.

[2] Barry Kieselstein-Cord v. Accessories by Pearl, 632 F. 2d 989 (1980).

[3] Bleistein v. Donaldson Lithographing Co. 188 U. S. 239 (1903).

[4] Bonito Boats v. Thunder Craft Boats 489 U. S. 141 (1989).

[5] Brandir v. Cascade Pacific Lumber, 834 F. 2d 1142 (1987).

[6] British Leyland Motor Corp. v. Armstrong Patents Co. Ltd., (1986) RPC 279.

[7] Carol Barnhart, Inc. v. Economy Cover Corp., 773 F. 2d 411, 419 (2d Cir. 1985).

[8] Carol Barnhart, Inc. v. Economy Cover Corp., 773 F. 2d 411, 419 (2d Cir. 1985), at 422.

[9] Chosun International, Inc. v. Chrisha Creations, Ltd., 413 F. 3d 324, 325 (2d Cir. 2005).

[10] Cofemel-Sociedade de Vestuário SA v. G-Star Raw CV, Case C-683/17.

[11] Compco v. Day-brite Lighting Inc., 376 U. S. 234 (1964).

[12] Cuno Engineering v. Automatic Devices Corp, 314 U. S. 84, 91, (1941).

[13] Dart Industries v. Décor Corp, 179 CLR 101. 1993.

[14] Dorling v. Honnor Marine, (1964) 1 All ER 241.

[15] Dyson Ltd v. Vax Ltd [2011] EWCA Civ 1206, 27 October 2011.

[16] Flos SPA v. Semeraro Casa E Famiglia SPA Case 168/09.

[17] Galiano v. Harrah's Operating Co., 416 F. 3d 411, 419 (5th Cir. 2005).

[18] Graham v. John Deere, 383 U. S. 1, (1966).

[19] Great Atlantic & Pacific Tea Co. v. Supermarket Equipment Corp, 340 U. S.147 (1950), 87 USPQ 303.

[20] Hotchkiss v. Greenwood, 52 U. S. 248, (1850).

[21] In re Zahn, 617 F. 2d 261, 204 USPQ 988, (1980).

[22] Independent Toy Designer v. Toy Manufacturer, Bundesgerichtshof (German Federal Supreme Court), I ZR 143/12, 13 November 2013.

[23] Interlego v. Tyco Industries, (1989) AC 217.

[24] Jovani Fashion, Inc. v. Cinderella Divine, Inc., 808 F. Supp. 2d 542 (S. D. N. Y. 2011).

[25] Jovani Fashion, Inc. v. Fiesta Fashions, 500 F. App'x 42, 44 (2d Cir. 2012).

[26] Keurkoop BV v. Nancy Kean Gifts BV, Case 144/81, 1982.

[27] King Features Syndicate Inc. and Betts v. O & M Kleemann Ltd, (1941) AC 417.

[28] Magmatic Ltd v. PMS International Ltd. [2014] EWCA Civ. 181.

[29] Mazer v. Stein, 347 U. S. 201 (1954).

[30] Pivot Point v. Charlene Products, 372 F. 3d 913 (2004).

[31] Samsung Electronics (UK) Limited v. Apple Inc [2012] EWCA Civl339 Case No. HC 11 C 03050.

[32] Sears, Rocbuck & Co. v. Stiffel Co., 376 U. S. 225 (1964).

[33] Star Athletica, LLC v. Varsity Brands, Inc., 137 S. Ct. 1002, 1007 (2017).

[34] Two Pesos, Inc. v. Taco Cabana, Inc. 505 U. S. 763 (1992).

[35] Universal Furniture International, Inc. v. Collezione Europa USA, Inc. 618 F.3d 417 (2010).

[36] Varsity Brands Inc v. Star Athletica LLC, 799 F. 3d 468, 479-481 (6th

Cir. 2015).

[37] Wal-Mart Stores, Inc. V. Samara Brothers, Inc. (99-150) 529 U.S. 205 (2000).

[38] Wuxi Kipor Power Co., Ltd. vs. Honda Motor Co., Ltd., R 860/2007-3, 2008.

后　　记

　　本书是在我的博士论文基础上修改完成，虽有若干不足之处，但终于能将所思所惑结成一册、获得一解。写作的过程就像翻山越岭，为的是自己也成为研究主题中的一座山。山路多变，易入迷途，幸得恩师何敏教授的引导和帮助。选题时曾与何老师多次探讨，写作过程中也得到何老师的不断鼓励。思路曾经陷入困顿，写作一度搁置，与何老师一起多次分析，重新进行逻辑思路的调整，研究才又得以推进。何老师对文章内容的把关提升了我的学术研究能力，对形式精确的要求改变了我在研究和处事上的态度。在何老师的指导下，我的研究和写作既是学术的入门，也是品性的修炼。

　　学术研究是自问自答，是对自己的说服，先说服自己，再说服他人。用这一册文字和思路的集结说服自己已经颇为不易。回想写作过程，有过犹豫，有过茫然，有过豁然开朗，也有过自信不疑。所想所思既是自主的探索，也离不开学术前辈们成果的启示。在此，感激每一位在知识产权领域笔耕不辍的学者。无论是亲历传授还是未曾谋面，对各位老师和学者在知识产权领域的每一分探索，我都存有一份深深的敬畏之心。

　　当局者迷，学术研究的写作离不开交流和探讨。假如没有和同门之间、同学之间的沟通，则极易钻入自己营造的思路中不得脱身。感谢各位同学和朋友在写作中给予资料帮助、思想碰撞和观点争论。

　　我的家人在成书的过程中给予了我莫大的支持并做出奉献，尤其是我的父母，代我承担了大部分的家庭工作。此书的内容于他们虽全然不明，但确确实实也有他们辛劳的一部分。家父还得以见我完成研究，可家母已不得见，实为遗憾！

援引我的同学在她进行博士论文答辩时的描述："是开始，不是结束。"学术探索的翻山越岭才刚起步，但我怀着刚刚成书的自我认可和探求心，期待也能说服他人。